Möller

Der Holdi[redacted]gstandort Schweiz

GABLER EDITION WISSENSCHAFT

Marit Anette Möller

Der Holdingstandort Schweiz

Ermittlung der steuerlichen Attraktivität im Vergleich zu Deutschland

Mit einem Geleitwort
von Prof. Dr. Wolfram Reiß

Springer Fachmedien Wiesbaden GmbH

D 17

Ursprünglich erschienen bei Betriebswirtschaftlicher Verlag Dr. Th. Gabler GmbH, Wiesbaden 1998

Der Deutsche Universitäts-Verlag und der Gabler Verlag sind Unternehmen der Bertelsmann Fachinformation GmbH.

http://www.gabler-online.de

Höchste inhaltliche und technische Qualität unserer Produkte ist unser Ziel. Bei der Produktion und Auslieferung unserer Bücher wollen wir die Umwelt schonen: Dieses Buch ist auf säurefreiem und chlorfrei gebleichtem Papier gedruckt.

Lektorat: Ute Wrasmann / Michael Gließner

ISBN 978-3-8244-6718-1 ISBN 978-3-663-08354-2 (eBook)
DOI 10.1007/978-3-663-08354-2

Geleitwort

Die Zielsetzung der vorliegenden Dissertationsschrift besteht einerseits in der „Darstellung des Holdingstandortes Schweiz" und andererseits in einem Vergleich zur steuerlichen Behandlung von Holdinggesellschaften in Deutschland. Dabei werden tatsächliche oder nur vermeintliche steuerliche Privilegien für Holdinggesellschaften vor dem Hintergrund des jeweiligen Steuersystems Deutschlands und der Schweiz dargestellt und analysiert.
Spezielles Gewicht wird dabei der Fragestellung gewidmet, ob und inwieweit der Holdingstandort Schweiz aus Sicht eines „internationalen deutschen Konzerns" zur Erlangung steuerlicher Vorteile interessant ist und welche Restriktionen dabei gegebenenfalls zu beachten sind. Insoweit ist die Schrift auch für den an praktischen Ergebnissen interessierten Leser von Interesse, der sich einen ersten Überblick über die steuerliche Rechtslage bezüglich der Behandlung von Holding- und/oder Konzerngesellschaften in der Schweiz verschaffen will.

Primär geht es jedoch um einen für den wissenschaftlich interessierten Leser höchst relevanten Systemvergleich hinsichtlich der Besteuerung von als Holdinggesellschaften fungierenden Kapitalgesellschaften unter den Bedingungen einerseits einer nach wie vor nationalen Steuersouveränität, aber andererseits in einer wirtschaftlichen Landschaft, die durch zunehmende Globalisierung gekennzeichnet ist. Dabei stellt die Besteuerung von Holdinggesellschaften einschließlich ihrer Anteilseigner die Nationalstaaten deshalb vor besondere Probleme, weil die Holding als solche relativ standortflexibel ist. Dies wirft dann die Frage nach einem „fairen oder unfairen Steuerwettbewerb" auf. Gerade die Standortflexibilität der Holdinggesellschaft in Verbindung mit der international anerkannten Abschirmwirkung von Kapitalgesellschaften hat eine zunehmende Zahl von Staaten - darunter auch die Bundesrepublik nach dem Vorbild der USA - zu einer Mißbrauchsgesetzgebung veranlaßt. Diese birgt nun ihrerseits wieder die Gefahr, daß eine wirtschaftlich gebotene Auslandsbetätigung auch in Form selbständiger Tochtergesellschaften mit oder ohne Zwischenholdingfunktion steuerlich behindert werden kann.

Besondere Aktualität kommt der vorliegenden Arbeit deshalb zu, weil sowohl in Deutschland als auch in der Schweiz eine lebhafte Diskussion darüber stattfindet, ob die Steuergesetzgebung insbesondere auch hinsichtlich der Behandlung von Kapitalgesellschaften mit Holdingfunktion einen belastenden oder begünstigenden Standortfaktor darstellt. Nicht zuletzt verdient die Arbeit unter europarechtlichen Aspekten die besondere Aufmerksamkeit des „deutschen Lesers", zum einen deshalb, weil die Schweiz jedenfalls von einem unmittelbaren Einfluß europäischer Harmonisierung der Steuersysteme nicht profitiert. Zum anderen ist aber auch höchst aufschlußreich, daß offenbar die Steuersouveränität der Kantone nicht zu der Annahme verleitet, daß die Schweiz kein „Binnenmarkt" sei.

Eine besondere Problematik ergibt sich daraus, daß internationale Besteuerungssachverhalte nur unter Anwendung der nationalen Steuerrechte der beteiligten Staaten zu lösen sind. Die dafür erforderliche Verzahnung der beteiligten Rechtsordnungen stößt dann auf besondere Schwierigkeiten, wenn schon im Grundsatz die Rechtsordnungen unterschiedliche systematische Ansatzpunkte wählen. Hier wird eine befriedigende Lösung nur gefunden werden, wenn unter Respektierung der jeweilig unterschiedlichen Ansatzpunkte zwischen den beteiligten Staaten ein vernünftiger Interessenausgleich hergestellt wird. Dies setzt nun allerdings voraus, daß der jeweilige systematische Kontext für spezifische steuerliche Regelungen erst einmal verstanden wird.

Frau Möller exemplifiziert dies am Beispiel der steuerlichen Behandlung von Holdingkonstruktionen in der Schweiz, die dem klassischen Körperschaftsteuersystem folgt. und in Deutschland mit seinem Anrechnungsverfahren, das allerdings national beschränkt ist. Dazu stellt Frau Möller zunächst die Holdingbesteuerung in der Schweiz in ihrem steuersystematischen binnenstaatlichen Zusammenhang dar, einschließlich der wichtigen Fragen nach den Belastungen bei Gründung, Umstrukturierung und Verlegung in das Ausland sowie einem Blick auf mögliche Belastungen durch (in Deutschland beseitigte) Kapitalverkehrssteuern. Dabei ist unvermeidlich, daß sie sich im wesentlichen auf eine komprimierte Darstellung der schweizerischen Rechtslage beschränken mußte. Damit legt sie das notwendige Fundament für den sodann erfolgenden Vergleich zur deutschen Behandlung einer Holding. Die anschließende, sehr anwendungsbezogene Untersuchung zum Einsatz einer Schweizer Holding aus Sicht eines deutschen Anteilseigners wird gekonnt aus dem vorher gelegten Fundament entwickelt.

Mit der vorliegenden Schrift stellt Frau Möller eine höchst komplizierte Materie anschaulich dar und arbeitet die wesentlichen systematisch zu beachtenden Gesichtspunkte heraus. Es wird deutlich herausgestellt, daß prinzipiell das sogenannte Schweizer Holdingprivileg steuersystematisch unter dem Gesichtspunkt einer Mehrfachbelastung mit Körperschaftsteuer gerechtfertigt ist. Daher verbietet sich beispielsweise eine lediglich darauf gestützte Mißbrauchsannahme in einem anderen Staat, etwa der Bundesrepublik. Die Verfasserin deutet insoweit auch an, daß auf kantonaler Ebene das Holdingprivileg möglicherweise zu weit geht, aber dies eher ein innerstaatliches Problem ist. Aufschlußreich sind die beachtlichen Parallelen hinsichtlich der Gesellschafterfremdfinanzierung und hinsichtlich des Bemühens, steuerneutrale Umstrukturierungen zu ermöglichen bei Aufrechterhaltung des endgültigen Zugriffes auf das Steuersubstrat.

Frau Möller behandelt die komplexe Problematik der angemessenen Besteuerung von Holdinggesellschaften im internationalen Kontext nicht abstrakt anhand einer Modellvorstellung, sondern ausgehend von konkret umgesetzten Entwürfen in den Rechtsordnungen der Bundesrepublik und der Schweiz. Sie liefert gerade durch den Vergleich wertvolle Erkenntnisse hinsichtlich offenkundig vergleichbarer Problemlagen und der verwendeten Mittel zu deren Lösung. Die Schrift zeichnet sich durch eine sorgsame Analyse der angebotenen Lösungsmöglichkeiten und durch die gerade für den Rechtsvergleich erforderliche Behutsamkeit bei der Bewertung aus. Sie bietet damit weit mehr als eine Einführung für den deutschen Leser in das Schweizer Steuerrecht und die Schweizer Holdingbesteuerung. Allerdings bietet sie auch das und darin besteht auch ihr Wert.

Prof. Dr. Wolfram Reiß

Vorwort

Die Realisierung der vorliegenden Arbeit, die im Dezember 1997 als Dissertationsschrift vom Fachbereich Rechts- und Wirtschaftswissenschaften der Technischen Universität Darmstadt angenommen worden ist, wurde erst durch die Unterstützung verschiedener Personen möglich, denen ich an dieser Stelle meinen Dank aussprechen möchte.

Zuerst danke ich Herrn Professor Dr. Wolfram Reiß für die Begleitung und Unterstützung bei der Ausarbeitung der vorliegenden Arbeit. Als Referent meiner Arbeit regte er die Themenstellung an und gab mir bei der Ausarbeitung wertvolle Gedankenanstöße.
Auch danke ich Herrn Professor Dr. Dr.h.c. Bert Rürup für die Übernahme des Correferates.
Ich danke Herrn Professor Dr. Paul Hofmann für die Übernahme des Vorsitzes der Prüfungskommission und den Herren Professor Dr. Winfried Gail und Professor Dr. Heiko Körner für ihre Bereitschaft, Mitglied dieser Kommission zu sein.
Frau Dolores Englert vom Lehrstuhl für Finanz- und Steuerrecht der Technischen Universität Darmstadt möchte ich danken für ihre stetige Hilfsbereitschaft.

Ganz besonderen Dank schulde ich meinen Eltern, die mich immer unterstützt haben und die mir die Ausarbeitung dieser Dissertation ermöglicht haben.

Philipp Colsman danke ich ebenfalls für seine fortwährende Unterstützung während der Zeit des Schreibens.

Marit Anette Möller

Inhaltsübersicht

Inhaltsverzeichnis

Abbildungsverzeichnis

Tabellenverzeichnis

Abkürzungs- und Symbolverzeichnis

AG	Aktiengesellschaft
Abs.	Absatz
Abschn.	Abschnitt
AG	Aargau
AI	Appenzell-Innerrhoden
AktG	Aktiengesetz
AO	Abgabenordnung
AR	Appenzell-Ausserrhoden
Art.	Artikel
AS	Amtliche Sammlung
ASA	Archiv für Schweizerisches Abgaberecht
AStG	Außensteuergesetz
BB	Betriebsberater
Bbl	Bundesblatt
BdF	Bundesministerium der Finanzen
BE	Bern
BFH	Bundesfinanzhof
BGBl	Bundesgesetzblatt
BGE	Entscheidung des Schweizerischen Bundesgerichtes
BL	Basel-Land
BMF	Bundesministerium der Finanzen
BRB 62	Bundesratsbeschluß betreffend Maßnahmen gegen die ungerechtfertigte Inanspruchnahme von Doppelbesteuerungsabkommen des Bundes
BS	Basel-Stadt
BStBl	Bundessteuerblatt
BV	Bundesverfassung der Schweizerischen Eidgenossenschaft
bzw.	beziehungsweise
BW	Buchwert
DB	Der Betrieb
DBA	Doppelbesteuerungsabkommen
DBA-CH	Abkommen zwischen der Bundesrepublik Deutschland und der Schweizerischen Eidgenossenschaft zur Vermeidung der Doppelbesteuerung auf dem Gebiet der Steuern vom Einkommen und Vermögen
DBG	Bundesgesetz über die direkte Bundessteuer
d.h.	das heißt
DM	Deutsche Mark
DStR	Deutsches Steuerrecht
EG	Europäische Gemeinschaft
EK	Eigenkapital

EStG	Einkommenssteuergesetz
EStV	Eidgenössische Steuerverwaltung
EU	Europäische Union
ff.	folgende
FR	1) Finanzrundschau 2) Fribourg / Freiburg
FuW	Finanz und Wirtschaft
GE	Genève (Genf)
GewStG	Gewerbesteuergesetz
GG	Grundgesetz der Bundesrepublik Deutschland
GL	Glarus
GmbH	Gesellschaft mit beschränkter Haftung
GmbHG	Gesetz betreffend die Gesellschaften mit beschränkter Haftung
GR	Graubünden
HB	Handelsblatt
HGB	Handelsgesetzbuch
i.a.	im allgemeinen
i.d.R.	in der Regel
IdW	Institut der Wirtschaftsprüfer
i.e.S.	im engeren Sinne
i.Ggs.	im Gegensatz
i.S.	im Sinne
i.Verb.	in Verbindung
IStR	Internationales Steuerrecht
IWB	Internationale Wirtschaftsbriefe
i.w.S.	im weiteren Sinne
JbFSt	Jahrbuch der Fachanwälte für Steuerrecht
JU	Jura
k.A.	keine Angaben
KESt	Kapitalertragsteuer
KG	Kommanditgesellschaft
KStG	Körperschaftsteuergesetz
KStR	Körperschaftsteuer-Richtlinie
lit.	litera
LU	Luzern
Mio.	Million
MWStV	Verordnung über die Mehrwertsteuer

NE	Neuchâtel (Neuenburg)
Nr.	Nummer
NW	1) Nidwalden 2) Nominalwert
NZZ	Neue Zürcher Zeitung
OECD	Organization for Economic Co-operation and Development
OFD	Oberfinanzdirektion
OHG	Offene Handelsgesellschaft
OR	Obligationenrecht
OW	Obwalden
PStA	Pauschale Steueranrechnung
RGBl	Reichsgesetzblatt
RIW	Recht der internationalen Wirtschaft
S.	Seite
s.	siehe
Sfr.	Schweizer Franken
SG	St. Gallen
SH	Schaffhausen
SO	Solothurn
SR	Systematische Rechssammlung
ST	Schweizer Treuhänder
StÄndG	Steueränderungsgesetz
StandOG	Standortsicherungsgesetz
StbJB	Steuerberater-Jahrbuch
StG	Bundesgesetz über die Stempelabgaben
StHG	Bundesgesetz über die Harmonisierung der direkten Steuern der Kantone und Gemeinden
StR	Steuerrevue
StuW	Steuer und Wirtschaft
SZ	Schwyz
TI	Ticino (Tessin)
TG	Thurgau
u.a.	unter anderem
u.ä.	und ähnliches
UmwG	Umwandlungsgesetz
UmwStG	Umwandlungssteuergesetz
UR	Uri
USA	Vereinigte Staaten von Amerika
UStG	Umsatzsteuergesetz

VD	Vaud (Waadt)
vgl.	vergleiche
VOPStA	Verordnung über die pauschale Steueranrechnung
VS	Valais / Wallis
VStG	Bundesgesetz über die Verrechnungssteuer
VW	Verkehrswert
Wpg	Die Wirtschaftsprüfung
z.B.	zum Beispiel
ZG	Zug
ZH	Zürich
Ziff.	Ziffer
z.Zt.	zur Zeit
§	Paragraph
%	Prozent
%o	Promille

I. Einleitung

Das Thema der vorliegenden Arbeit ist die steuerliche Attraktivität des Holdingstandortes Schweiz aus deutscher Sicht. Ein Vergleich zu der Situation in Deutschland ist integriert.

1. Problemstellung und Ziel

Die Holding als Organisationsform eines Unternehmens erfreut sich in den letzten Jahren einer zunehmenden Beliebtheit bei Großunternehmen und Mittelstand. Die Gründe hierfür sind vielfältig, sie können betriebswirtschaftlicher, gesellschaftsrechtlicher oder steuerrechtlicher Natur sein. Die Frage eines geeigneten Standortes für die Holding stellt sich sehr frühzeitig. Dieser kann sich sowohl im Inland als auch im Ausland befinden.

Die Schweiz ist als einer der klassischen Holdingstandorte bekannt. Viele ausländische Unternehmen, darunter auch zahlreiche deutsche, haben in einem der niedrig besteuernden Kantone eine Holding gegründet.

Deutschland hingegen hat diesbezüglich den Ruf eines Hochsteuerlandes, ist jedoch auch sehr daran interessiert, seine Attraktivität als Standort für Holdings zu erhöhen. Dieses wurde 1993 unter anderem mit dem Erlaß des Standortsicherungsgesetzes versucht. In diesem Zusammenhang sind besonders die Verbesserungen bezüglich des Haltens von Beteiligungen an ausländischen Gesellschaften hervorzuheben.

Im Zuge des engeren Zusammenwachsen der Europäischen Union wird versucht, viele Schranken, darunter auch fiskalische, zwischen den Mitgliedsländern abzubauen.
Die Schweiz, die in einem Referendum im November 1992 den Beitritt zum Europäischen Wirtschaftsraum ablehnte, bleibt von dieser Entwicklung ausgeschlossen.

Außerdem gibt es in der Schweiz seit Mitte der achtziger Jahre eine Diskussion hinsichtlich der Attraktivität des Standortes aus steuerlicher Sicht. Es wurden verschiedene Gesetzesvorhaben auf den Weg gebracht, die auch Holdinggesellschaften betreffen, wie beispielsweise 1993 das Steuerharmonisierungsgesetz, in dem unter anderem vereinheitlichte

Grundzüge des Holding- und Domizilprivileges festgelegt wurden. 1995 trat das Gesetz über die direkte Bundessteuer in Kraft, das die Befugnisse des Bundes regelt. Als neuere Maßnahme ist die Reform des Holdingprivilegs auf Bundesebene zu erwähnen, die zur Zeit diskutiert wird.

Grundsätzlich ist in beiden Ländern die Tendenz zu beobachten, die steuerlichen Bedingungen für Holdinggesellschaften und andere Unternehmen zu verbessern.

Zwischen Deutschland und der Schweiz bestehen traditionell enge Wirtschaftsbeziehungen. Diese gründen sich auf verschiedene Faktoren, wie z.B. der direkten Nachbarschaft, einer gemeinsamen Sprache und einer ähnlichen Mentalität.
Durch die Entwicklung der Europäischen Union gerät die Schweiz aus deutscher Sicht leicht in Vergessenheit, weshalb in dieser Arbeit die steuerliche Attraktivität des Holdingstandortes Schweiz analysiert und diskutiert wird.

Ziel der Arbeit ist die Darstellung des Holdingstandortes Schweiz aus deutscher Sicht. Dabei soll ein genereller Vergleich der steuerlichen Behandlung von Holdinggesellschaften in der Schweiz und in Deutschland erfolgen. Die tatsächlich oder vermeintlich vorliegenden steuerlichen Begünstigungen für Holdinggesellschaften werden vor dem Hintergrund des jeweiligen Steuersystems der beiden Länder betrachtet. Auch internationale Rahmenbedingungen sollen berücksichtigt werden.
Abschließend wird der Holdingstandort Schweiz aus Sicht internationaler deutscher Konzerne behandelt und die relevanten Faktoren aufgezeigt, die bei Errichtung einer Holdinggesellschaft in der Schweiz zu beachten sind. Es sollen die Holdingkonstruktionen ermittelt werden, die unter steuerlichen Gesichtspunkten für einen deutschen Investoren in der Schweiz vorteilhaft sind.

Die Arbeit richtet sich an den deutschen Leser, der mit den Grundzügen des deutschen Steuerrechts vertraut ist. Dieser Leser soll in das Schweizer Steuerrecht eingeführt und mit der Schweizer Holdingbesteuerung vertraut gemacht werden.

2. Gang der Untersuchung

In Kapitel II dieser Arbeit erfolgt eine Auseinandersetzung mit dem Begriff der Holding und ihrer Bedeutung im Unternehmensaufbau. Dieses wird unter verschiedenen Aspekten behandelt. Zunächst wird die historische Entwicklung dieser Unternehmensform betrachtet, um dann die Funktion oder den Zweck zu diskutieren. Anschließend wird eine Definition des Holdingbegriffs vorgenommen. Auch eine Typologie der Holding und die Abgrenzung zu ähnlichen Unternehmenstypen soll zum besseren Verständnis beitragen.
Zum Abschluß werden die für die Standortwahl einer Holding relevanten Faktoren behandelt.

Kapitel III stellt die Steuersituation einer Holdinggesellschaft in der Schweiz dar.
Zunächst werden die Grundzüge des Schweizer Steuersystems und die verschiedenen Steuerarten der Kapitalgesellschaften erläutert.
Dann werden die durch Holdinggesellschaften zu erfüllenden Voraussetzungen zur Erlangung von Steuervorteilen behandelt.
Im Anschluß erfolgt die Darstellung der laufenden Besteuerung. Hierzu zählen insbesondere die Besteuerung des Ertrages der Holding, der ausgeschütteten Erträge an die Anteilseigner, der Beteiligungen, die Möglichkeiten einer konsolidierten Besteuerung und die Besteuerung einer Gesellschafterfremdfinanzierung.
Abschließend wird noch auf die Besteuerung von Umstrukturierungsvorgängen eingegangen, wozu sowohl die Errichtung der Holdinggesellschaft als auch die Strukturveränderungen bei einer bestehenden Holding als auch die Auflösung der Gesellschaft zählen.

In Kapitel IV erfolgt die Darstellung der steuerlichen Situation einer Holding in Deutschland, wobei gleichzeitig ein Vergleich zu den steuerlichen Bedingungen in der Schweiz vorgenommen wird. Unterschiede und Gemeinsamkeiten sollen aufgezeigt und diskutiert werden.
Auch dieses Kapitel behandelt die laufende Besteuerung mit den bei Kapitel III aufgeführten Unterpunkten und die Besteuerung der Umstrukturierungsvorgänge mit den ebenfalls genannten Unterpunkten.

Schließlich werden in Kapitel V die speziell durch einen deutschen Investoren zu beachtenden Restriktionen durch die deutsche und Schweizer Gesetzgebung und das zwischen den beiden Ländern abgeschlossene

Doppelbesteuerungsabkommen behandelt. Behandelt werden die Thesaurierung der Erträge durch die Schweizer Holdinggesellschaft und die Ausschüttung nach Deutschland an die Anteilseigner. Speziell dargestellt wird die Gesetzgebung gegen Mißbrauch im deutsch-schweizerischen Verhältnis.

Während Kapitel III allgemein die Situation einer Schweizer Holdinggesellschaft losgelöst von einem in- oder ausländischen Anteilseigner beschreibt, erfolgt der Vergleich und die Bewertung in Kapitel IV in Bezug auf Deutschland. Kapitel V richtet sich dann explizit an einen deutschen Investoren in der Schweiz.

Kapitel VI ist eine abschließende Zusammenfassung der wichtigsten Ergebnisse dieser Arbeit.

II. Die Holdinggesellschaft - Begriff und Bedeutung im Unternehmensaufbau

Der Begriff der Holding ist nicht eindeutig definiert. Ursprünglich stammt er aus der Betriebswirtschaft. Er findet jedoch auch im juristischen Bereich Verwendung, wobei der Holdingbegriff allerdings in keinem Gesetz klar und eindeutig erfaßt ist. Da nun auch jeder Autor ein anderes Verständnis der Holding hat, wird diese im folgenden Kapitel unter verschiedenen Aspekten behandelt, definiert und klassifiziert.

1. Die historische Entwicklung der Holding

Der historische Ursprung der Holding ist in der Literatur umstritten. Einige Autoren sehen diesen allein in den USA,[1] andere sehen die Ursprünge in England, weisen aber darauf hin, daß die Bedeutung dieser Unternehmensform erst durch die Entwicklung in den USA entstand.[2] Die nächsten Autoren erwähnen eine erste Holdinggründung Anfang des 19. Jahrhunderts in Kontinentaleuropa.[3]
Einigkeit besteht jedoch, daß sich durch die Geschichte der Holdinggesellschaft in den USA erst die eigentliche Bedeutung entwickelte.
In England gab es die Organisationsform der Holdinggesellschaft bereits Mitte des 19. Jahrhunderts, sie wurde dort als Kontrollmittel eingesetzt.[4]
Europa wird zwar i.a. als Ursprung der Holding gesehen, jedoch war ihre Bedeutung dort gering. Die Gründe hierfür sind einerseits im geringeren Konzentrationsgrad der europäischen Wirtschaft im Vergleich zur amerikanischen zu sehen, andererseits erfolgte die Unternehmensfinanzierung auf anderen Wegen. Während in den USA bereits die Aktie eingesetzt wurde, erfolgte die Beschaffung von Finanzmitteln in Europa über die Thesaurierung von Gewinnen und die Gewährung von Eigendarlehen oder Beteiligungen. Auch die Aufgabenstellung war eine andere. In Europa dient die Holdinggesellschaft eher der Finanzierung des Staates, während

---

1 Vgl. Egger, Holdinggesellschaft, S. 5; Zweifel, Holdinggesellschaft, S. 33.
2 Vgl. Anesini, Holding, S. 47; Oesch, Holdingbesteuerung, S. 3.
3 Vgl. Keller, Unternehmensführung, S. 28; Lutter, Holding, S. 7 Diese Autoren beziehen sich auf die Gründung der Vorläuferin der heutigen „Société Générale de Belgique", die damalige „Société Générale des Pays-Bas pour favoriser l'industrie nationale" im Jahre 1822.
4 Vgl. Oesch, Holdingbesteuerung, S. 3.

sie in den USA zum Zwecke der monopolartigen Führungsbeeinflussung gegründet wurde.[5]
Die Entwicklung in den USA ging ihren eigenen Weg. Ab 1870 entstanden dort die sogenannten Trusts. Diese waren Zusammenschlüsse eines Komitees von Treuhändern, dem „Board of Trustees", die selbst nicht produzierten, sondern sich mit der Verwaltung der Anteile sämtlicher von ihnen beherrschten Unternehmen beschäftigten.[6] Die Aktionäre übergaben ihr Stimmrecht unwiderruflich den Trustees und hatten nur noch Anspruch auf Gewinnbeteiligung. Die Zusammenschlüsse erfolgten oft innerhalb der gleichen Branche. Dieses war speziell bei Eisenbahngesellschaften der Fall. Das Ziel war, dem Preiswettbewerb Einhalt zu gebieten. Es ging also um die Führung und Beherrschung monopolartiger Unternehmenszusammenschlüsse.
Gegen diese Trusts wurde 1890 der Sherman Act, auch Anti-Trust-Gesetz genannt, erlassen. Dieser verbot alle Trusts, die die Handelsfreiheit beeinträchtigten.
Dieses Gesetz wurde durch die Gründung einer neuen Art von Gesellschaft, die Holding Company, umgangen. Einziger Zweck war das Halten bzw. Erwerben von Anteilen an anderen Gesellschaften. Als berühmteste Gründung ist die „Standard Oil Company of New Jersey" 1899 durch Rockefeller zu nennen.[7] Diese Gründung war möglich aufgrund des New Jersey - Erlasses, der Holdingtrusts in New Jersey vor dem Sherman Act schützte.[8]

Die Entwicklung der Holding kann in der Schweiz in drei Stufen aufgeteilt werden.[9]
Diese Abgrenzung ist materiell eindeutig, zeitlich gehen diese Stufen jedoch ineinander über oder existieren nebeneinander. Die erste Stufe zwischen 1890 und 1914 umfaßt Gründungen, die nur aus schweizerischer Initiative und Mitteln erfolgte. Der zweite Abschnitt ab 1910 beinhaltet die Schweizer Expansion ins Ausland. Die dritte Stufe ab 1914 umfaßt ausländische bzw. internationale Gründungen in der Schweiz. Seit dem zweiten Weltkrieg existieren alle drei Formen nebeneinander.
Zur großen Beliebtheit und damit auch zur starken Verbreitung der Holding hat die Schweizer Steuergesetzgebung wesentlich beigetragen.

---

5 Vgl. u.a. Anesini, Holding, S. 47; Lutter, Holding, S. 8; Werdich, Organisation, S. 39.
6 Vgl. Lutter, Holding, S. 7; Oesch, Holdingbesteuerung, S. 3 - 4; Zweifel, Holdinggesellschaft, S. 33.
7 Vgl. Oesch, Holdingbesteuerung, S. 4; Zweifel, Holdinggesellschaft, S. 33.
8 Vgl. Hierzu u.a. Anesini, Holding, S. 46 - 47; Keller, Unternehmensführung, S. 28 - 29; Oesch, Holdingbesteuerung, S. 4 - 5.
9 Vgl. Anesini, Holding, S. 48 - 49; Oesch, Holdingbesteuerung, S. 5 - 7; Zweifel, Holdinggesellschaft, S. 34.

Bereits 1903 errichtete der Kanton Glarus ein Privileg für Domizilgesellschaften. Das erste Privileg für reine Holdinggesellschaften wurde 1916 durch den Kanton St. Gallen geschaffen. Dieses war der Beginn eines regelrechten Privilegierungsbooms, der in den zwanziger Jahren seinen Höhepunkt erreichte.[10] 1930 bestanden in 18 Kantonen Holding- und Domizilprivilegien. Bis 1968 wurden diese in allen Kantonen eingerichtet.[11]
Auch Bemühungen, die gemischten Holdinggesellschaften zu entlasten, begannen frühzeitig. 1944 erließen Schaffhausen und Bern sogenannte Schachtelprivilegien, denen dann alle anderen Kantone nachfolgten.[12]
Der Bund nahm ebenfalls in seiner Steuergesetzgebung auf Holdinggesellschaften Rücksicht und räumte ihnen eine Sonderbehandlung ein.[13]

Deutschland war im Gegensatz zur Schweiz nie als besonders günstiger Holdingstandort bekannt.
Als Grund hierfür wird die restriktive Steuergesetzgebung angeführt, die das natürliche Wachsen von Holdinggesellschaften, wie dies in der Schweiz und den USA möglich war, verhinderte.[14]
So schreibt beispielsweise Wertheimer 1932:[15] „Durch die deutsche Steuergesetzgebung wird die Gründung und der Betrieb von Holdinggesellschaften eigentlich direkt verhindert. Die steuerliche Belastung der Holdinggesellschaft selbst, ihrer Aktionäre resp. Gesellschafter, sowie der ihr unterstehenden Unternehmen und deren Aktionäre resp. Gesellschafter ist einer allzuhohe. Sie ist geschäftlich untragbar! ... Das Körperschaftsteuergesetz hat zwar durch das Einführen des sog. Schachtelprivilegs eine Erleichterung gebracht. Es ist aber außerordentlich bedauerlich, daß ein gewisser Steuerbürokratismus starr, unnachgiebig und autoritätsbefangen sich einer sachgemäßen Milderung der anderweitigen, mehrfachen steuerlichen Belastung versagt. Die Folge davon ist, daß eine Reihe der an Deutschland angrenzenden Staaten sich dies weitgehend zunutze gemacht hat. Liechtenstein, Luxemburg, sowie die meisten Schweizer Kantone und auch der Bund selbst, reizen durch Einräumen einer eigens zu diesem Zwecke geschaffenen privilegierten steuerlichen

---

10 Vgl. genaueres bei Oesch, Holdingbesteuerung, S. 7 - 13.
11 Zur genauen Besteuerung der reinen Holdinggesellschaft heutzutage in der Schweiz vgl. Kapitel III dieser Arbeit und Tabelle 1 im Anhang.
12 Zur genauen Besteuerung der gemischten Holdinggesellschaft heutzutage in der Schweiz vgl. Kapitel III dieser Arbeit und Tabelle 3 im Anhang.
13 Vgl. Oesch, Holdingbesteuerung, S. 11.
14 Vgl. genauer Schwartzkopff, Holdingstrukturen, S. 45 - 50. Der Autor bezieht sich zwar vorwiegend auf den Banksektor, jedoch ist hiervon vieles auf andere Sektoren übertragbar.
15 Vgl. Wertheimer, Holdinggesellschaften, S. 14.

Stellung der Holdinggesellschaften geradezu zur Gründung solcher in ihren Ländern an."

Hieran hat sich in den Folgejahren nicht viel geändert, noch 1990 fordert Müller-Dott eine privilegierte Stellung für die Holdinggesellschaft.[16]
Deutschland war im Gegensatz zur Schweiz immer als Hochsteuerland bekannt, so daß die steuerlichen Anreize für Ausländer, sich hier niederzulassen, gering waren.
In den vergangenen Jahren wurde durch das Standortsicherungsgesetz vom 13.9.1993 versucht, die Stellung der Holdinggesellschaft in Deutschland zu stärken.

[16] Vgl. Müller-Dott, Handelsblatt v. 15.5.1990, S. 10.

2. Funktion oder Zweck einer Holding

Die Schaffung einer Holding erfolgt in der Regel primär aus ökonomischen Gründen, fiskalische Ursachen haben eher untergeordnete Bedeutung. Die Holdinggesellschaft gilt als hervorragendes Mittel zur Konzernierung und dient somit der in unserer Wirtschaft permanent um sich greifenden Konzentrierung von Unternehmen.
Durch kapital- oder stimmenmäßige Beteiligung nimmt sie Einfluß auf die abhängigen Gesellschaften, ohne diesen die Rechtspersönlichkeit zu entziehen. Möglich ist auch die Zusammenfassung verschiedener Körperschaften, die ihre uneingeschränkten Entfaltungs- und Gestaltungsmöglichkeiten behalten.[17]

Oesch faßt als wichtigste Gründe, die für die Errichtung einer Holding sprechen, zusammen:[18]

- mit einem verhältnismäßig kleinem Kapitalaufwand können Unternehmen beherrscht werden,
- das Unternehmensrisiko kann verteilt und beschränkt werden,
- sie stellt die Ersatzform für den Zusammenschluß von fusionswilligen in- und ausländischen Unternehmen dar, die aufgrund der Zugehörigkeit zu verschiedenen Staaten nicht miteinander fusionieren können,
- die Tochtergesellschaft bietet bessere Umgehung von Protektionismus eines anderen Landes als eine Betriebsstätte,
- die Holdinggesellschaft bietet als Strukturträgerin eine klare und sich dem Zweck unterordnende Organisationsform, wodurch die Übersichtlichkeit, Aussagekraft und Transparenz innerhalb des Unternehmens gewahrt bleibt,
- eine Differenzierung und Abgrenzung in Tochtergesellschaften bietet die Möglichkeit, Geschäftsbereiche, die sich schlecht oder gar nicht vertragen, voneinander zu trennen,
- der holdingmäßige Konzernaufbau bietet viele finanzwirtschaftliche Vorteile,
- die rechtliche Selbständigkeit der Gesellschaften bietet oft die Möglichkeit, die faktisch wirtschaftliche Einheit nach außen zu verbergen,
- die rechtlich lockere Aufgliederung von Unternehmen beinhaltet die Möglichkeit, jederzeit über die einzelnen Konzernbestandteile zu verfügen,

---

17 Vgl. Oesch, Holdingbesteuerung, S. 19.
18 Vgl. Oesch, Holdingbesteuerung, S. 20-25.

- der nur lockere Zusammenschluß im Konzern bietet die Möglichkeit, daß Tochtergesellschaften miteinander im freien Wettbewerb stehen können,
- vielfach bietet sich auch durch geschickte Verteilung der einzelnen Unternehmensgewinne im Konzern die Möglichkeit, Steuern einzusparen.

Es ist auch zu erwähnen, daß heutzutage eine Tendenz zur deutlichen Abgrenzung von Unternehmensbereichen besteht. Als Beispiel ist die Organisation in profit centern zu nennen.
Eine Holding ermöglicht die eindeutige Zurechnung von Gewinnen und Verlusten auf die einzelnen Unternehmensteilen und ist insofern eine konsequente Umsetzung der profit center.

Schwarzinger / Trentini [19] splitten in außersteuerliche und steuerliche Motive der Holding-Errichtung auf. Bei den außersteuerlichen Motiven kann es sich u.a. um betriebswirtschaftliche oder gesellschaftsrechtliche Motive handeln. So werden z.B. unter betriebswirtschaftlichen Motiven die größere System-Elastizität, gute Dezentralisierung- bzw. Zentralisierungsmöglichkeiten oder auch klare Abgrenzungsmöglichkeiten der Holdinggesellschaft zu ihren Beteiligungsgesellschaften aufgeführt.
Gesellschaftsrechtliche Motive können ein anstehender Börsengang oder auch die Schaffung einer Familienholding für Unternehmen im Familienbesitz sein.
Steuerliche Motive können ertragsteuerlicher, kapitalsteuerlicher oder verkehrssteuerlicher Natur sein.[20]

---

[19] Vgl. Schwarzinger / Trentini, Holding, S. 17 - 55.

[20] Vgl. Näheres zu den steuerlichen Motiven bei Schwarzinger / Trentini, Holding, S. 22 - 55. Zur genauen Besteuerung einer Holdinggesellschaft in der Schweiz und Deutschland s. Kapitel III und IV dieser Arbeit.

3. Definition einer Holding

Die Definition einer Holding wird in der Literatur sehr unterschiedlich gehandhabt:
Oesch und Schwartzkopff unterscheiden zwischen wirtschaftlicher und rechtlicher Dimension, wobei sich letztere noch in die Bereiche Zivil- und Steuerrecht unterteilt.[21]
Zweifel differenziert anhand von Firmenrecht, Gesellschaftsrecht, Steuerrecht und Literatur.[22]
Egger definiert mithilfe von Steuergesetz, Steuerrechtliteratur und Praxis.[23]
Ahrens nähert sich dem Problem wiederum anhand von folgenden Definitionsmerkmalen: Erwerb und Verwaltung von Beteiligungen als Unternehmensgegenstand, Erwerb und Verwaltung als Haupt- oder ausschließlicher Zweck des Unternehmens, Rechtsformunabhängigkeit und Abgrenzung zur Kapitalanlagegesellschaft.[24]
Anesini bezieht die Vielfalt der Definitionen schließlich auf die historische Entwicklung der Holding.[25]
Keller legt gleich zu Beginn seiner Arbeit eine Definition fest, die er dann anhand von drei Begriffsbildungen verdeutlicht. Diese sind die funktionale Betrachtung, die hierarchische Einordnung und die lokale Ausrichtung der Holding.[26]
Grundsätzlich ist bei all diesen Ansätzen zu beachten, daß sich diese sehr an der jeweiligen Zielsetzung der entsprechenden Veröffentlichung orientieren.

Da es nicht Ziel dieser Arbeit ist, den ohnehin schon zahlreichen Definitionsmöglichkeiten einer Holding noch eine weitere hinzuzufügen, wird im folgenden einerseits die Definition von Keller stellvertretend für die betriebswirtschaftliche Literatur jüngeren Datums und andererseits die in Deutschland und der Schweiz in Steuergesetzen vorgenommenen Defini-

---

[21] Vgl. Oesch, Holdingbesteuerung, S. 27 - 65; Schwartzkopff, Holdingstrukturen, S. 7 - 10. Baumann, Holdinggesellschaft, S. 25 - 28 unterscheidet nur zwischen steuerrechtlicher und wirtschaftlicher Definition.

[22] Vgl. Zweifel, Holdinggesellschaft, S. 35 - 45.

[23] Vgl. Egger, Holdinggesellschaft, S. 16 - 41. Er bezieht sich nur auf das Steuerrecht und hierbei gezielt auf den Kanton Zürich.

[24] Vgl. Ahrens, Holding, S. 1 - 12.

[25] Vgl. Anesini, Holding, S. 49 - 53.

[26] Vgl. Keller, Unternehmensführung, S. 32 - 40. Lutter, Holding, S. 8 - 17 orientiert sich ebenfalls hieran. Ebenso wird diese Definition von Schwarzinger / Trentini, Holding, S. 12 auf Österreich übertragen

tionen bzw. Definitionsversuche zitiert. Anschließend wird zusammengefaßt, was unter einer Holding in dieser Arbeit verstanden wird.

Keller definiert die Holding folgendermaßen: „Unter Holding bzw. Holdinggesellschaft ist hier eine Unternehmung zu verstehen, deren betrieblicher Hauptzweck in einer auf Dauer angelegten Beteiligung an einer (oder mehreren) rechtlich selbständigen Unternehmung(en) liegt. Die Holding kann, sofern der Umfang der einzelnen Kapitalanlage und deren stimmrechtliche Ausgestaltung dies gestatten, neben der Verwaltungs- und der Finanzierungsfunktion (Holding i.w.S.) auch Führungsfunktionen (i.e.S.) einer konzernleitenden Dachgesellschaft mit abhängigen Konzernunternehmungen wahrnehmen...
Die Holding ist nicht nur grundsätzlich frei in der Wahl ihrer Rechtsform, sondern auch frei in der Wahl ihres Geschäftssitzes (Domizils). Ferner beschränken sich grundsätzlich die Beteiligungen weder auf stimmberechtigte Anteile noch auf Kapitalanteile an Unternehmungen mit bestimmten Rechtsformen.“[27]

In der Schweiz ist der Begriff der Holding seit Jahren in den kantonalen Steuergesetzen verankert. Stellvertretend wird hier die Definition des Steuerharmonisierungsgesetztes zitiert. Hierbei handelt es sich um ein Grundsatzgesetz, das sich an die kantonalen und kommunalen Gesetzgeber richtet und von diesen bis zum 1.1.2001 umgesetzt werden muß. Die reine Holdinggesellschaft wird folgendermaßen beschrieben: „Kapitalgesellschaften und Genossenschaften, deren statuarischer Zweck zur Hauptsache in der dauernden Verwaltung von Beteiligungen besteht und die in der Schweiz keine Geschäftstätigkeit ausüben, entrichten..., sofern die Beteiligungen oder die Erträge aus den Beteiligungen längerfristig mindestens zwei Drittel der gesamten Aktiven oder Erträge ausmachen.“[28]

Auch im deutschen Steuerrecht findet sich der Ansatz einer Definition: „Bei einer Kapitalgesellschaft, deren Haupttätigkeit darin besteht, Beteiligungen an Kapitalgesellschaften zu halten und diese Kapitalgesellschaften zu finanzieren oder deren Vermögen zu mehr als 75 vom Hundert ihrer Bilanzsumme aus Beteiligungen an Kapitalgesellschaften besteht,...“[29]

---

[27] Vgl. Keller, Unternehmensführung, S. 32.
[28] Art. 28 Abs. 2 StHG.
[29] § 8a Abs. 4 Satz 1 KStG.

In dieser Arbeit wird unter einer Holding folgendes verstanden:
Es handelt sich um eine Gesellschaft, die Beteiligungen an anderen Unternehmen hält. Die Tochtergesellschaften bleiben rechtlich selbständig. Die Beteiligungen sind hauptsächlich Mehrheitsbeteiligungen, Minderheitsbeteiligungen sind jedoch auch möglich. Das Halten der Beteiligungen stellt den betrieblichen Hauptzweck der Gesellschaft dar. Das Führen eines operativen Geschäftes ist möglich, dieses darf jedoch nur untergeordnete Bedeutung haben.
Die Holding kann sowohl Dach- als auch Zwischenholding sein. Sie ist frei in der Wahl ihres Geschäftssitzes.
Grundsätzlich ist eine Holdinggesellschaft frei in der Wahl ihrer Rechtsform. In dieser Arbeit werden jedoch ausschließlich Kapitalgesellschaften behandelt.[30]

Da diese Arbeit sich aus steuerrechtlicher Sicht mit der Holding beschäftigt und insbesondere mögliche Steuererleichterungen aufzeigt, ist auch das Verständnis einer Holding stark vom Steuerrecht geprägt.
Dieses ist insofern problematisch, da man es mit zwei verschiedenen Rechtssystemen zu tun hat. Eine Definition, die sämtliche relevanten Holdingkonstruktionen in Deutschland erfaßt, hat nicht die gleiche Gültigkeit in der Schweiz und umgekehrt.
So ist es beispielsweise möglich, daß eine Unternehmenskonstruktion, die nach Kellers betriebswirtschaftlicher Definition eine Holding ist und in Deutschland als solche angesehen wird, unter keine der in der Schweiz gültigen steuerlichen Privilegierungen fällt. Man kann diese dann zwar auch in der Schweiz aus betriebswirtschaftlicher Sicht als Holding betrachten, dieses ist jedoch in Zusammenhang mit dieser Arbeit nicht von Bedeutung, da sich hieraus keine steuerrechtlich interessanten Konsequenzen ergeben.
Zusammenfassend läßt sich also sagen, daß es durchaus Konstruktionen geben kann, die die Kriterien der betriebswirtschaftlichen Definition erfüllen, aus steuerrechtlicher Sicht jedoch keine privilegierte Holdingkonstruktion sind und insofern nicht von dieser Arbeit erfaßt werden.
Auffällig ist hierbei, daß das Verständnis einer Holding in der Schweizer Literatur wesentlich stärker vom Steuerrecht geprägt ist als in Deutschland. Dieses hängt sicherlich zum großen Teil mit der frühen Verankerung der steuerlichen Privilegierung von Holdinggesellschaften in der Schweizer Steuergesetzgebung zusammen, denn dieses war für Holdinggesellschaften von sehr großer Bedeutung.

---

[30] Zu der Begründung der ausschließlichen Betrachtung von Kapitalgesellschaften vgl. Kap. II.4.4 dieser Arbeit.

4. Typologie der Holding

Auch hier ist in der Literatur wieder eine Vielfalt von Differenzierungen vorzufinden.
Sehr gängig ist die Unterscheidung nach Funktion, Struktur und Region.[31]
Manche differenzieren nur anhand von Struktur und Funktion[32], andere nehmen zu diesen zwei noch andere Unterscheidungsmerkmale, wie z.B. Zweck der Obergesellschaft,[33] Bilanzbild und Tätigkeit der Obergesellschaft[34] hinzu.
Möglich ist auch die Differenzierung nach Funktion, Hierarchie, Region, Rechtsform und Leistungsmerkmalen der Holdinggesellschaft.[35]
Es gibt selbstverständlich auch noch andere Unterscheidungsansätze,[36] so daß diese Aufzählung der Differenzierungsmöglichkeiten keinen Anspruch auf Vollständigkeit erhebt.

Vor dem Hintergrund dieser Arbeit erscheint mir die Unterscheidung nach
- Funktion,
- Hierarchie,
- regionalen Kriterien,
- Rechtsform und
- Haupttätigkeit der Holdinggesellschaft sinnvoll,

da sie den vielen verschiedenen Aspekten, die zu beachten sind, am genauesten Rechnung trägt.

---

31 Vgl. JbFSt 1992/93, S. 261 - 324; Keller, Unternehmensführung, S. 35 - 40; Lutter, Holding, S. 10 - 17
32 Vgl. Schwartzkopff, Holdingstrukturen, S. 17 - 33.
33 Vgl. Anesini, Holding, S. 54 - 62.
34 Vgl. Baumann, Holdinggesellschaft, S. 34 - 43.
35 Vgl. Schwarzinger / Trentini, Holding, S. 12 - 17
36 So unterscheidet z.B. Ahrens, Holding, S. 12 - 23 nach geschäftsführender Holdinggesellschaft und beteiligungszusammenfassender Holdinggesellschaft und führt dann die unterschiedlichen Entstehungsvoraussetzungen der originären geschäftsführenden Holding aus. Werdich, Organisation, S. 42 - 49 differenziert in operative, strategische, Finanz- und unternehmerische Holding, also im Grunde ausschließlich nach der Funktion. Diese Differenzierungen sind natürlich auch vor dem jeweiligen Hintergrund der entsprechenden Veröffentlichung zu sehen.

4.1. Unterscheidung nach der Funktion

4.1.1. Die Finanzholding[37]

Hierbei handelt es sich um ein Unternehmen, das selbst keine Führungsaufgaben wahrnimmt, sondern sich auf das Halten und Verwalten von Beteiligungen und die hiermit verbundenen Finanzierungs- und Verwaltungsaufgaben beschränkt. Sie überwacht auch ihre Tochtergesellschaften, d.h. sie informiert sich über deren Geschäftstätigkeit und nimmt bei Bedarf Beratungsaufgaben war. Die eigentliche Führungsfunktion wird jedoch durch die Tochtergesellschaften ausgeübt.[38]
Bei den Beteiligungen kann es sich sowohl um Minderheits- wie auch um Mehrheitsbeteiligungen handeln. Die Holdinggesellschaft selber führt kein operatives Geschäft.

4.1.2. Die Führungsholding[39]

Die Führungsholding führt i.Ggs. zur Finanzholding die Tochtergesellschaften, sie übt also die wirtschaftliche Leitung von Beteiligungsgesellschaften aus. Sie wird häufig auch als Management-Holding bezeichnet.
Für eine Führungsholding sollte nach Keller

- eine wirtschaftliche einheitliche Gesamtzielsetzung,
- eine entsprechende Organisation und Zuständigkeitsregelung,
- eine einheitliche Leitungs- und Weisungsmachtausübung,
- eine Tätigkeitsabstimmung und
- eine Zielerreichungskontrolle vorliegen.[40]

Hierfür ist notwendig, daß der Beteiligungsanteil der Muttergesellschaft groß genug ist, um die wirtschaftliche Führung durchsetzen zu können. Auch die reine Führungsholding ist nicht operativ tätig.

---

[37] Diese wird vielfach auch als Vermögens- oder Beteiligungsholding bezeichnet. Vgl. z.B. Lutter, Holding, S. 14 und Schwarzinger / Trentini, Holding, S. 13.

[38] Vgl. Anesini, Holding, S. 59 - 60; Keller, Unternehmensführung, S. 35 - 36; Lutter, Holding, S. 14 - 15 und Schwarzinger / Trentini, Holding, S. 13.

[39] Auch der Begriff Strategie- oder Managementholding ist möglich. Vgl. Anesini, Holding, S. 58.

[40] Vgl. Keller, Unternehmensführung, S. 37

4.1.3. Die gemischte Holding[41]

Wenn eine Finanz- oder Führungsholding neben dem Halten von Beteiligungen auch ein operatives Geschäft betreibt, so handelt es sich um eine gemischte Holdinggesellschaft. Das operative Geschäft der Muttergesellschaft ist jedoch im Verhältnis zum operativen Geschäft der Gesamtgruppe von untergeordneter Bedeutung.[42] Auch ist der Hauptzweck der Muttergesellschaft nicht das operative Geschäft, sondern das Halten der Beteiligung.
Die gemischte Holding ist vom Stammhauskonzern zu unterscheiden. Beim Stammhauskonzern sind die Schwerpunkte anders gelagert. Das Stammhaus, also die Muttergesellschaft ist vorwiegend im operativen Geschäft tätig, das Halten und Verwalten von Beteiligungen hat nachrangige Bedeutung. Es handelt sich hierbei also nicht um eine Holdinggesellschaft. Die Tochtergesellschaften sind i.a. deutlich kleiner als das Stammhaus. Sie hängen nicht nur gesellschaftsrechtlich und finanziell, sondern auch strukturell (Zentralbereiche, Stäbe), technokratisch (Planungen) und personell (Personalunion von Führungskräften, Weisungsabhängigkeit) vom Stammhaus ab.[43]

4.2. Unterscheidung nach der Hierarchie

Hier geht es um die Positionierung, die die Holding in der Struktur eines Konzerns einnimmt. Ein Konzern hat mindestens zwei, i.a. mehrere hierarchische Ebenen. Es kann also zwischen Spitzen-, Zwischen- und Grundeinheiten unterschieden werden.

4.2.1. Dachholding

Als Dachholding wird eine Holding bezeichnet, die in der Konzernhierarchie an der obersten Stelle steht. Sie hält die Beteiligungen an den Tochtergesellschaften entweder direkt oder indirekt über die Zwischenschaltung von anderen Gesellschaften.[44] Die Dachholding ist

---

[41] Die Unterscheidung zwischen reiner Finanz- und Führungsholding und gemischter Holding ist für die steuerliche Behandlung in der Schweiz relevant. Vgl. hierzu Kapitel III dieser Arbeit.
[42] Vgl. Lutter, Holding, S. 14.
[43] Vgl. Lutter, Holding, S. 11.
[44] Vgl. Anesini, Holding, S. 54.

also eine Unternehmung, die sich mehrheitlich bzw. vollständig innerhalb eines geschlossenen Beteiligungsverbundes beteiligt.[45]
Sie kann sowohl Finanz- als auch Führungsfunktion ausüben. Bei Ausübung der Führungsfunktion wird sie zur Konzernholding.
Ein mögliches Kennzeichen der Dachholding kann ebenfalls sein, daß hieran auch natürliche Personen beteiligt sein können.[46] Bei der nachfolgend beschriebenen Zwischen- oder Subholding sind i.d.R. nur juristische Personen beteiligt.

4.2.2. Zwischenholding oder Subholding

Die Zwischenholding ist in der Konzernhierachie immer unterhalb einer anderen Gesellschaft angesiedelt. Sie ist eine abhängige und/oder in Mehrheitsbesitz stehende Untergesellschaft. Ihre Ansiedlung kann auf der zweitobersten oder einer darunter liegenden Stufe sein. Als Holding hält sie Beteiligungen an anderen Gesellschaften. Hier kann sie Finanz- oder auch Führungsaufgaben übernehmen. Ist das letztere der Fall, so wird sie zur Führungsholding eines Teilkonzerns.[47]
Die Einschaltung einer Zwischenholding ermöglicht die Zusammenfassung der Beteiligungen nach verschiedenen Kriterien:

- Schaffung von Ordnung in der Organisationsstruktur,
- Optimierung der Leistungs- und Führungsbeziehungen,
- Flexibilisierung des strukturellen Aufbaus und
- Ermöglichung der organischen Zellteilung.[48]

Die Zwischenholding kann als Spartenholding, Joint Venture Holding oder auch als Landesholding ausgestaltet sein.[49]

---

[45] Vgl. Keller, Unternehmensführung, S. 38.
[46] Vgl. Schwarzinger / Trentini, Holding, S. 14.
[47] Vgl. Keller, Unternehmensführung, S. 38.
[48] Vgl. Anesini, Holding, S. 55.
[49] Vgl. Anesini, Holding, S. 55 - 58.

4.3. Unterscheidung nach regionalen Kriterien

Bei einer Holding kann man einerseits die nationale und andererseits die internationale Holding unterscheiden. Die internationale Holding unterteilt sich noch in die Auslands- und die Landesholding.
Die Gründe für eine Regionalisierung innerhalb eines Konzerns können vielfältig sein. So nennt Theisen z.B. folgende Gesichtspunkte:

- wenig differenziertes Programm ausgereifter Produkte mit großer regionaler Streuung,
- standardisierte Produktionsprozesse,
- stark marktbezogenes Management bei heterogenen Märkten und Abnehmern,
- wettbewerbs- und marktorientierte flexible Planung,
- kooperationsbereite Zentralstellen.[50]

4.3.1. Die nationale Holding

Eine nationale Holding liegt dann vor, wenn die Holdinggesellschaft die gleiche Nationalität wie die operativen Gesellschaften hat und insofern die Beziehungen innerhalb des Konzerns nur nationalem Recht unterliegen.[51] Die nationale Holding befindet sich in dem gleichen Land wie die Anteilseigner.

4.3.2. Die internationale Holding[52]

Eine internationale Holding ergibt sich, wenn die Holdinggesellschaft, die operativen Gesellschaften oder die Anteilseigner der Holding in unterschiedlichen Ländern angesiedelt sind und sich insofern in verschiedenen Rechtssystemen befinden. Für die Beziehungen innerhalb des Konzerns sind zunächst die jeweiligen nationalen Rechtsvorschriften gültig. Außerdem erhalten internationale Rechtsvorschriften, wie z.B. Doppelbesteuerungsabkommen oder Richtlinien der Europäischen Union Relevanz.

---

[50] Vgl. Theisen, Konzern, S. 186.

[51] Vgl. Lutter, Holding, S. 17; Schwarzinger / Trentini, Holding, S. 14.

[52] Zur internationalen Holdinggesellschaft deutscher Anteilseigner in der Schweiz vgl. Kapitel V dieser Arbeit, das diesen Sachverhalt unter steuerlichen Gesichtspunkten behandelt.

Eine internationale Holding kann als Auslandsholding oder als Landesholding ausgestaltet sein.

4.3.2.1. Die Auslandsholding

„Die Auslandsholding ist Obergesellschaft von Beteiligungs- und/oder Tochtergesellschaften, die ihren Sitz in verschiedenen Staaten haben. Sie kann zugleich als Zwischenholding Finanz- oder Führungsholding für ausländische Kapitalengagements sein. Aufgrund der in der Regel sehr weiten geographischen Streuung ihrer Beteiligungs- und Tochtergesellschaften domizilieren Auslandsholdinggesellschaften häufig in Staaten, die neben besonderen Steuervorteilen - insbesondere in Form einer besonders vorteilhaften steuerlichen Behandlung ausländischer Beteiligungs- und Zinserträge - vor allem auch den Zugang zu internationalen Finanzmärkten und besonderen Finanzierungsinstrumenten bieten."[53]

4.3.2.2. Die Landesholding

„Die Landesholding ist einerseits Obergesellschaft einer oder mehrerer Tochter- und/oder Beteiligungsgesellschaften, andererseits, wie die Auslandsholding, Zwischenholding und somit Untergesellschaft. Da sie ebenso als Finanz- oder Führungsholding ausgebildet sein kann, bestehen funktional und hierarchisch gesehen zwischen der Auslandsholding und der Landesholding keine Unterschiede.
Das wesensbestimmende Merkmal der Landesholding ist ihre lokale Begrenzung auf einen bestimmten Staat. Im Gegensatz zur Auslandsholding ist die Landesholding nur an Unternehmungen beteiligt, die ihren Sitz im gleichen Staat haben. Die Standortentscheidung wird bei der Landesholding wegen der Vorgabe eines bestimmten Sitz-Staates weniger oder fast überhaupt nicht von steuerlichen oder finanziellen Kriterien bestimmt."[54]
Die Landesholding befindet sich in einem anderen Land als die Anteilseigner.

---

[53] Keller, Unternehmensführung, S. 38 - 40.
[54] Keller, Unternehmensführung, S. 40.

4.4. Unterscheidung nach der Rechtsform

Hier wird unterschieden anhand der Rechtsform, die die Holding innehat. So gibt es Personengesellschaft-Holdings und Kapitalgesellschaft-Holdings.
Für diese gelten die jeweiligen Vorschriften der Rechtsform, die verschieden sind und insofern auch sehr unterschiedliche Rechtsfolgen nach sich ziehen können.
Als Personengesellschaft sind für Deutschland z.B. die Offene Handelsgesellschaft (OHG), die Kommanditgesellschaft (KG) und die GmbH & Co. KG zu nennen. In der Schweiz unterscheidet man die Kollektivgesellschaft und die Kommanditgesellschaft.
Kapitalgesellschaften können in beiden Ländern Aktiengesellschaften (AG) und Gesellschaften mit beschränkter Haftung (GmbH) sein.[55]
Die Aufzählung der Rechtsformen ist nicht abschließend.

In Deutschland ist die Ausgestaltung einer Holding als Personengesellschaft durchaus möglich, allerdings besteht die Mehrheit in der Form der Kapitalgesellschaft.[56]
In der Schweiz haben nur Kapitalgesellschaften und Genossenschaften Anspruch auf die spezielle Holdingprivilegierung. Dort bestehen die meisten Holdinggesellschaften in der Rechtsform der Aktiengesellschaft.
Aus diesen Gründen erfolgt die Betrachtung der Holdinggesellschaft in dieser Arbeit nur in der Form der Kapitalgesellschaft.

---

[55] Vgl. zu den steuerlichen Folgen der Rechtsformwahl in Deutschland Schaumburg / Jesse, Nationale Holding, S. 472 - 495.
[56] Vgl. Haarmann, Besteuerungsfragen, S. 86; Kraft, Rechtsformen, S. 44.

4.5. Unterscheidung nach Haupttätigkeit der Holding

Bei dieser Form der Unterscheidung sind enge Zusammenhänge mit der Unterscheidung nach der Funktion zu erkennen.
Es geht hierbei um den Hauptaufgabenbereich, den die Holding ausübt.
Schwarzinger / Trentini erwähnen hierbei die Finanzierungsholding, die Patent- und/oder Lizenzholding, die Verwaltungsholding, die Geschäftsleitungsholding und die Dienstleistungsholding.[57]
Die Finanzierungsholding beschafft die für die Finanzierung des Konzerns nötigen Mittel und verteilt sie nach den von der Unternehmensführung gesetzten Prioritäten auf die einzelnen Tochtergesellschaften.
Die Patent- und/oder Lizenzholding hat als primäre Aufgabe, die urheberrechtlich geschützten Rechte der verschiedenen Gesellschaften zusammenzufassen, zu sichern und zu vermarkten.
Die Verwaltungsholding bemüht sich, die Verwaltung der Tochtergesellschaften zu optimieren. Hierzu werden Spezialisten beschäftigt, die für die einzelne Gesellschaft wirtschaftlich kaum vertretbar wären.
Die Geschäftsleitungsholding übt zentral die Geschäftsleitungsfunktion aus. Diese Ausübung kann anstelle von Kapitalbeteiligung auch durch Geschäftsführungsverträge oder Vollmachten erfolgen.
Die Dienstleistungsholding erbringt zentral verschiedene Leistungen. Diese können z.B. im Bereich der Datenverarbeitung, des gemeinsamen Einkaufs, Vertriebs oder Marketings liegen.

Schwartzkopff unterscheidet anhand des geschäftspolitischen Hintergrundes die Steuerholding, die Portfolioholding, die Finanzholding und die Managementholding.[58]
Die Steuerholding hat als Hauptaufgabe die Steueroptimierung, die Portfolioholding die reine Beteiligungsverwaltung, die Finanzholding die Finanzierung und die Managementholding die strategische Führung.

---

[57] Vgl. Schwarzinger / Trentini, Holding, S. 15 - 17
[58] Vgl. Schwartzkopff, Holdingstrukturen, S. 24 - 33. Diese Unterscheidung hängt ausgesprochen eng mit der Unterscheidung nach der Funktion zusammen.

5. Abgrenzung zu ähnlichen Unternehmenstypen

Eine weitere Möglichkeit, den Begriff der Holding zu fassen, ist die Abgrenzung zu ähnlichen Unternehmenstypen. Es handelt sich hierbei um Unternehmen, die entweder eine ähnliche steuerliche Privilegierung erhalten oder aus steuerlichen Gesichtspunkten gegründet werden. Die ähnlichen Unternehmenstypen sind jedoch nicht Gegenstand dieser Arbeit.

⇒ Die Domizil-, Hilfs- und Verwaltungsgesellschaft
Diese Unternehmensform hat ihren Ursprung - ähnlich wie die Schweizer Holdinggesellschaft - im Steuerrecht der Schweiz. So wie man in den kantonalen Steuergesetzen die besonderen Holdingprivilegien kennt, so gibt es auch Privilegien für Domizil-, Hilfs- und Verwaltungsgesellschaften. Diese sind Gesellschaften, die in der Schweiz keine aktive wirtschaftliche Tätigkeit ausüben. Die Regelung dieser Steuerprivilegien in den kantonalen Steuergesetzen ist sehr unterschiedlich ausgefallen aufgrund der langen historischen Entwicklung und der ausgeprägt föderalistischen Struktur der Schweiz.[59]

Die Bezeichnung für Domizil-, Hilfs- und Verwaltungsgesellschaften wird sehr uneinheitlich gebraucht. Charakteristisch ist jedoch, daß sie einerseits die Infrastruktur in der Schweiz nicht oder fast nicht beanspruchen und andererseits ihre Geschäfte nahezu ausschließlich im Ausland anknüpfen und abwickeln. Die Auslandsbezogenheit der Gewinne rechtfertigt nach Ansicht der Schweizer Steuerbehörden die ermäßigte Besteuerung.[60]
Da nun die Regelung in den einzelnen Kantonen sehr verschieden ist, haben sich auch verschiedene Typen herausgebildet. So kann man z.B. die reine Domizilgesellschaft, die gemischte Domizilgesellschaft, die Hilfsgesellschaft und die Verwaltungsgesellschaft unterscheiden.
Die reine Domizilgesellschaft hat im jeweiligen Kanton lediglich ihren Sitz, beteiligt sich jedoch nicht aktiv am Wirtschaftsleben. Ihre Erträge entstehen aus wirtschaftlicher Tätigkeit im Ausland, in manchen Kantonen wird eine ausländische Beherrschung verlangt. Diese Gesellschaft entrichtet i.a. eine reduzierte Kapitalsteuer.
Die gemischte Domizilgesellschaft erzielt einen geringen Teil ihrer Erträge aus dem Inland, meist bis 20-25 %, darf jedoch keine Fabrikations-

---

[59] Vgl. dazu Beilstein, IWB 1995, S. 447 - 449; Beilstein, StR 1995, S. 565 - 568.
[60] Vgl. Beilstein, IWB 1995, S. 448 - 449; Beilstein, StR 1995, S. 567

betriebe unterhalten. Ihre Zulassung basiert auf der Überlegung, daß ihre Geschäfte im Ausland angeknüpft werden.
Hilfsgesellschaften erbringen Hilfsfunktionen für ausländische verbundene Unternehmen, sie sind also Dienstleistungsgesellschaften internationaler Konzerne. Sie sind meistens ganz oder zumindest teilweise von der Gewinnsteuer ausgenommen.
Verwaltungsgesellschaften können entweder ihr eigenes Vermögen verwalten oder Hilfstätigkeiten für verbundene Unternehmen erbringen, wie z.B. Grundlagenforschung, Marketingberatung u.ä. Sie dürfen jedoch nicht als Anbieter von industriellen, gewerblichen oder kommerziellen Leistungen am Markt auftreten. Inländische Einkünfte werden voll besteuert, ausländische je nach Bedeutung der Verwaltungstätigkeit in der Schweiz.[61]

Im Steuerharmonisierungsgesetz[62] wurde eine einheitliche Definition der Domizilgesellschaft gefunden: „Kapitalgesellschaften, Genossenschaften und Stiftungen, die in der Schweiz eine Verwaltungstätigkeit, aber keine Geschäftstätigkeit ausüben, entrichten die Gewinnsteuer wie folgt:
a. Erträge aus Beteiligungen im Sinne von Absatz 2 sowie Kapital- und Aufwertungsgewinne auf solchen Beteiligungen sind steuerfrei;
b. die übrigen Einkünfte aus der Schweiz werden zum ordentlichen Tarif besteuert;
c. die übrigen Einkünfte aus dem Ausland werden nach der Bedeutung der Verwaltungstätigkeit in der Schweiz zum ordentlichen Tarif besteuert.“[63]
Das Steuerharmonisierungsgesetz ist ein Grundsatzgesetz, das sich an die kantonalen und kommunalen Gesetzgeber richtet. Diese müssen ihre Steuerordnungen bis zum 1.1.2001 an die hierin festgelegten Grundsätze angepaßt haben. In vielen Kantonen wird es deshalb Änderungen bezüglich der zu erfüllenden Voraussetzungen und der Steuerbelastung der Domizil-, Hilfs. und Verwaltungsgesellschaften geben.[64]

---

61 Vgl. genauer Beilstein, IWB 1995, S. 449; Beilstein, StR 1995, S. 567 - 568.
62 Im Zuge der Ausarbeitung des Steuerharmonisierungsgesetzes fand eine Auseinandersetzung mit der Ausgestaltung des Domizilprivilegs statt. Vgl. hierzu u.a. Faist, ST 1984, S. 228 - 231; Pfeifer, ST 1993, S. 617 - 620; Reich, ASA 1979/80, S. 289 - 316; Reich, StR 1982, S. 541 - 562; Zuppinger / Böckli / Locher / Reich, Steuerharmonisierung, S. 266 - 279.
63 Art. 28 Abs. 3 StHG.
64 Vgl. Beilstein, IWB 1995, S. 455; Beilstein, StR 1995, S.575. Zu der genauen Auslegung des Art. 28 Abs. 3 StHG s. Höhn, Bundesrecht, S. 268 - 284. Die Auswirkung auf einen deutschen Steuerpflichtigen in Bezug auf die Abzugsfähigkeit von Ausgaben an ausländische Domizilgesellschaften können nachgelesen werden bei Goertzen, ST 1995, S. 775 - 784.

⇒Die Basisgesellschaft

Eine Basisgesellschaft ist eine Kapitalgesellschaft, die in einem besonders steuerbegünstigten Land beheimatet ist und von dort ihre geschäftliche Betätigung in Drittländern ausübt.

Keller sieht die Basisgesellschaft als Oberbegriff der Unternehmungstypen Domizil- und Hilfsgesellschaft und Holdinggesellschaft. Mögliche Erscheinungsformen einer Basisgesellschaft sind seiner Meinung nach die Holding, die Vermögensverwaltungsgesellschaft, die Einkaufs- und Verkaufsgesellschaft, die Dienstleistungsgesellschaft und die Produktionsgesellschaft. Als Funktionen, über die Basisgesellschaften verfügen können, führt er an: Die Funktion eine Führungsholding, einer Verwaltungs- und Kapitalanlagegesellschaft, einer Finanzierungsgesellschaft, die Realbesitzfunktion einer Immobiliengesellschaft und die Handelsfunktion einer zentralen Einkaufs- und Verkaufsgesellschaft.[65]

[65] Vgl. Keller, Unternehmensführung, S. 102.

6. Faktoren für eine Holding bei der Standortwahl

Bei einer reinen Holdinggesellschaft handelt es sich um eine Gesellschaft mit einer hohen Standortelastizität, d.h. sie ist lokal unabhängig.[66] Dieses ist besonders im Vergleich mit produzierenden Unternehmen auffällig. Aufgrund dieser Standortelastizität kann die Holdinggesellschaft speziell in solchen Staaten ihren Sitz nehmen, die gute politisch-wirtschaftliche wie auch rechtliche Umfeldbedingungen bieten. Gestaltungsmöglichkeiten bieten sich hierbei den Staaten besonders bei der Besteuerung.

Für die Holdinggesellschaft sind bei der Standortwahl allerdings oft andere Gesichtspunkte als die Besteuerung vorrangig zu berücksichtigen. So sind bei der Umgestaltung von Konzernstrukturen primär unternehmerische Aspekte zu berücksichtigen, da es der Zielsetzung der langfristigen Gewinnmaximierung widerspricht, eine steuerliche optimale Struktur zu errichten, die den betriebswirtschaftlichen Anforderungen nicht gerecht wird und insofern zu Effizienzverlusten führt. Ziel ist also, die betriebswirtschaftlich optimale Struktur auch steuerlich zu optimieren.[67]

So sind als außer-fiskalische Standortfaktoren zu nennen:[68]

- die politische Stabilität des Landes,
- eine stabile Währung,
- ein leistungsfähiger Kapitalmarkt,
- ein gut ausgebautes Bankensystem,
- Schutz vor Devisenbewirtschaftung,
- Schutz vor staatlichen Einschränkungen in der Verfügungsfreiheit über das Kapital, d.h. keine Verstaatlichung und Enteignung,
- gute internationale Beziehungen, besonders im Außenhandel,
- gutes Ausbildungsniveau der Bevölkerung,
- integrationspolitische Gesichtspunkte,
- gute Infrastruktur, besonders der Ausbau des Kommunikations-, Güterverkehrs- und Personenverkehrsnetzes,
- die geographische Lage des Landes,
- zuverlässige und liberale Rechtsordnung,
- gut ausgebautes Kartell- und Patentrecht,

---

66 Vgl. Keller, Unternehmensführung, S. 164.

67 Vgl. Rosenbach, Standortwahl, S. 690; analog Oesch, Holdingbesteuerung, S. 27

68 Vgl. hierzu Farnschläder, Steueroasenländer, S. 143 - 144; Hess, Holding-Standort, S. 1; JbFSt 1992/93, S. 288 - 289; Kergall, Intertax 1991, S. 496; Oesch, Holdingbesteuerung, S. 26 - 27; Rosenbach, Standortwahl, S. 691. Zu einer auf die Schweiz ausgerichteten Analyse bzgl. der Standortqualität für Hauptquartiere internationaler Unternehmen s. Clopath, ST 1996, S. 371 - 381.

- intensiver vertraglicher und diplomatischer Rechtsschutz,
- wirksames Bankgeheimnis,
- wirksames Berufsgeheimnis der Rechtsanwälte, Notare, Steuerberater und Wirtschaftsprüfer,
- ein liberales Devisenrecht,
- die allgemeine Attraktivität des Landes und
- die durch die Holding zu erfüllende Funktion.[69]

Wichtig ist auch, daß ein möglicher Steuervorteil nicht durch andere Kosten, wie z.B. hohe Gründungskosten gemindert wird. Folgende Faktoren sollten berücksichtigt werden:[70]

- ein flexibles Gesellschaftsrecht mit geeigneten Gesellschaftsformen und wenig zwingenden Vorschriften,
- die Zulassung von Gesellschaften ausländischen Rechts,
- kein Minimal- oder Maximalkapital,
- ein einfaches, schnelles und billiges Gründungsverfahren,
- keine diskriminierenden Vorschriften hinsichtlich der Nationalität und des Wohnsitzes der Gesellschafter und Organe,
- geringe Mindestanzahl der erforderlichen Gründer,
- keine persönliche Haftung,
- Wahrung der Anonymität, insbesondere Möglichkeit der treuhänderischen Geschäftsführung,
- geringe Publizität und
- die Zulässigkeit von Inhaber- und Stimmrechtsaktien.

Zu beachten ist jedoch, daß für die Anerkennung der ausländischen Holdinggesellschaft durch die inländische Finanzverwaltung die wirtschaftliche Substanz der Gesellschaft wichtig ist.[71] So ist darauf zu achten, daß eigene Büroräume, eigenes Personal u.ä. vorhanden sind. Auch hat die Geschäftsleitung tatsächlich am Sitz der Holding und nicht im Ausland bei einer in der Konzernhierachie höherstehenden Gesellschaft stattzufinden. Ferner muß das Außensteuergesetz mit seinem Durchgriff auf passive Gesellschaft berücksichtigt werden.[72]
Denn wenn diese Voraussetzungen nicht erfüllt sind, kann der Steuervorteil nicht genutzt werden und die Standortwahl ist insofern sinnlos.

---

[69] So sollte sich z.B. eine Führungsholding in der Nähe der von ihr zu führenden Gesellschaften befinden. Andererseits ist eine Landesholding bereits durch ihre Aufgabendefinition auf ein bestimmtes Land festgelegt.

[70] Vgl. Farnschläder, Steueroasenländer, S. 144.

[71] Vgl. Rosenbach, Standortwahl, S. 691.

[72] Auf diese Problematik wird noch im weiteren Verlauf dieser Arbeit genauer eingegangen werden, s.z.B. Kapitel V.

Wichtige steuerliche Faktoren sind die, die zu einer Verringerung bzw. Minimierung der Steuerlast beitragen. So sollen bei der Standortwahl einerseits konzernspezifische Steuermehrbelastungen vermieden werden, andererseits konzernspezifische Steuerminderbelastungen genutzt werden.[73]

In den anschließenden Kapiteln werden die steuerlich relevanten Gesichtspunkte für eine Holdinggesellschaft in der Schweiz und in Deutschland behandelt.

[73] Vgl. hierzu genauer Kessler, Euro-Holding, S. 76 - 79.

III. Die Holding im Steuersystem der Schweiz

1. Das Steuersystem und die Steuerarten der Schweiz

1.1. Das Steuersystem

Die Schweiz ist ein Staat mit einem föderalistischen Aufbau. Es gibt kein einheitliches Abgabesystem. Der Bund, die 26 Kantone sowie die ca. 3000 Gemeinden erheben Steuern und Abgaben aufgrund ihrer eigenen Gesetze und Verordnungen. Für die Gemeindesteuern gilt oft das kantonale Recht, welches auch Bezirke, Kreise, Gemeindeverbände und Kirchengemeinden ermächtigen kann, Steuern zu erheben.[74]
Vielfach bedürfen die Steuergesetze der Zustimmung der Stimmberechtigten. Diese gelten für unbestimmte Zeit, werden aber gelegentlich revidiert. Kantonale Gesetze können vom Bundesgericht auf ihre Vereinbarkeit mit der Bundesverfassung überprüft werden.[75]
„Das schweizerische Steuersystem wird geprägt einerseits durch die verschiedenen Steuerarten und andrerseits durch die verschiedenen Steuerhoheitsträger, welche diese Steuern erheben. Als schweizerisches Steuersystem bezeichnen wir die Gesamtheit und das gegenseitige Verhältnis der von der Eidgenossenschaft, den Kantonen und den Gemeinden erhobenen Steuern. Seine Hauptmerkmale sind die Aufteilung der Steuerhoheit auf drei Hoheitsträger und ein starkes Übergewicht der direkten Steuern über die indirekten."[76]

In der Schweiz werden also sowohl direkte als auch indirekte Steuern erhoben. Der Bund finanziert sich über diese beiden Steuerformen, Kantone und Gemeinden erhalten die nötigen Finanzmittel vorwiegend über die direkten Steuern.[77]
Nach der in Art. 3 der Bundesverfassung geregelten Kompetenzverteilung zwischen Bund und Kantonen darf der Bund die Steuern erheben, die die Bundesverfassung ihm zuweist, während die Kantone die Steuern erheben dürfen, die nicht dem Bund vorbehalten sind.

[74] Vgl. STG-Coopers & Lybrand, Steuern, S. 13.
[75] Vgl. STG-Coopers & Lybrand, Steuern, S. 13
[76] Höhn, Schweizer Steuerrecht, S. 63.
[77] Vgl. STG-Coopers & Lybrand, Steuern, S. 13.

In Art. 41bis und Art. 41ter der Bundesverfassung ist festgelegt, welche Steuern der Bund erheben darf. Dazu zählen:

- Stempelabgaben auf Wertpapiere,
- eine Verrechnungssteuer auf Erträge aus beweglichem Kapitalvermögen, auf Lotteriegewinne und Versicherungsleistungen,
- eine Tabaksteuer,
- Sondersteuern zu Lasten im Ausland wohnhafter Personen zur Abwehr von Besteuerungsmaßnahmen des Auslandes.[78]

Außerdem dürfen vom Bund noch erhoben werden:

- eine Umsatzsteuer (Mehrwertsteuer),
- besondere Verbrauchssteuern (Mehrwertsteuer) auf
  - Erdöl, andere Mineralöle, Erdgas und die bei ihrer Verarbeitung gewonnenen Produkte sowie auf Treibstoffe aus anderen Ausgangsstoffen,
  - Bier,
  - Automobile und ihre Bestandteile, sowie
- eine direkte Bundessteuer.[79]

Für die direkte Bundessteuer gilt nach Art. 41ter Abs. 5 der Bundesverfassung:

„a. die Steuer kann erhoben werden vom Einkommen der natürlichen Personen sowie vom Reinertrag, vom Kapital und von den Reserven der juristischen Personen. Die juristischen Personen sind, ohne Rücksicht auf ihre Rechtsform, nach Maßgabe ihrer wirtschaftlichen Leistungsfähigkeit steuerlich möglichst gleichmäßig zu belasten;

b. die Steuer wird für Rechnung des Bundes von den Kantonen erhoben. Vom Rohertrag der Steuer fallen drei Zehntel den Kantonen zu; davon ist wenigstens ein Sechstel für den Finanzausgleich unter den Kantonen zu verwenden;

c. bei der Festsetzung der Tarife ist auf die Belastung durch die direkten Steuern der Kantone angemessen Rücksicht zu nehmen. Die Steuer beträgt höchstens

...

- 9,8 Prozent vom Reinertrag der juristischen Personen,
- 0,825 Promille von Kapital und Reserven der juristischen Personen."[80]

---

[78] Vgl. Art. 41bis Abs. 1 BV.
[79] Vgl. Art. 41ter Abs. 1 und 4 BV.
[80] Art. 41ter Abs. 5 BV.

Von den Kantonen werden vorwiegend Steuern auf Einkommen und Vermögen natürlicher Personen und auf Gewinn und Kapital juristischer Personen erhoben, außerdem Liegenschafts- und Grundsteuern, Erbschafts- und Schenkungssteuern, Handänderungsabgaben und Steuern auf Motorfahrzeuge.[81]

Die Kantone waren in der Gestaltung ihres Kompetenzbereiches lange Zeit frei. Nach Art. 42^{quienquies} BV steht nunmehr dem Bund die Kompetenz zu, Vorschriften über die Harmonisierung des kantonalen Rechts der direkten Steuern zu erlassen. Dazu werden auf dem Wege der Bundesgesetzgebung Grundsätze für die Gesetzgebung der Kantone und Gemeinden über Steuerpflicht, Gegenstand und zeitliche Bemessung der Steuern, des Verfahrensrechts und Steuerstrafrechts erlassen. Die Kantone bestimmen weiterhin die Steuertarife, die Steuersätze und Steuerfreibeträge. Die Kantone wirken bei der Vorbereitung der Bundesgesetze mit und es wird ihnen eine angemessene Frist zur Umsetzung der Gesetze in kantonales Recht eingeräumt.[82]

In den letzten Jahren wurden zwei Bundesgesetze geschaffen, die die Harmonisierung der direkten Steuern sowohl in vertikaler als auch in horizontaler Hinsicht beinhalten. Das Bundesgesetz über die direkte Bundessteuer (DBG) trat am 1.1.1995 in Kraft. Gegenstand des Gesetzes ist die Einkommenssteuer von den natürlichen Personen, die Gewinn- und Kapitalsteuer von den juristischen Personen und die Quellensteuer auf den Einkommen von bestimmten natürlichen und juristischen Personen, die vom Bund als direkte Bundessteuer erhoben werden dürfen.[83]
Inhaltlich stimmen die Grundsätze dieses Gesetz mit denen des Bundesgesetz über die Harmonisierung der direkten Steuern der Kantone und Gemeinden (StHG) überein, wodurch die vertikale Harmonisierung erreicht wird. Dieses zweite Gesetz trat zum 1.1.1993 in Kraft, bestimmt die von den Kantonen zu erhebenden direkten Steuern und legt die Grundsätze fest, nach denen die kantonale Gesetzgebung zu gestalten ist.[84] Hierdurch wird die horizontale Harmonisierung erreicht. Für die Umsetzung des StHG in die kantonalen Gesetze haben die Kantone 8 Jahre Zeit, d.h. die Umsetzung muß bis zum 1.1.2001 erfolgt sein.[85]

---

81 Vgl. STG-Coopers & Lybrand, Steuern, S. 14.
82 Vgl. Art. 42^{quienquies} BV.
83 Vgl. Art. 1 DBG.
84 Vgl. Art. 1 Abs. 1 StHG.
85 Vgl. Art. 72 Abs. 1 StHG. Die Tabelle 1 „Besteuerung der reinen Holdinggesellschaft in den verschiedenen Kantonen“ im Anhang gibt Auskunft darüber, bis wann die einzelnen Kantonen beabsichtigen, das Gesetz endgültig in kantonales Recht umzusetzen.

1.2. Die Ertragsbesteuerung der Kapitalgesellschaften

Kapitalgesellschaften und Genossenschaften, die auch unter dem Begriff Kapitalunternehmungen zusammengefaßt werden, unterliegen in der Schweiz verschiedenen Steuern auf verschiedenen Ebenen.

Bei den juristischen Personen wird zunächst der Unternehmensgewinn besteuert. Ausgangspunkt für die Steuerberechnung ist der Saldo der Erfolgsrechnung. Mögliche Korrekturen durch die Steuerverwaltung erfolgen aufgrund der Beurteilung der steuerrechtlichen Zulässigkeit von Bilanzansätzen und Positionen der Erfolgsrechnung.[86]

Auf Bundesebene entrichten Kapitalgesellschaften und Genossenschaften von ihrem Reingewinn für ein Steuerjahr:
„eine Steuer von 3,63 Prozent als Grundsteuer;
einen Zuschlag von 3,63 Prozent auf dem Teil des Reingewinns, der 4 Prozent Rendite übersteigt oder, wenn Kapital und Reserven weniger als 50.000 Franken betragen, auf dem Teil des Reingewinns, der 2.000 Franken übersteigt;
einen weiteren Zuschlag von 4,84 Prozent auf dem Teil des Reingewinnes, der 8 Prozent Rendite übersteigt oder, wenn Kapital und Reserven weniger als 50.000 Franken betragen, auf dem Teil des Reingewinnes, der 4.000 Franken übersteigt.
Die Steuer ist in allen Fällen auf 9,8 Prozent des gesamten Reingewinnen begrenzt.
Rendite ... ist das in Prozenten ausgedrückte Verhältnis des steuerbaren Reingewinnes zum durchschnittlichen Betrag des einbezahlten Grund- oder Stammkapitals und der Reserven in dem während der Berechnungsperiode abgeschlossenen Geschäftsjahr."[87]
Die Frage der Renditeabhängigkeit und damit der wirtschaftlichen Leitungsfähigkeit stellt sich erst für die Anwendung eines 3,63 % übersteigenden Gewinnsteuersatzes.

Die 26 Kantone haben sehr unterschiedlich konzipierte Gesetze und Steuersysteme. Einheitliche Aussagen sind insofern schwierig. Tendenziell kann man sagen, daß die meisten analog zur Bundessteuer die Besteuerung gemäß Eigenmittel-Rendite anwenden, es sind aber auch Stufentarife oder progressive Steuersätze bekannt.[88]

---

[86] Vgl. Cagianut / Höhn, Unternehmungssteuerrecht, S. 88.
[87] Art. 222 Abs. 2 - 4 DBG.
[88] Vgl. Weiss, Aktiengesellschaft, S. 62.

Charakteristisch für das Schweizer Steuersystem ist, daß die Gewinnbesteuerung progressiv erfolgt und sich nicht nach der absoluten Höhe des Gewinnes, sondern nach der erzielten Rendite richtet.[89]
Es wird bei den Kantonen unterschieden in direkt renditeabhängigen Steuersatz (Ertragsintensitätstarif), Dreistufentarif, gespaltener Steuersatz und die Progression nach Höhe des Gewinns.
Bei dem direkt renditeabhängigen Steuersatz wird der Steuersatz unmittelbar im Verhältnis des Reingewinns zum Kapital festgesetzt. Auf diese Art und Weise verfährt ungefähr die Hälfte der Kantone. Der Steuersatz ist um so höher, je größer die Rendite, also der Reingewinn im Verhältnis zum Kapital ist. Das maßgebende Kapital ermittelt sich je nach Kanton am Anfang, Ende oder als Durchschnitt der Bemessungsperiode. Meistens ist der Steuersatz nach unten oder oben begrenzt, so daß die Steuerbelastung nur bei mittlerer Rendite progressiv verläuft, bei niedriger oder hoher jedoch eher proportional ist.[90]
Der Dreistufentarif orientiert sich an Art. 222 DBG. Danach wird eine proportionale Grundsteuer mit zwei proportionalen Zuschlägen erhoben, die sich nach Höhe der erzielten Rendite richten. Vereinzelte Kantone haben einen analogen Dreistufentarif, der jedoch andere Prozentsätze anwendet.[91]
Der gespaltene Steuersatz wird von vereinzelten Kantonen angewendet. Hierbei wird der Gewinn der Kapitalgesellschaft mit zwei oder drei verschiedenen Sätzen besteuert, wobei der Teil des Gewinns, der einer „normalen" Rendite entspricht, niedriger besteuert wird als der übrige Gewinn. Mit dieser Form der Besteuerung wird ein Schritt in Richtung proportionaler Besteuerung getan und die wirtschaftliche Doppelbelastung wird gemildert.[92] Bei der Progression nach Höhe des Gewinns ist die absolute Höhe ausschlaggebend.
Einzelne Kantone wenden auch für die juristischen Personen den Einkommensteuertarif für natürliche Personen an.[93]

Auch Grundstücksgewinne können der Ertragsbesteuerung unterliegen. Die Handhabung der Besteuerung variiert von Kanton zu Kanton. Diese Gewinne können entweder einer speziellen Grundstückgewinnsteuer unterliegen oder werden mit der Einkommensteuer erfaßt.[94]

[89] Vgl. Höhn, Schweizer Steuerrecht, S. 374 - 376.
[90] Vgl. Höhn, Schweizer Steuerrecht, S. 374 - 375.
[91] Vgl. Höhn, Schweizer Steuerrecht, S. 375.
[92] Vgl. Höhn, Schweizer Steuerrecht, S. 375.
[93] Zur Einkommen- und Vermögensteuer natürlicher Personen vgl. Höhn, Schweizer Steuerrecht, S. 163 - 339.
[94] Vgl. Cagianut / Höhn, Unternehmungssteuerrecht, S. 81, 88 - 89.

Auf Bundesebene werden Grundstückgewinne nur dann erfaßt, wenn sie von einer zur Buchführung nach Obligationenrecht verpflichteten Unternehmung erzielt werden.

1.3. Die Kapitalsteuer der Kapitalgesellschaft

Eine weitere Besonderheit der Schweiz ist die Kapitalsteuer. Diese wird von Bund, Kantonen und Gemeinden auf das Eigenkapital einer Gesellschaft erhoben.
Bei der direkten Bundessteuer besteht „das steuerbare Eigenkapital der Kapitalgesellschaften und Genossenschaften [..] aus dem einbezahlten Grund- oder Stammkapital, den offenen und den aus versteuertem Gewinn gebildeten stillen Reserven."[95]
Bei den Kantonen werden z. Zt. noch unterschiedliche Bestandteile in die Bemessung aufgenommen. So kann die Steuer nur auf das einbezahlte Aktienkapital oder auf das Eigenkapital einschließlich der offenen und als Ertrag versteuerten stillen Reserven erhoben werden.[96]
Hinsichtlich der Bemessungsgrundlage der Kapitalsteuer auf kantonaler Ebene wurde im Steuerharmonisierungsgesetz eine Vereinheitlichung vorgenommen. So besteht das steuerbare Eigenkapital „bei Kapitalgesellschaften und Genossenschaften aus dem einbezahlten Grund- oder Stammkapital, den offenen und den aus versteuertem Gewinn gebildeten Reserven;"[97] und bei Holdings „aus dem einbezahlten Grund- oder Stammkapital, den offenen Reserven und jenem Teil der stillen Reserven, der im Falle der Gewinnbesteuerung aus versteuertem Gewinn gebildet worden wäre"[98]. Das Festsetzen des Steuermaßes bleibt Sache der Kantone, sie legen also weiterhin die Höhe der Kapitalsteuer fest.[99]
Die Sätze liegen für Holdinggesellschaften bei 0,8 Promille als direkte Bundessteuer[100] und zwischen 0,2 und 5,5 Promille - teilweise mit jährlichen Vielfachen oder zusätzlicher Besteuerung auf Gemeindeebene - bei den Kantonen.[101]

---

95 Art. 74 Abs. 1 DBG.
96 Vgl. Flubacher, ST 1989, S. 218.
97 Art. 29 Abs. 2 lit. a StHG.
98 Art. 29 Abs. 2 lit. b StHG.
99 Vgl. Höhn, Bundesrecht, S. 267
100 Vgl. Art. 78 Abs. 1 DBG.
101 Vgl. hierzu die Tabellen 1 und 2 zur Besteuerung der reinen Holding und der Besteuerung der gemischten Holding in den verschiedenen Kantonen im Anhang.

Diese Sätze wirken ziemlich tief. Spori merkt hierzu jedoch an: „Da Holdinggesellschaften regelmäßig hoch kapitalisiert sind - gerade wegen der im Effekt nur teilweisen Abzugsfähigkeit von Schuldzinsen -, stellen sich jährliche Belastungen ein, die zuweilen sehr substantiell sind und den Holdingstandort Schweiz im Vergleich mit dem Ausland stark diskriminieren. Dies gilt in besonderem Maße dann, wenn die Mutter der schweizerischen Holding Sitz hat unter einer Steuerhoheit, welche Auslandseinkünfte mit indirekter Steueranrechnung entlastet. Die Kapitalsteuern gehören dort nämlich nicht zu den anrechenbaren Steuern."[102]
Die Kapitalsteuer ist mit der in Deutschland mittlerweile abgeschafften Vermögenssteuer vergleichbar.

1.4. Die Quellensteuer

Auch in der Schweiz werden Kapitalerträge an der Quelle von einer Steuer erfaßt. Diese Steuer wird Verrechnungssteuer genannt.
Gegenstand der Verrechnungssteuer auf den Ertrag beweglichen Kapitalvermögens sind Zinsen, Renten, Gewinnanteile und sonstige Erträge der

- von einem Inländer ausgegebenen Obligationen u.ä., der
- von einem Inländer ausgegebenen Aktien, GmbH-Anteile, Genossenschaftsanteile, Patizipationsscheine und Genußscheine, der
- Anteile an einem Anlagefond und der
- Kundenguthaben bei inländischen Banken und Sparkassen.[103]

Auch Lotteriegewinne und Versicherungsleistungen unterliegen dieser Steuer.[104]
Steuerpflichtig ist der Schuldner der steuerbaren Leistung.[105]
Die Steuer ist auf die Einkommensteuer der Inländer anrechenbar. Bei ausländischen Anteilsinhabern ist die Rückerstattung oder Steueranrechnung abhängig von den Bestimmungen des Doppelbesteuerungsabkommens.[106]
Die Verrechnungssteuer dient zunächst also als

- Sicherungssteuer für inländische Steuerpflichtige und dann als
- endgültige schweizerische Belastung der im Ausland wohnenden Begünstigten von Kapitalerträgen aus Schweizer Quellen.[107]

---

[102] Spori, ST 1992, S. 289. Im Zuge der Reform der Unternehmensbesteuerung soll diese Steuer abgeschafft werden, vgl. hierzu Kapitel 6 dieser Arbeit.
[103] Vgl. Art. 4 VStG.
[104] Vgl. Art. 6 und 7 VStG.
[105] Vgl. Art. 10 Abs. 1 VStG.
[106] Vgl. zur Steuerrückerstattung Art. 21 - 33 VStG.
[107] Vgl. Höhn, Schweizer Steuerrecht, S. 404.

Auch die Ausschüttungen der Schweizer Holdings unterliegen dieser Steuer, die mit einem Satz von 35 % allgemein als sehr hoch eingestuft und als Behinderung für den Holdingstandort Schweiz angesehen wird.[108]

1.5. Die Kapitalverkehrssteuern

In der Schweiz gibt es zwei verschiedene Kapitalverkehrssteuern, die Emissionsabgabe und die Umsatzabgabe.

Die Emissionsabgabe[109] fällt i.d.R. bei Ausgabe von Beteiligungsrechten durch inländische Kapitalgesellschaften oder Genossenschaften an.[110]
Bei Gründung und Kapitalerhöhung von Aktiengesellschaften fällt seit dem 1.1.96 ein Satz von 2 % an, der bis dahin 3 % betrug, Gründungen von Aktiengesellschaften mit einem Kapital bis zu SFr. 250.000,- sind von der Abgabe befreit.[111]
Bei Fusionen, Umwandlungen und Aufspaltungen juristischer Personen wurde ein reduzierter Satz von 1 % zugelassen, der jedoch seit dem 1.4.1993 gänzlich entfällt.[112]

Die Umsatzabgabe[113] fällt bei der entgeltlichen Übertragung von bestimmten Urkunden, also auch Wertpapieren, an, wenn eine der beteiligten Parteien als inländischer Effektenhändler gilt.[114]
Holdinggesellschaften werden i.d.R. als Effektenhändler qualifiziert.[115]
Denn eine Gesellschaft gilt dann als Effektenhändler, wenn ihr statuarischer Hauptzweck im Halten von Beteiligungen besteht und sie über ein Kapital von mindestens einer halben Million Schweizer Franken verfügt, oder wenn mehr als die Hälfte ihrer Aktiven aus von der Umsatzabgabe betroffenen Urkunden besteht, deren Buchwert zusammen mindestens eine Million Schweizer Franken beträgt.[116]
Die zu entrichtende Umsatzabgabe beträgt 0,15 % für Schweizer bzw. 0,3 % für ausländische Wertpapiere. Ausgenommen sind hiervon Neu-

---

[108] Vgl. Böckli, StR 1983, S. 402 - 403 schlug deshalb eine Herabsetzung des Steuersatzes für Dividenden auf 15 % vor; vgl. auch Loosli, StR 1995, S. 325 - 326; Metzger, ASA 1991/92, S. 395 - 396.
[109] Vgl. Art. 5 - 12 StG.
[110] Vgl. Cagianut / Höhn, Unternehmungssteuerrecht, S. 90.
[111] Vgl. Stocker, IStR 1995, Beihefter zu Heft 9, S. 4.
[112] Vgl. Stocker, IStR 1995, Beihefter zu Heft 9, S. 4.
[113] Vgl. Art. 13 - 20 StG.
[114] Vgl. Cagianut / Höhn, Unternehmungssteuerrecht, S. 83.
[115] Vgl. Cagianut / Höhn, Unternehmungssteuerrecht, S. 628; Landolf, ST 1992, S. 275.
[116] Vgl. Höhn, Schweizer Steuerrecht, S. 461.

gründungen und Kapitalerhöhungen von Schweizer Gesellschaften, bei der Gründung einer ausländischen Tochter durch eine Schweizer Mutter bzw. einer Kapitalerhöhung fällt diese jedoch an.[117]

1.6. Die Umsatzsteuer

Die Umsatzsteuer in der Form der Mehrwertsteuer gibt es in der Schweiz erst seit dem 1.1.1995.[118]
Die Steuerpflicht wird in Art. 17 - 25 MWStV geregelt. „Steuerpflichtig ist, wer eine mit der Erzielung von Einnahmen verbundene gewerbliche oder berufliche Tätigkeit selbständig ausübt, selbst wenn die Gewinnabsicht fehlt, sofern seine Lieferungen, seine Dienstleistungen und sein Eigenverbrauch im Inland jährlich gesamthaft 75.000 Franken übersteigen. Steuerpflichtig sind insbesondere natürliche Personen, Personengesellschaften, juristische Personen des privaten und öffentlichen Rechts, unselbständige öffentliche Anstalten sowie Personengesamtheiten ohne Rechtsfähigkeit, die unter gemeinsamer Firma Umsätze tätigen."[119]
Steuerpflichtige Umsätze sind:
„a.die im Inland gegen Entgelt erbrachten Lieferungen von Gegenständen;
b. die im Inland gegen Entgelt erbrachten Dienstleistungen;
c. der Eigenverbrauch;
d. der Bezug von Dienstleistungen gegen Entgelt aus dem Ausland."[120]
In Art. 14 MWStV findet sich eine Aufzählung der Umsätze, die von der Besteuerung ausgenommen sind.

Die Steuer beträgt grundsätzlich 6,5 %, nur für Gegenstände des täglichen Bedarfs wird sie auf 2 % herabgesetzt.[121] Nach Art. 17 Abs. 3 MWStV besteht die Möglichkeit einer umsatzsteuerlichen Organschaft

---

[117] Vgl. Landolf, ST 1992, S. 275.
[118] Vgl. Art. 86 MWStV. Aufgrund der relativen Neuheit im Vergleich zu anderen europäischen Ländern findet derzeit in der Schweiz noch eine Diskussion über die Ausgestaltung der Mehrwertsteuer statt. Es finden Vergleiche sowohl mit dem früheren System der Warenumsatzsteuer statt als auch mit dem europäischen Ausland. Vgl. hierzu Kuhn / Robinson, ST 1996, S. 503 - 512, die Autoren betrachten die Mehrwertsteuer aus standortpolitischer Sichtweise. Vgl. auch Ueberwasser, ST 1996, S. 525 - 528, der das früher bei der Warenumsatzsteuer aufgetretene Problem der Taxe occulte im Zusammenhang mit dem neuen System der Mehrwertsteuer betrachtet. Auch Detailprobleme werden diskutiert, s. hierzu Schafroth, ST 1996, S. 513 - 516 und Naneix, ST 1996, S. 521 - 524.
[119] Art. 17 Abs. 1 und 2 MWStV.
[120] Art. 4 MWStV.
[121] Vgl. Art. 27 Abs. 1 MWStV. Vgl. hierzu auch Eidgenössische Steuerverwaltung, Mehrwertsteuer, S. 5 und 15 - 16. Genauere Informationen zur Mehrwertsteuer sind zu finden bei Camenzind / Honauer, Mehrwertsteuer und Huber / Schefer, Mehrwertsteuer.

innerhalb einer Gruppe, die durch Stimmrechtsmehrheit oder auf andere Weise miteinander verbunden sind.
Vorher gab es die Warenumsatzsteuer, die als Einphasensteuer ausgestaltet war. Dies beinhaltete, daß die Ware auf dem Weg zum Verbraucher nur in einer bestimmten Phase, die immer eintrat, erhoben wurde. Somit stellte nur ein bestimmter Vorgang des Wirtschaftsverkehr die Berechnungsgrundlage dar.[122]

1.7. Die sogenannten Grundsteuern

Die Grundsteuern umfassen drei verschiedene Arten von Steuern, die mit dem Besitz von Grundstücken bzw. Liegenschaften verbunden sind.
Hierzu zählen die Liegenschaftensteuer oder auch Grundsteuer im engeren Sinne, die Grundstückgewinnsteuer und die Handänderungssteuer.
Die Liegenschaftensteuer knüpft an den Besitz einer Liegenschaft an und ist mit der Vermögenssteuer verwandt.[123] Diese Steuer wird von ungefähr der Hälfte aller Kantone erhoben. Die Steuer bemißt sich nach Verkehrs-, Kataster- oder Steuerwert und es wird kein Schuldenabzug zugelassen.[124] Dieser Steuer unterliegen sowohl natürliche als auch juristische Personen. Trotz niedriger Steuersätze stellt sie eine nicht unwesentliche Belastung des unbeweglichen Vermögens dar, da sie als reine Objektsteuer ausgestaltet ist und ein Schuldenabzug nicht zugelassen wird.
Die Grundstückgewinnsteuer ist mit der Einkommenssteuer verwandt. Sie ist allerdings eine Objektsteuer, da sie sich einzig nach dem erzielten Gewinn auf dem Objekt bemißt, d.h. bei Veräußerung des Grundstücks anfällt.[125] Bei Grundstücksgewinnen auf Privatvermögen wird sie in allen Kantonen erhoben. Befand sich das Grundstück im Geschäftsbesitz, so unterliegt der Gewinn je nach Kanton entweder der speziellen Grundstückgewinnsteuer oder der allgemeinen Einkommenssteuer.[126]

[122] Vgl. Höhn, Schweizer Steuerrecht, S. 471.
[123] Vgl. Zuppinger, Steuerrecht, S. 8.
[124] Vgl. Cagianut / Höhn, Unternehmungssteuerrecht, S. 82; Höhn, Schweizer Steuerrecht, S. 441.
[125] Vgl. Höhn, Schweizer Steuerrecht, S. 429 - 436; Zuppinger, Steuerrecht, S. 6.
[126] Nur ganz wenige Kantone erheben beide Steuerarten nebeneinander (vgl. Höhn, Schweizer Steuerrecht, S. 430). Art. 12 Abs. 4 StHG ordnet an, daß in den Fällen, wo die spezielle Grundstücksgewinnsteuer auf Grundstücke des Geschäftsvermögens erhoben wird, diese Gewinne von der Einkommenssteuer ausgenommen werden oder die Grundstücksgewinnsteuer auf die Einkommenssteuer angerechnet wird.

Die Handänderungssteuer schließlich knüpft wie die Grundstückgewinnsteuer an die Veräußerung eines Grundstückes an. Sie ist jedoch eine Rechtsverkehrssteuer, besteuert also den Eigentumsübergang als solchen. Bemessungsgrundlage ist in der Regel der Kaufpreis, ausnahmsweise auch der Verkehrswert des Grundstücks. Auch diese Steuer wird durch Kantone oder Gemeinden erhoben.[127]

[127] Vgl. Höhn, Schweizer Steuerrecht, S. 505 - 506; Zuppinger, Steuerrecht, S. 7 - 8.

2. Sonderregelungen für Holdinggesellschaften in der Schweiz

2.1. Steuersystematische Gründe für Sonderregelungen

Eine Holdinggesellschaft kann in der Schweiz einer anderen, nämlich einer günstigeren Besteuerung unterliegen als eine „normale“ Kapitalgesellschaft.
Zur Erlangung dieser steuerlichen Vorteile für eine Holding müssen jedoch verschiedene Bedingungen auf unterschiedlichen Ebenen erfüllt sein. Grund hierfür ist die bereits erwähnte Besonderheit des Schweizer Steuersystems, das eine unterschiedliche und voneinander unabhängige Besteuerung auf Bundes-, Kantons- und Gemeindeebene beinhaltet. Im folgenden werden die Vorschriften auf Bundes- und Kantonsebene beschrieben, eine Darstellung der Gemeindeebene würde den Rahmen dieser Arbeit sprengen.
Zunächst einmal ist die Unterscheidung zwischen reiner und gemischter Holding wichtig. Dann muß die jeweilige Besteuerung auf den beiden Ebenen betrachtet werden. Wesentlich sind auch die Regelungen der neuen Bundesgesetze „Bundesgesetz über die direkte Bundessteuer (DBG)“ vom 14.12.1990 und „Bundesgesetz über die Harmonisierung der direkten Steuern der Kantone und Gemeinden (StHG)“ vom 14.12.1990, welche am 1.1.1995 bzw. am 1.1.1993 in Kraft getreten sind.
Auf Bundesebene gibt es für maßgebliche Beteiligungen lediglich einen Beteiligungsabzug bezüglich der Beteiligungserträge. Dieser Abzug kann von allen Kapitalgesellschaften beansprucht werden[128] und beinhaltet, daß bei Erfüllen bestimmter Bedingungen, die noch erläutert werden, die Beteiligungserträge von der Besteuerung freigestellt werden. In den Kantonen gibt es für Beteiligungsgesellschaften bzw. gemischte Holdings ebenfalls einen Beteiligungsabzug und für reine Holdings speziell ausgestattete Privilegien.[129]
Grund für diese besonderen Regelungen ist das Schweizer System der Doppelbesteuerung. Während man in Deutschland das System der Steueranrechnung kennt, wird in der Schweiz im Prinzip eine Ausschüttung bei allen Empfängern belastet, ohne daß bereits geleistete Steuerzahlungen anerkannt werden. Das hieße nun für eine Holding, daß eine Besteuerung bei der Untergesellschaft, dann bei der Obergesell-

[128] Vgl. Art. 69 DBG.
[129] Vgl. Art. 28 Abs. 1 und 2 StHG.

schaft und schließlich beim Anteilseigner erfolgen würde.[130] Deshalb versucht man durch eine Steuerbefreiung bzw. Steuererleichterung auf der Ebene der Beteiligungs- bzw. Holdinggesellschaft eine Milderung dieser Mehrfachbelastung der Ausschüttung zu erreichen.
Die Bedeutung und Problematik der Doppel- oder Mehrfachbesteuerung ist natürlich sehr von der Höhe des Steuersatzes abhängig. Je höher der Satz ist, desto stärker fallen die negativen Aspekte der Doppelbesteuerung ins Gewicht. Bei einem niedrigen Satz relativiert sich die Problematik.
Außerdem fallen bei international tätigen Unternehmen die negativen Effekte des klassischen Körperschaftsteuersystems nicht so stark ins Gewicht, da auf internationaler Ebene das Anrechnungssystem nicht im gleichen Maße wie im nationalen Rahmen funktioniert. Denn oft erfolgt bei Involvierung zweier Staaten durch beide eine Besteuerung, auf die auch keiner zugunsten des anderen verzichten möchte. Hieraus entsteht dann eine Doppelbesteuerung.[131]
Es ist jedoch festzuhalten, daß die Privilegierung von reinen und gemischten Holdinggesellschaften mit der wirtschaftlichen Doppelbelastung durch die Steuer begründet wird.

2.2. Voraussetzungen für die Erlangung von Steuervorteilen

2.2.1. Beteiligungsgesellschaften bzw. gemischte Holdinggesellschaften

Die Beteiligungsgesellschaft, die auch als gemischte Holding oder gemischte Beteiligungsgesellschaft bezeichnet wird, kann auf Bundes- und Kantonsebene einen Beteiligungsabzug bezüglich der Beteiligungserträge beanspruchen.[132]
Zur Zeit ist die Regelung des Mindestumfanges bzw. -wertes der Beteiligung auf Kantonsebene, für die eine Steuererleichterung beansprucht werden kann, noch sehr uneinheitlich.
Es gibt verschiedene Kriterien zur Bestimmung der Maßgeblichkeit einer Beteiligung, wie z.B. „20% oder 2 Millionen Franken“ oder „20% oder 1 Million Franken“.[133]

---

[130] Vgl. Höhn, Schweizer Steuerrecht, S. 386 - 387
[131] Vgl. hierzu Constantin, ST 1996, S. 365 - 370.
[132] Zu der genauen Ausstattung des Beteiligungsabzuges im DBG und StHG s. Duss, StR 1995, S. 457 - 476.
[133] Vgl. genaueres in der Tabelle 2 „Besteuerung der gemischten Holdinggesellschaft in den verschiedenen Kantonen“ im Anhang.

Durch das Steuerharmonisierungsgesetz wird hier eine Vereinfachung bzw. Vereinheitlichung erfolgen. In Art. 28 Abs. 1 StHG wird geregelt, daß ein Beteiligungsabzug dann gewährt wird, wenn „eine Kapitalgesellschaft oder eine Genossenschaft zu mindestens 20 Prozent am Grund- oder Stammkapital anderer Gesellschaften beteiligt [ist] oder .. ihre Beteiligung an solchem Kapital einen Verkehrswert von mindestens 2 Millionen Franken aus[macht], so ermäßigt sich die Gewinnsteuer im Verhältnis des Nettoertrages aus diesen Beteiligungen zum gesamten Reingewinn."[134] Diese Regelung findet sich auch übereinstimmend in Art. 69 DBG wieder. Der Nettoertrag wird als Ertrag der Beteiligung abzüglich 5 Prozent Verwaltungskosten und anteilige Finanzierungskosten definiert.[135]

Die Berechnung des Beteiligungsabzuges wird hauptsächlich mit Hilfe von zwei Methoden vorgenommen. Man unterscheidet die Rohertrags- und die Reinertragsmethode.[136] Auf Bundesebene ist zum 1.1.95 durch Art. 70 DBG der Übergang zur Reinertragsmethode erfolgt. Gleiches sieht auch Art. 28 Abs. 1 StHG für die Kantone vor. Der Übergang von der Rohertragsmethode zur Reinertragsmethode wird meistens als positiv angesehen, da diese zu einer besseren Entlastung führt und einfacher zu handhaben ist als die Rohertragsmethode.[137] Eine andere Meinung jedoch besagt, daß sich durch den Übergang zur Reinertragsmethode die Probleme nicht verringert, sondern lediglich verlagert hätten.[138]
Eine Mindestbesitzdauer ist in der Schweiz nicht bekannt.[139]
Tabelle 3 im Anhang gibt einen Überblick über die Regelung des Beteiligungsabzuges in allen Schweizer Kantonen.

---

[134] Art. 28 Abs. 1 StHG.
[135] Vgl. Art. 28 Abs. 1 StHG.
[136] Vgl. Cagianut / Höhn, Unternehmungssteuerrecht, S. 402 - 403.
[137] Vgl. Athanas / Bauer-Balmelli, ST 1993, S. 574. Kritisch zur praktischen Umsetzung des Beteiligungsabzuges auf Bundesebene nach einem Kreisschreiben der Eidgenössischen Steuerverwaltung vom Dezember 1995 äußern sich Bauer-Balmelli / Scherrer, ST 1996, S. 169 - 175. Dieses geschieht besonders im Hinblick auf die internationale Stellung des Holdingstandortes Schweiz. Kritisiert wird u.a., daß die Berücksichtigung eines Beteiligungsabzuges durch das Kreisschreiben beschränkt wird auf solche Beteiligungen, die einem unter schweizerischer Steuerhoheit stehenden Unternehmensteil zuzurechnen sind. Es werden durch das Kreisschreiben die Beteiligungen von dem Abzug ausgeschlossen, die durch ausländische Unternehmen gehalten werden, die nicht der Schweizer Steuerhoheit unterstehen. Nach Ansicht von Bauer-Balmelli / Scherrer wäre es im Hinblick auf die Entwicklung im internationalen Rechtsraum und in Übereinstimmung mit der Zielsetzung des Beteiligungsabzuges sinnvoll gewesen, die vom DBG nicht beantworteten Punkte bei der Ausgestaltung des Beteiligungsabzuges in dem Sinne zu klären, daß das Reinertragssystem möglichst weit dem Freistellungssystem angenähert worden wäre.
[138] Vgl. Neuhaus, ASA 1993/94, S. 65.
[139] Vgl. Spori, ST 1992, S. 287

2.2.2. Holdinggesellschaften bzw. reine Holdinggesellschaft

Die steuerliche Behandlung der Holdinggesellschaft ist auf Bundes- und Kantonsebene unterschiedlich geregelt.
Die Bundessteuern gewähren lediglich einen Beteiligungsabzug, wie er oben nach Art. 69 und 70 DBG beschrieben ist.
Die Kantone gewähren jedoch auf Kantons- und Gemeindeebene spezielle Holdingprivilegien. Diese beinhalten in der Regel eine totale Befreiung von der Gewinnsteuer, d.h. „die reine Holdinggesellschaft [wird] für sämtliche zugelassenen Ertragsarten von der Einkommenssteuer ausgenommen, also gegebenenfalls auch für Vermögenserträge, Erträge aus Immaterialgüterrechten usw.“[140] Diese Entlastung wird gewährt, obwohl die Erträge bei der leistenden Gesellschaft als Aufwand absetzbar sind.[141]

Die Bedingungen variieren von Kanton zu Kanton, beinhalten aber i.a., daß

- das Steuersubjekt eine Kapitalgesellschaft oder eine Genossenschaft sein muß,
- die Holding dauerhaft den Erwerb und die Verwaltung von Beteiligungen bezweckt,
- die Holding nur Nebenaktivitäten ausübt, die in den kantonalen Vorschriften gestattet sind.[142]

Grundlegend ist auch die Erfüllung des Aktiven- und / oder Ertragstestes.

- Der Aktiventest beinhaltet je nach Kanton ein Verhältnis der Beteiligungsaktiven zu den Gesamtaktiven zwischen 50 und 75 %.
- Der Ertragstest beinhaltet ein Verhältnis der Beteiligungserträge zum Gesamtertrag zwischen 50 und 75 %.[143]

Diese beiden Teste müssen, je nach Kanton, entweder kumulativ oder alternativ erfüllt sein, die Maßgeblichkeit der Beteiligung wird nur von der Hälfte der Kantone verlangt.[144]

---

[140] Hess, Holding-Standort, S. 5.
[141] Vgl. Flubacher, ST 1989, S. 216.
[142] Vgl. Hess, Holding-Standort, S. 5.
[143] Vgl. hierzu die Tabelle 1 „Besteuerung der reinen Holdinggesellschaft in den verschiedenen Kantonen“ im Anhang.
[144] Vgl. Camenzind, ASA 1992/93, S. 232.

Die Bedingungen werden durch das StHG vereinheitlicht. Art 28 Abs. 2 StHG regelt diese auf folgende Weise: „Kapitalgesellschaften und Genossenschaften, deren statuarischer Zweck zur Hauptsache in der dauernden Verwaltung von Beteiligungen besteht und die in der Schweiz keine Geschäftstätigkeit ausüben, entrichten auf dem Reingewinn keine Steuer, sofern die Beteiligungen oder die Erträge aus den Beteiligungen längerfristig mindestens zwei Drittel der gesamten Aktiven oder Erträge ausmachen. Erträge aus schweizerischem Grundeigentum solcher Gesellschaften werden zum ordentlichen Tarif besteuert. Dabei werden die einer üblichen hypothekarischen Belastung entsprechenden Abzüge gewährt."[145]

Unter Geschäftstätigkeit, die die reine Holding in der Schweiz nicht ausüben darf, ist die aktive Tätigkeit am Wirtschaftsverkehr als Anbieterin, Einkäuferin und Produzentin von Gütern und Dienstleistungen zu verstehen.[146] Zulässig sind jedoch als Hauptaufgabe die mit der Beteiligungsverwaltung zusammenhängenden Tätigkeiten wie Konzernleitung und konzernbedingte Dienstleistungen und als Nebenaufgaben die Konzernfinanzierung und Lizenzverwaltung sowie sämtliche übrige Tätigkeiten, die der Verwaltungstätigkeit zuzurechnen sind.[147]
Das Verbot der Geschäftstätigkeit im oben definierten Sinne bezieht sich nur auf die Schweiz. Das bedeutet, daß die Holding theoretisch im Rahmen einer ausländischen Betriebsstätte dort eine Geschäftstätigkeit ausüben dürfte.[148] Angesichts der beiden für die Gesellschaft als Ganzes geltenden Bedingungen bzgl. Holdingzweck und Mindestquote der Beteiligungen und Beteiligungserträge kann es sich jedoch nur um eine untergeordnete Funktion im Ausmaß eines Drittels der Aktiva bzw. Erträge handeln.

In Bezug auf die steuerliche Privilegierung von Holdinggesellschaften ist besonders das StHG und nicht das DBG wichtig, da sich ersteres an die Kantone wendet. Im Zusammenhang mit diesem Gesetzes fand seit den 70er Jahren eine kritische Auseinandersetzung über die Berechtigung und Ausgestaltung der kantonalen Holdingprivilegien, welche vom Grundsatz her weitgehend vom StHG übernommen worden sind, statt.[149] Ab-

---

[145] Art. 28 Abs. 2 StHG.
[146] Vgl. Höhn, Bundesrecht, S. 261.
[147] Vgl. Höhn, Bundesrecht, S. 261 - 262.
[148] Vgl. Höhn, Bundesrecht, S. 261 - 263 und Greter, StR 1995, S. 215.
[149] Vgl. Oesch, Holdingbesteuerung, S. 427, 457, 536 - 539; Egger, Holdinggesellschaft, S. 12; Reich, ASA 1979/80, S. 302 - 305; Zuppinger / Böckli / Locher / Reich, Steuerharmonisierung, S. 260 - 265; Holleufer, ST 1993, S. 292 - 294. Auch erfolgte im Zusammenhang mit der Regelung des Holdingprivilegs im StHG eine Auseinandersetzung mit dem

schließend sind auch allgemeine Interpretationen des Art. 28 StHG zu erwähnen,[150] in welchem die Besteuerung der reinen und gemischten Holdinggesellschaft auf Kantonsebene geregelt wird.
Tabelle 1 im Anhang gibt einen Überblick über die Ausgestaltung des Holdingprivilegs in den verschiedenen Kantonen.

---

juristischen Begriff und der bilanziellen Bewertung der Beteiligungen. Vgl. Loosli, StR 1995, S. 318 - 320.

150 Vgl. Höhn, Bundesrecht, S. 254 - 263; Ryser, ASA 1992/93, S. 386 - 396; einen Bericht über den Stand der Umsetzung des StHG in kantonales Recht geben Greter, StR 1995, S. 214 - 216 und Yersin, ASA 1995 / 96, S. 97 - 121. Zwahlen, ST 1996, S. 413 - 417 setzt sich mit den Möglichkeiten einer Verbesserung der Attraktivität des Wirtschaftsstandortes Schweiz durch das StHG auseinander und mit den Gefahren, die dieses für den Standort beinhalten könnte.

3. Die Ertragsbesteuerung einer Holding in der Schweiz

3.1. Die Ertragsbesteuerung auf der Ebene der Holdinggesellschaft

Der Ertrag einer Holding kann sich aus verschiedenen Positionen zusammensetzen. Den größten Anteil machen bei der reinen Holding die Beteiligungserträge aus, denn dieses ist eine grundsätzliche Voraussetzung zur Gewährung der Privilegierung von reinen Holdinggesellschaften auf Kantonsebene.[151]
Weitere Erträge mit untergeordneter Bedeutung können bei der reinen Holding Einkünfte aus der Anlage liquider Mittel sein.[152] Mögliche Nebentätigkeiten nach Umsetzung des DBG und StHG sind zentrale Führung und Reporting auf Stufe Konzern, Mittelbeschaffung auf dem Kapitalmarkt und Finanzierungstätigkeit und bedingt, also nur in geringem Umfang, die Verwaltung und Verwertung von Immaterialgütern.[153]
Bei der gemischten Holding, die in der Zusammensetzung ihrer Aktiva und Erträge nicht einer Beschränkung wie die reine Holding unterliegt, können noch in größerem Umfang Einkünfte aus Produktion, Dienstleistung und Handel hinzukommen.[154]
Erträge aus Beteiligungen an schweizerischen und ausländischen Gesellschaften gehören in der Schweiz grundsätzlich zum steuerbaren Ertrag.[155] Bei juristischen Personen unterliegt dieser Grundsatz allerdings einerseits einer Einschränkung, andererseits einer Ausnahme. Die Einschränkung beinhaltet einen Beteiligungsabzug für Erträge aus maßgeblichen Beteiligungen, die Ausnahme bedeutet eine Steuerbefreiung für Beteiligungserträge bestimmter Gesellschaften, zu denen die reinen Holdinggesellschaften zählen.[156]

Unter Beteiligungserträgen werden in der Schweiz sämtliche Erträge verstanden, die eine Beteiligung erbringt; hiervon ausgenommen sind jedoch

- Kapitalrückzahlungen,
- Erträge, die bei der leistenden Kapitalgesellschaft oder Genossenschaft geschäftsmäßig begründeten Aufwand darstellen und

---

151 Vgl. Kap. III.2.2 dieser Arbeit.
152 Vgl. Cagianut / Höhn, Unternehmungssteuerrecht, S. 412.
153 Vgl. Greter, StR 1995, S. 215.
154 Vgl. Camenzind, ASA 1992/93, S. 166.
155 Vgl. Cagianut / Höhn, Unternehmungssteuerrecht, S. 400.
156 Vgl. Cagianut / Höhn, Unternehmungssteuerrecht, S. 401.

- Kapital- und Aufwertungsgewinne auf Beteiligungen, einschließlich des Erlöses aus dem Verkauf von Bezugsrechten.[157]

3.1.1. Der Beteiligungsabzug auf Bundes- und Kantonsebene

Der Beteiligungsabzug wird beim Bund und bei den meisten Kantonen bei Vorliegen einer maßgeblichen Beteiligung gewährt.[158]
Zur Berechnung des Beteiligungsabzuges gibt es zwei verschiedene Methoden:
- die Rohertragsmethode und die
- Reinertragsmethode.

Beim Bund war bis zum Inkrafttreten des Bundesgesetz über die direkte Bundessteuer zum 1.1.1995 die Rohertragsmethode üblich. Gleiches galt auch für einige Kantone.
Es wird jedoch sowohl vom Gesetz über die direkte Bundessteuer als auch vom Steuerharmonisierungsgesetz nur noch die Reinertragsmethode vorgesehen, weshalb hier nur diese ausführlich dargestellt wird.[159]
Nach der Reinertragsmethode ergibt sich der Beteiligungsabzug aus dem Verhältnis des Nettobeteiligungsertrages zum gesamten Reingewinn der Gesellschaft.

Der Nettobeteiligungsertrag wird ausgehend von dem Bruttobeteiligungsertrag ermittelt, von dem bestimmte Kosten abgezogen werden, die einen direkten Bezug zu den Erträgen aus Beteiligungen haben. Das DBG nennt als abzuziehende Kosten
- Finanzierungskosten, die auf den Beteiligungsertrag entfallen und Schuldzinsen oder diesen wirtschaftlich gleichzustellende Kosten sind, und
- Verwaltungskosten, die als eine Fixpauschale von 5 % des Rohertrages anzusetzen sind.[160]

Der Nettobeteiligungsertrag wird ausgehend vom Bruttoertrag der Beteiligungen durch folgende Kürzungen ermittelt:

---

[157] Vgl. Art. 70 Abs. 2 DBG.
[158] Vgl. zur Definition einer maßgeblichen Beteiligung Abschnitt III.2.2.1 dieser Arbeit.
[159] Genauere Informationen zur Rohertragsmethode s. bei Cagianut / Höhn, Unternehmungssteuerrecht, S. 402 - 403 und Masshardt, Direkte Bundessteuer, S. 367 - 377
[160] Vgl. Art. 70 Abs. 1 DBG. Vgl. zur genaueren Auslegung Agner / Jung / Steinmann, Direkte Bundessteuer, S. 304 - 308.

	Bruttoertrag der Beteiligung
-	nicht rückforderbare Quellensteuern[161]
=	Rohertrag
-	Beteiligungsabschreibungen[162]
=	Bruttoertrag nach direkten Kosten
-	5 % vom Rohertrag Verwaltungskosten
-	Schuldzinsanteil
=	Nettobeteiligungsertrag[163]

Der so ermittelte Nettobeteiligungsertrag wird zum gesamten, in der Schweiz steuerbaren Reingewinn ins Verhältnis gesetzt. Um diesen Prozentanteil ermäßigt sich die Gewinnsteuer.[164]

Die hierfür anzuwendende Formel sieht folgendermaßen aus:

$$\frac{100 \text{ x Nettobeteiligungsertrag}}{\text{gesamter Reingewinn}} = \text{\% Steuerreduktion}$$

Zur Verdeutlichung dient folgendes Zahlenbeispiel:

Annahmen:

Beteiligungserträge	200.000
übrige Erträge	400.000
Schuldzinsen total	200.000
Schuldzinsen der Beteiligung	120.000
sonstige Aufwendungen	300.000
Reingewinn	100.000
Eigenkapital-Rendite	20 % (d.h. Steuersatz nach DBG: 9,8 %)

161 Bei Inanspruchnahme des Beteiligungsabzuges können ausländische Quellensteuern nicht angerechnet werden. Vgl. zu der Problematik genauer Kapitel III.3.3 über die Pauschale Steueranrechnung. Gesetzliche Grundlage für die Nichtanrechenbarkeit von ausländischen Quellensteuern bei Inanspruchnahme des Beteiligungsabzuges ist Art. 5 Abs. 1 VOPStA i.Verb. mit Art. 3 VOPStA.

162 Für Beteiligungsabschreibungen gilt, daß diese Beträge nicht in die Steuerreduktion einbezogen werden. Die gesetzliche Grundlage für die Ausscheidung bildet Art. 70 Abs. 3 DBG. Vgl. hierzu auch genauer Kapitel III.3.6.1 dieser Arbeit.

163 Vgl. zu der Rechnung Duss, StR 1995, S. 464.

164 Vgl. Art. 69 DBG.

Steuerberechnung:

Steuer vom Reingewinn			9.800
Nettobeteiligungsertrag:			
Beteiligungsertrag	200.000		
- 5 % Verwaltungskosten	10.000		
- Schuldzinsanteil der Beteiligung	120.000	=	70.000
Beteiligungsabzug	$\frac{70.000 \times 100}{100.000}$	=	70 %

70 % von 9.800 = 6.860

verbleibende Steuer: 9.800 - 6.860 = 2.940

An dieser Beispielrechnung ist erkennbar, daß die Finanzierungskosten und Verwaltungskosten, die bereits als Aufwand steuerlich berücksichtigt wurden, durch den Abzug vom Beteiligungsertrag aus der Steuererleichterung herausgenommen werden.

Der Begriff der Finanzierungskosten muß unter wirtschaftlicher Betrachtungsweise ausgelegt werden, er ist weder steuerrechtlich noch zivilrechtlich definiert.[165]

Deshalb ist bei allen faktischen Schuldverhältnissen zu prüfen, ob die dadurch entstandenen Kosten als Finanzierungskosten zu qualifizieren sind.[166]

Bei dem Verwaltungskostenabzug von 5 % handelt es sich um eine Fixpauschale, die nicht unterschritten, sondern nur überschritten werden darf.

Diese Methode wird sowohl für gemischte Holdings auf Bundes- und Kantonsebene als auch für reine Holdings auf Bundesebene angewandt.

Die zukünftigen Voraussetzungen für einen Beteiligungsabzug auf kantonaler Ebene und die Handhabung sind in Art. 28 Abs. 1 StHG festgelegt. So sind dann Beteiligungen ab 20 % am Grundkapital nach der Reinertragsmethode zu berücksichtigen.

Die sonstigen Erträge wie auch die Einkünfte aus nicht maßgeblichen Beteiligungen sind Bestandteil des zu versteuernden Gesamtergebnisses.[167]

Es wurde in der Vergangenheit eine Steuererleichterung auch für Beteiligungen unter 20 % auf Bundesebene gefordert, um so einerseits für die

---

[165] Vgl. Duss, StR 1995, S. 465.

[166] Vgl. Agner / Jung / Steinmann, Direkte Bundessteuer, S. 305.

[167] Vgl. Cagianut / Höhn, Unternehmenssteuerrecht, S. 143 - 177 und 398 - 399; Höhn, Schweizer Steuerrecht, S. 374 - 376.

reine Holding eine Vereinheitlichung mit der Kantonsebene zu erreichen, also die vertikale Harmonisierung, andererseits aber auch eine gerechtere Form der Vermeidung der Doppelbesteuerung zu schaffen.[168]

Denn Beteiligungen unter 20 % unterliegen weder auf Bundesebene noch auf kantonaler Ebene dem Beteiligungsabzug. Beteiligungserträge, die hieraus stammen, sind nur dann steuerbefreit, wenn der Muttergesellschaft ein kantonales Holdingprivileg gewährt wird. Allerdings wird die Steuerbefreiung dann nicht wegen des Beteiligungscharakters dieser Erträge gewährt, sondern weil grundsätzlich sämtliche Erträge steuerfrei vereinnahmt werden können.

3.1.2. Spezielle Privilege für Holdinggesellschaften auf kantonaler Ebene

Das Holdingprivileg auf kantonaler Ebene kann nur von reinen Holdings in Anspruch genommen werden, d.h. der Aktiven- bzw. Ertragstest muß erfüllt sein. Alle Kantone verzichten bei reinen Holdinggesellschaften, deren Zweck auf das dauernde Halten und Verwalten von Beteiligungen ausgerichtet ist, auf die Ertragsbesteuerung.[169]

Auch alle übrigen Erträge werden von den kantonalen und kommunalen Steuern befreit.[170]

Im Zusammenhang mit den übrigen Erträgen, die nicht Beteiligungserträge sind, wurden im Steuerharmonisierungsgesetz Änderungen vorgenommen. So sind dann, abweichend von den bisherigen kantonalen Regelungen,

- Erträge aus schweizerischem Grundeigentum sowie
- Erträge, für welche Entlastung von ausländischen Quellensteuern beansprucht wird, wenn ein Staatsvertrag für diese Entlastung eine ordentliche Besteuerung in der Schweiz voraussetzt,

steuerbar.[171]

---

[168] Vgl. Böckli, StR 1983, S. 397 - 398; Zuppinger / Böckli / Locher / Reich, Steuerharmonisierung, S. 256 - 258.

[169] Vgl. Camenzind, ASA 1992/93, S. 230.

[170] Vgl. Cagianut / Höhn, Unternehmungssteuerrecht, S. 405. Kritisch mit der Berechtigung und Ausgestaltung der Holdingprivilegien setzen sich Zuppinger / Böckli / Locher / Reich, Steuerharmonisierung, S. 258 - 261 auseinander.

[171] Vgl. Art. 28 Abs. 2 + 5 StHG; Vgl. auch Athanas / Bauer-Balmelli, ST 1993, S. 574 - 575; Greter, StR 1995, S. 216; Höhn, Bundesrecht, S. 255.

3.1.3. Die Steuerbelastung einer Holding

Eine eindeutige Aussage über die endgültige Steuerbelastung einer gemischten oder reinen Holding ist schwierig. Denn die Besteuerung erfolgt auf Bundes-, Kantons- und Gemeindeebene. Die Höhe einer zu entrichtenden Steuer richtet sich auf allen drei Ebenen nach der Höhe des erzielten Reingewinns.

Die Gewinnsteuer auf Bundesebene wird nach dem Dreistufentarif des Art. 222 DBG erhoben, wobei maßgebliche Beteiligungen durch den Abzug steuerlich berücksichtigt werden.[172] Die Steuer beträgt max. 9,8 % des gesamten Reingewinns.

Grundlage bei der Anwendung des Dreistufentarifs ist der Reingewinn, der sich nach DBG folgendermaßen ermittelt:
„Der steuerbare Reingewinn setzt sich zusammen aus:
a. dem Saldo der Erfolgsrechnung unter Berücksichtigung des Saldovortrages des Vorjahres;
b. allen vor Berechnung des Saldos der Erfolgsrechnung ausgeschiedenen Teilen des Geschäftsergebnisses, die nicht zur Deckung von geschäftsmäßig begründetem Aufwand verwendet werden, wie insbesondere:
  - Kosten für die Anschaffung, Herstellung oder Wertvermehrung von Gegenständen des Anlagevermögens,
  - geschäftsmäßig nicht begründete Abschreibungen und Rückstellungen,
  - Einlagen in die Reserven,
  - Einzahlungen auf das Eigenkapital aus Mitteln der juristischen Person, soweit sie nicht aus als Gewinn versteuerten Reserven erfolgen,
  - offene und verdeckte Gewinnausschüttungen und geschäftsmäßig nicht begründete Zuwendungen an Dritte;
c. den der Erfolgsrechnung nicht gutgeschriebenen Erträgen, mit Einschluß der Kapital-, Aufwertungs- und Liquidationsgewinne, ...“[173]

Das StHG legt den Reingewinn weniger genau fest:
„Der Gewinnsteuer unterliegt der gesamte Reingewinn. Dazu gehören auch:
a. der der Erfolgsrechnung belastete, geschäftsmäßig nicht begründete Aufwand;

---

[172] Vgl. zur Darstellung des Dreistufentarifs Kapitel III.1.2 dieser Arbeit.
[173] Art. 58 Abs. 1 DBG.

b. die der Erfolgsrechnung nicht gutgeschriebenen Erträge, Kapital-, Liquidations- und Aufwertungsgewinne;
c. die Zinsen auf verdecktem Eigenkapital...“[174]

Für die reine Holdinggesellschaft fällt auf kantonaler und kommunaler Ebene keine weitere Gewinnsteuer an.[175]
Die restliche Steuer der gemischten Holding hängt stark vom Standort des Unternehmens ab. Es muß die kantonale und die kommunale Steuer entrichtet werden. Die kommunale Steuer ist oft als Zuschlag auf die kantonale ausgestaltet, es gibt jedoch auch andere Methoden.[176]
Eine ungefähre Vorstellung über die Steuerhöhe ist der Tabelle 3 „Besteuerung der gemischten Holdinggesellschaft in den verschiedenen Kantonen“ im Anhang zu entnehmen.

3.2. Besteuerung ausgeschütteter Beteiligungserträge inländischer Tochtergesellschaften

Die von inländischen Tochtergesellschaften erwirtschafteten Gewinne unterliegen einerseits der direkten Bundessteuer von maximal 9,8 % und andererseits der kantonalen und kommunalen Besteuerung, die je nach Standort variiert.[177]
Insofern ist eine Aussage über die endgültige Steuerbelastung schwierig, da sie von Fall zu Fall verschieden ist.
Bei Ausschüttung an die Mutter werden die Erträge der Tochtergesellschaft zusätzlich zu der Gewinnsteuer von der Verrechnungssteuer von 35 % erfaßt, die jedoch Inländern zurückerstattet wird.
Juristische Personen haben Anspruch auf Rückerstattung, wenn sie bei Fälligkeit ihren Sitz im Inland hatten.[178]
Nach Art. 30 Abs. 2 VStG ist der Antrag auf Rückerstattung bei der Eidgenössischen Steuerverwaltung einzureichen. Nach Art. 31 VStG können die Kantone diese entweder mit der Steuerschuld verrechnen oder in bar zurückerstatten.[179]
Bei der Holding ist vorrangig die zweite Möglichkeit anzuwenden.

---

[174] Art. 24 Abs. 1 StHG.
[175] Vgl. Cagianut / Höhn, Unternehmungssteuerrecht, S. 405.
[176] Vgl. Höhn, Schweizer Steuerrecht, S. 74.
[177] Mögliche Informationen s. bei Eidgenössische Steuerverwaltung, Steuerbelastung, Kantonshauptorte, 1995.
[178] Vgl. Art. 24 Abs. 2 VStG.
[179] Vgl. zur Verrechnungssteuer auch Höhn, Schweizer Steuerrecht, S. 403 - 416.

3.3. Besteuerung ausgeschütteter Beteiligungserträge ausländischer Tochtergesellschaften

Das große Problem bei der Ausschüttung von Dividenden durch ausländische Tochtergesellschaften ist die Doppelbesteuerung durch den Quellenstaat, also den Ansässigkeitsstaat der Tochter, und den Ansässigkeitsstaat der Mutter. Die Ausschüttung einer ausländischen Tochter ist in der Regel durch eine Ertrag- oder Körperschaftsteuer und eine Quellensteuer belastet. Bei der Muttergesellschaft wird dann meistens auch noch eine Ertrag- oder Körperschaftsteuer erhoben.
Hier ist entscheidend, ob mit dem Ansässigkeitsstaat der Tochtergesellschaft ein Doppelbesteuerungsabkommen abgeschlossen wurde oder nicht.
Falls kein DBA besteht, kann die Doppelbesteuerung nicht vermieden werden.[180]
Wenn zwischen den Staaten ein DBA abgeschlossen wurde, ist die Steuer des Quellenstaates regelmäßig begrenzt und der Ansässigkeitsstaat wird meistens verpflichtet, die Steuer des Quellenstaates anzurechnen.[181]
Bei Unternehmen im Konzernverhältnis wird in vielen DBA auch oft eine stärkere Entlastung bei der Quellensteuer gewährt als bei Streubesitz. Hierfür muß i.d.R. ein bestimmter Prozentsatz des Kapitals oder der Stimmen im Besitz der Mutter sein.[182] In der Schweiz wird bei Beteiligungen ab 25 % in der Regel die sonst übliche Sockelsteuer von 15 % gesenkt, so daß sie dann nur noch zwischen 5 und 10 % beträgt.[183]

Falls das DBA dem Quellenstaat bezüglich der Dividenden, Zinsen und Lizenzgebühren ein Besteuerungsrecht gewährt, muß auch festgelegt werden, wie die Entlastung vorgenommen werden kann. Als Möglichkeiten stehen zur Verfügung:

- die eigentliche Steueranrechnung, d.h. die im Vertragsstaat erhobenen Steuern werden von den Schweizer Steuern abgezogen, die auf den gleichen Ertrag anfallen;
- die pauschale Ermäßigung der Schweizer Steuern:
- die teilweise Befreiung der ausländischen Erträge von den Schweizer Steuern;

---

[180] Vgl. Camenzind, ASA 1992/93, S. 213.
[181] Vgl. Höhn / Waldburger, Internationales Steuerrecht, S. 341.
[182] Vgl. Höhn, Internationales Steuerrecht, S. 289.
[183] Vgl. hierzu genauer die Tabelle 4 „DBA-Netz der Schweiz“ im Anhang.

- der Abzug der Steuern des anderen Vertragsstaat vom Bruttoertrag der ausländischen Erträge (Nettobesteuerung).[184]

Die Schweiz gewährt i.d.R. die Pauschale Steueranrechnung (PStA).
Diese Methode wurde gewählt, weil die Schweiz die eigentliche Anrechnungsmethode nicht einführen konnte. Grund hierfür ist, daß
- in der Schweiz die Steuererhebung auf drei Ebenen (Bund, Kantone, Gemeinden) vorgenommen wird, was bedeutet, daß nicht nur auf eine Steuer angerechnet werden kann und daß
- diese Steuerhoheiten die Steuern nach unterschiedlichen Vorschriften erheben und insofern das steuerbare Einkommen, die Steuersätze und die Steuerbelastung stark variieren.[185]

Deshalb wurde eine globale Ermäßigung der schweizerischen Steuer gewählt, genannt Pauschale Steueranrechnung. Die Anrechnung der ausländischen Steuer erfolgt pauschal. Jeder der drei Hoheitsträger, also Bund, Länder und Gemeinden, muß ein Drittel zu Lasten seiner Steuer übernehmen.[186]
Nach Art. 1 Abs. 1 der Verordnung über die Pauschale Steueranrechnung (VOPStA) gilt diese Verordnung für Erträge aus Staaten, mit denen die Schweiz ein Doppelbesteuerungsabkommen abgeschlossen hat, welches eine Entlastung von den Schweizer Steuern vorsieht. Zu diesen Erträgen zählen Dividenden, Zinsen und Lizenzgebühren.
Anspruch auf die Steuerentlastung durch die PStA haben in der Schweiz ansässige natürliche und juristische Personen. Die Entlastung gilt für Erträge, die aus den Vertragsstaaten stammen und dort einer begrenzten Steuer unterliegen.[187]
Die PStA wird nur auf Antrag gewährt. Dieser ist gleichzeitig mit der Steuererklärung einzureichen.[188]
Der Betrag der PStA ergibt sich aus der Summe der Steuern, die in den Vertragstaaten im Laufe eines Kalenderjahres auf fällig gewordene Erträge in Übereinstimmung mit dem abgeschlossenen DBA erhoben wurden. Ist die Summe der hierauf entfallenden Schweizer Steuern (der sogenannte Maximalbetrag) kleiner als die Summe der ausländischen Steuern, so wird der Maximalbetrag an Pauschaler Steueranrechnung gewährt. Es handelt sich hierbei also um die gewöhnliche Steueranrechnung.[189]

---

[184] Vgl. Jendly, Internationales Steuerrecht, S. 357
[185] Vgl. Widmer, StR 1983, S. 59.
[186] Vgl. Art. 30 VOPStA.
[187] Vgl. Art. 2 Abs. 2 VOPStA.
[188] Vgl. Jendly, Internationales Steuerrecht, S. 359.
[189] Vgl. Jendly, Internationales Steuerrecht, S. 362.

Beantragt werden kann die PStA nur für die Erträge, die in der Schweiz auf Bundes-, Kantons- und Gemeindeebene der Einkommenssteuer unterliegen. Werden diese Erträge nur auf Bundes- oder Kantons- und Gemeindeebene besteuert, dann kann die PStA nur für einen Teil der im Vertragsstaat auf diese Erträge erhobenen Steuer beansprucht werden.[190]

Einen Sonderfall stellen die Dividenden aus Beteiligungen dar. Die Voraussetzung der PStA ist, wie soeben dargelegt wurde, eine Besteuerung in der Schweiz auf Bundes-, Kantons- und Gemeindeebene. Wenn für Dividenden aus Beteiligungen entweder der Beteiligungsabzug oder das Holdingprivileg beansprucht werden können, dann gelten diese als nicht besteuert und können insofern nicht die PStA beanspruchen.[191]
Falls die Dividenden entweder auf Bundes- oder Kantons- und Gemeindeebene besteuert werden, dann können sie eine teilweise Entlastung beanspruchen.[192]
Aber auch wenn die PStA nicht beantragt werden kann, da die Dividenden in der Schweiz als nicht besteuerte Erträge gelten, gibt es zumindest bezüglich des Beteiligungsabzugs einen Vorbehalt. Falls der Beteiligungsabzug geringer ist als der genau berechnete Betrag der PStA, so kann diese Differenz als besondere Vergütung beansprucht werden. Der Nachweis ist durch die jeweilige Gesellschaft zu erbringen.[193]
Wenn der Empfänger der Dividende diesen Nachweis erbringen kann, wird die Differenz zwischen den beiden Beträgen vergütet.[194]
Falls jedoch der Betrag des Beteiligungsabzugs größer ist als der der PStA, so hat dieses keine Auswirkungen.
Dieses bedeutet schlußendlich, daß auf Beteiligungserträge, die in der Schweiz eine Steuerermäßigung durch den Beteiligungsabzug auf Bundes- oder Kantonsebene in Anspruch nehmen können, immer eine ausländische Sockelsteuer lastet.[195]

Zur Verdeutlichung des Vorgehens bei maßgeblichen Beteiligungen bezüglich des Beteiligungsabzugs und der PStA dient folgendes Beispiel:

[190] Vgl. Art. 3 Abs. 1 und 2 VOPStA.
[191] Vgl. Art. 5 Abs. 1 VOPStA i. Verb. mit Art. 3 VOPStA.
[192] Vgl. Art. 5 Abs. 2 VOPStA.
[193] Vgl. Jendly, Internationales Steuerrecht, S. 361.
[194] Vgl. Art. 5 Abs. 3 VOPStA.
[195] Zur Diskussion über die Ausgestaltung der PStA vgl. Böckli, StR 1983, S. 399 - 400; Böckli, ASA 1985/86, S. 417 - 431; Studer, ASA 1986/87, S. 179 - 185; Widmer, StR 1983, S. 55 - 79 und 107 - 119.

Annahmen:

- Es handelt sich um eine reine Holdinggesellschaft, die auf Kantons- und Gemeindeebene ein Holdingprivileg beanspruchen kann
- Ausländische Bruttodividende 1.000
- Auf Dividende lastende ausländische Sockelsteuer(15 %) 150
- Höhe des Beteiligungsabzugs nach Art. 69 und 70 DBG 60 %
- Inländische Bundessteuer 9%
- Schuldzinsen und Unkosten 200

Berechnung

Da nur die Besteuerung auf Bundesebene erfolgt,
ist 1/3 der ausländischen Steuer anrechenbar: 1/3 von 150 = 50 (a)
maximaler Betrag der anzurechnenden Steuer:
9 % von (850 - 200) = 58,50 (b)
Der Anrechnungsbetrag ist somit (der tiefere von (a) und (b)): 50
Beteiligungsabzug (60 % von 58,5) = 35,10

Da die PStA einen Anrechnungsbetrag von 50 zuläßt und der Beteiligungsabzug nur 35,10 beträgt, kann der Steuerpflichtige auf die Differenz von 14,90 einen Antrag auf Vergütung gemäß Art. 5 Abs. 3 VOPStA stellen.

Die PStA muß ausdrücklich in dem DBA vereinbart sein, dieses ist z.Zt. in 47 von 52 DBA der Fall.[196]
Ein Drittel der Beträge der PStA geht zu Lasten des Bundes,[197] die restlichen zwei Drittel haben die Kantone und Gemeinden unter sich aufzuteilen.[198]

---

196 Stand 1.1.1997, staatsvertragliche Begrenzungen der ausländischen Steuern, hrsg. von der Eidgenössischen Steuerverwaltung der Schweiz.
197 Vgl. Art. 20 Abs. 1 VOPStA.
198 Vgl. Art. 21 VOPStA.

3.4. Die Schweizer Mißbrauchsbestimmungen

Bei der Gründung einer Holding in der Schweiz durch einen Ausländer muß der Bundesratsbeschluß betreffend Maßnahmen gegen die ungerechtfertigte Inanspruchnahme von Doppelbesteuerungsabkommen des Bundes von 1962 („Mißbrauchsbeschluß“) beachtet werden.
Diese Mißbrauchsbestimmungen sind besonders bei der Gestaltung des Unternehmens zu beachten. Sie sind allerdings nur dann wichtig, wenn die Holding Erträge aus dem Ausland erhält und von diesen Erträgen die Entlastung von der Quellensteuer gemäß DBA erhalten möchte.

Die Schweiz war aus verschiedenen Gründen, wie z.B. ihre Lage, Währung, Finanzmärkte, Infrastruktur, Bildungsniveau der Bevölkerung, politische Neutralität sowie die geringe Steuerbelastung attraktiv für ausländische Firmen oder natürliche Personen. So zogen in den 50er bzw. 60er Jahren die speziellen Holdingprivilegien auf kantonaler Ebene in Verbindung mit dem gut ausgebauten Netz von Doppelbesteuerungsabkommen zahlreiche Ausländer an. Problematisch wurde es jedoch, wenn die von der Schweiz in Abkommen ausgehandelten Vorteile von Personen in Anspruch genommen wurden, die hierauf eigentlich kein Anrecht hatten. So stand die Schweiz damals besonders in dem Ruf, eine Oase für Basis- bzw. Durchlaufgesellschaften zu sein. Es war möglich, durch geschickte Kombination von kantonalen Privilegien und Abkommensvorteilen Steuererleichterungen zu erzielen.[199]

Nach häufiger Kritik aus dem Ausland ergriff die Schweiz selbst die Initiative und erließ den „Bundesratsbeschluß betreffend Maßnahmen gegen die ungerechtfertigte Inanspruchnahme von Doppelbesteuerungsabkommen des Bundes“ (BRB 62) vom 14. Dezember 1962, auch Mißbrauchsbeschluß genannt.
Der Beschluß bezieht sich nur auf Einkünfte, für die nach einem DBA Entlastung von an der Quelle erhobenen Steuern des anderen Vertragsstaates beansprucht wird, also hauptsächlich auf Dividenden, Zinsen und Lizenzgebühren.[200]

„Als ungerechtfertigt gilt die Inanspruchnahme einer Steuerentlastung:
a. wenn die im Abkommen umschriebenen Voraussetzungen, wie insbesondere Wohnsitz oder Sitz in der Schweiz, Recht zur Nutzung, Versteuerung, nicht erfüllt sind;

---

[199] Vgl. Lüthi, Internationales Steuerrecht, S. 381 - 383.
[200] Vgl. Lüthi, Internationales Steuerrecht, S. 384.

b. wenn sie mißbräuchlich erfolgt.“[201]

Eine mißbräuchliche Inanspruchnahme liegt nach Art. 2 Abs. 1 BRB 62 dann vor, wenn die Steuerentlastung zu einem wesentlichen Teil direkt oder indirekt nicht abkommensberechtigten Personen zugute kommt. „Eine Steuerentlastung wird insbesondere dann mißbräuchlich beansprucht, wenn sie Einkünfte betrifft,

a. die zu einem wesentlichen Teil direkt oder indirekt zur Erfüllung von Ansprüchen nicht abkommensberechtigter Personen verwendet werden; der Erfüllung von Ansprüchen ist in der Regel gleichgestellt die Verwendung der Einkünfte zur Abschreibung von Vermögenswerten, deren Gegenwert direkt oder indirekt nicht abkommensberechtigten Personen zugekommen ist oder zukommt;
b. die einer juristischen Person mit Sitz in der Schweiz zugute kommen, an der nicht abkommensberechtigte Personen zu einem wesentlichen Teil direkt oder indirekt durch Beteiligung oder in anderer Weise interessiert sind und die keine angemessenen Gewinnausschüttungen vornimmt;
c. die auf Grund eines Treuhandverhältnisses einem nicht abkommensberechtigten Treugeber zugute kommen;
d. die einer Familienstiftung mit Sitz in der Schweiz oder einer Personengesellschaft mit Sitz aber ohne geschäftlichen Betrieb in der Schweiz zugute kommen, an denen nicht abkommenberechtigte Personen zu einem wesentlichen Teil interessiert sind.“[202]

Das Vorliegen eines Mißbrauchs hängt sehr stark vom Einzelfall ab und es ist insofern schwierig, die Kriterien für den Mißbrauch allgemeingültig festzulegen. Da sich diese Kriterien zur Feststellung von Mißbräuchen im Wirtschaftsleben ändern können, verwendet der Bundesratsbeschluß unbestimmte Begriffe und überläßt die Auslegung teilweise der Praxis.[203]

Das Kreisschreiben der Eidgenössischen Steuerverwaltung vom 31.12.1962 betreffend Maßnahmen gegen die ungerechtfertigte Inanspruchnahme von Doppelbesteuerungsabkommen des Bundes erläutert den Bundesratsbeschluß näher. Dieses Schreiben wurde von der Eidgenössischen Steuerverwaltung erstellt und richtet sich an die kantonalen Steuerverwaltungen, die zusammen mit der eidgenössischen Steuerverwaltung für die Durchführung des Bundesratsbeschlußes zuständig sind.

---

[201] Art. 1 Abs. 2 BRB 62.
[202] Art. 2 Abs. 2 BRB 62.
[203] Vgl. Oechslin-Saupper, Kapitalgesellschaften, S. 113.

Zu Art. 2 Abs. 2a BRB 62 wurden in dem Kreisschreiben bestimmte Bedingungen aufgestellt, bei deren Vorliegen keine mißbräuchliche Inanspruchnahme gegeben ist, wie z.B. daß höchstens 50 % der Einkünfte, für die eine Steuerentlastung beansprucht wird, für nichtabkommensberechtigte Personen verwendet werden dürfen. Grundsätzlich richtet sich dieser Artikel gegen ausländisch beherrschte Gesellschaften, die die Gewinne nur durchleiten.
Art. 2 Abs. 2b BRB 62 richtet sich gegen Gesellschaften, die die Gewinne thesaurieren. Das Kreisschreiben bestimmt, daß mindestens 25 % der abkommensbegünstigten Einkünfte als Gewinn auszuschütten sind.
In dem Kreisschreiben wird auch der Punkt der ungewöhnlichen Finanzierung eines Unternehmens aufgeführt, der im Bundesratsbeschluß nicht enthalten ist. Diese liegt dann vor, wenn die verzinslichen Kreditoren mehr als das Sechsfache des Grund- oder Stammkapitals und der offenen Reserven ausmachen oder wenn die Schulden zu einem Satz verzinst werden, der den normalen Zinssatz übersteigt.
Die im Kreisschreiben festgelegten Verhältniszahlen, die im Bundesbeschluß nicht enthalten sind, werden vielfach sehr kritisch beurteilt.[204]
Es wird eine Überarbeitung gefordert. Die Kritik richtet sich gegen die zu starre Umschreibung der Mißbrauchstatbestände und gegen die Tatsache, daß im konkreten Fall nicht die Möglichkeit zugelassen wird, nachzuweisen, daß kein Abkommensmißbrauch vorliegt.[205]
Im Zusammenhang mit der Holding wird besonders die Bemessung der Pflichtausschüttung von 25 % auf alle aus dem Vertragsstaat stammenden Erträge kritisiert, also z.B. auch auf Zinsen, die im normalen Rahmen aus Fremdfinanzierung stammen. Die 50-prozentige Weiterleitungsregel wird als zu starr bewertet.[206]
Aber auch die Gleichbehandlung von Aktionären bzw. diesen nahestehenden Personen und von Dritten, die Möglichkeit, daß sogar Schweizer Unternehmen bei Durchlaufgesellschaften Abkommensmißbrauch begehen können und die Notwendigkeit, die erforderlichen Regelungen jedes Jahr erfüllen zu müssen, unterliegen der Kritik.[207]

Bezüglich der Holding- und Beteiligungsprivilegien ist im Gegensatz zu Domizilprivilegien zu sagen, daß diese nach dem Bundesratsbeschluß von 1962 grundsätzlich nicht schädlich für Abkommensvorteile sind.[208]

---

[204] Vgl. Böckli, StR 1983, S. 369; Oechslin-Saupper, Kapitalgesellschaften, S. 114 - 115 und 131 - 133 und Zimmermann, StR 1993, S. 363 - 372.
[205] Vgl. Lüthi, Internationales Steuerrecht, S. 399; Zimmermann, StR 1993, S. 369.
[206] Vgl. Böckli, StR 1983, S. 401; Oechslin-Saupper, Kapitalgesellschaften, S. 115 - 116 und 129 - 130.
[207] Vgl Zimmermann, StR 1993, S. 369.
[208] Vgl. Lüthi, Doppelbesteuerungsabkommen, S. 36.

Es sind allerdings die im Kreisschreiben festgelegten speziellen Regelungen zu beachten.
Diese werden teilweise auch in die Doppelbesteuerungsabkommen übernommen, wie z.B. in das zwischen Deutschland und der Schweiz.
Die in den DBA enthaltenen Bestimmungen, die aus dem Schweizer Mißbrauchsbeschluß bzw. dem dazugehörigen Kreisschreiben übernommen wurden, sind natürlich auch durch den ausländischen Investoren zu beachten. Auf die spezielle Situation eines deutschen Investors bezüglich der Schweizer Mißbrauchsbestimmungen wird in Kap. V.4 noch ausführlich eingegangen werden.

3.5. Besteuerung bei Veräußerung von Beteiligungen

Kapitalgewinne, die bei der Veräußerung von Beteiligungen entstehen, sind keine Beteiligungserträge und können insofern nicht als Beteiligungsabzug geltend gemacht werden.[209] Der bei der Veräußerung entstandene Gewinn wird zum steuerbaren Reingewinn gezählt.[210]
Allerdings werden diese Beteiligungsgewinne dann steuerbefreit, wenn die Holding, der die Erträge zugute kommen, auf kantonaler Ebene ein Holdingprivileg beanspruchen kann.[211]
Auf Bundesebene unterliegen diese Gewinne jedoch auch bei reinen Holdings der direkten Bundessteuer von maximal 9,8 %.

Böckli wies 1983 in seinen 11 Postulaten auf diese Problematik hin und forderte die Abschaffung dieser Steuer.[212] Er zeigte damals die Möglichkeit der Umgehung mithilfe der Ausschüttung einer Substanz-Dividende auf, die zu einem freigestellten Beteiligungsertrag führt.[213] Das bedeutet, daß sich die Holding zur Vermeidung der direkten Bundessteuer vor Veräußerung der Beteiligung das in der Tochter angesammelte Eigenkapital ausschütten läßt, welche das Grundkapital übersteigt. Die Ausschüttung in Form einer Dividende ist bekanntlich steuerfrei. Wenn die Besteuerung des Veräußerungsgewinnes nicht auf diesem Wege um-

---

209 Vgl. Art. 70 Abs. 2 lit. c DBG; s. auch Cagianut / Höhn, Unternehmungssteuerrecht, S. 628.
210 Vgl. Cagianut / Höhn, Unternehmungssteuerrecht, S. 91.
211 Vgl. Bonnefous, StR 1994, S. 407
212 Vgl. Böckli, StR 1983, S. 395 - 396.
213 Vgl. Böckli, StR 1983, S. 395; Kritisch zu der derzeitigen Behandlung von Beteiligungsgewinnen und den Umgehungsmöglichkeiten durch Substanzdividenden äußern sich auch Reich, ASA 1979/80, S. 296 - 298; Spori, ST 1992, S. 286 - 287; Zuppinger / Böckli / Locher / Reich, Steuerharmonisierung, S. 252 - 254.

gangen wird, dann liegt eine Mehrfachbelastung vor, die laut Böckli sachwidrig ist.[214]

Grundsätzlich muß jedoch bei Veräußerung von Beteiligungen mit Gewinn beachtet werden, ob hierdurch nicht das kantonale Holdingprivileg gefährdet ist, da es sich hierbei nicht um Beteiligungserträge handelt.[215] Wenn der Anteil des Ertrags aus der Veräußerung von Beteiligungen am Gesamtertrag zu groß wird, könnte der Ertragstest gefährdet sein.[216]

Derzeit gibt es Revisionsbestrebungen bezüglich des Art. 70 Abs. 2c DBG. In diesem wird festgelegt, daß Kapital- und Aufwertungsgewinne auf Beteiligungen kein Beteiligungsertrag sind. Die Kommission für Wirtschaft und Abgaben des Nationalrates legte einen Vorschlag vor, in dem zumindest für reine Holdings eine Steuerfreiheit für Beteiligungsveräußerungsgewinne erreicht werden sollte. Hierfür sollten jedoch gewisse Bedingungen erfüllt sein:

- die veräußerte Beteiligung sollte mindestens 20 % der Zielgesellschaft betragen,
- das Paket sollte von der Holding während mindestens 3 Jahren gehalten werden.[217]

Diese Bedingungen wurden im Sofortprogramm des Bundesrates zur Unternehmensbesteuerung insoweit abgeändert, daß der Beteiligungsanteil nur noch 5 % betragen muß. Diese Steuerbefreiung bei der Veräußerung soll jedoch nur für solche Beteiligungen eingeräumt werden, die nach dem Inkrafttreten der Gesetzesänderung erworben wurden. Für sogenannte Alt-Beteiligungen, also solche, die bereits vorher bestanden, gilt, daß diese einer Sperrfrist bis Anfang 2007 unterliegen, nach deren Ablauf erst der Veräußerungsgewinn steuerfrei vereinnahmt werden kann.[218]
Gemischte Holdings profitieren von dem Wegfall dieser Besteuerung nicht.

Falls die Holding als Effektenhändler qualifiziert wird, unterliegt sie mit dieser Übertragung von Anteilsrechten der Umsatzabgabe.[219] Möglich ist

---

214 Vgl. Böckli, StR 1983, S. 394.
215 Vgl. Cagianut / Höhn, Unternehmungssteuerrecht, S. 628.
216 Man muß hier allerdings bedenken, daß es noch den Aktiventest gibt, dessen Anwendung meistens alternativ möglich ist.
217 Vgl. Cavadini, NZZ v. 31.5./1.6.1997, S. 12; Morf, FuW v. 20.1.1996, S. 21.
218 Vgl. o.V., NZZ v. 7.2.1997, S. 10.
219 Vgl. Cagianut / Höhn, Unternehmungssteuerrecht, S. 91.

auch der Anfall von kantonal und kommunal geregelten Grundsteuern (Handänderungs- und Grundstückgewinnsteuer).[220]

3.6. Besteuerung bei Wertänderung von Beteiligungen

3.6.1. Wertabnahme

Eine Wertabnahme liegt dann vor, wenn der tatsächliche Wert unter dem Buchwert liegt. Tatsächlich während des Geschäftsjahres eingetretene Wertminderungen werden durch Abschreibungen erfaßt.
In diesem Zusammenhang interessieren vorwiegend die Abschreibungen. Hier ist wichtig, daß das Steuerrecht im Gegensatz zum Handelsrecht Niederstwertvorschriften aufgestellt hat, die durch die Begrenzung des Minderwertes einen möglichst periodengerechten Erfolgs- und Vermögensstandausweis gewähren sollen.[221] Die Abschreibung mindert den steuerlichen Gewinn und hat insofern definitiven Charakter, als daß die Steuerbehörde eine einmal zugelassene Abschreibung nicht mehr rückgängig machen kann.[222] Der Steuerpflichtige selber darf jedoch im Rahmen einer vorher vorgenommenen Abschreibung eine Aufwertung vornehmen.
Abschreibungen dürfen nur die effektiv eingetretene Wertminderung berücksichtigen.[223]
Außerordentliche Abschreibungen entstehen durch geschäftsplanwidrige Ereignisse. Die Rechtsprechung läßt diese nur dann zu, wenn der Wertverlust als sicher und endgültig oder zumindest von Dauer erscheint.[224]
Aus der Tatsache, daß nur effektiv eingetretene Wertminderungen durch die Abschreibung erfaßt werden dürfen, folgt, daß der Einzelveräußerungswert die Untergrenze darstellt.
Bei der Abschreibung von Beteiligungen von Holdinggesellschaften ist eine Besonderheit bei Substanzdividenden zu beachten. So ist der innere Zusammenhang zwischen dem Ertrag einer Beteiligung und der Abschreibung auf der gleichen Beteiligung zu berücksichtigen. Es ist wichtig, aus welchem Grund die Abschreibung auf die Beteiligung vorgenommen wird.

---

[220] Vgl. Landolf, ST 1992, S. 276; genaueres s. bei Steiner, ST 1989, S. 227 - 223.
[221] Vgl. Cagianut / Höhn, Unternehmungssteuerrecht, S. 501. Generelle Informationen über Abschreibungen und Rückstellungen im Steuerrecht geben Cagianut / Höhn, Unternehmungssteuerrecht, auf S. 502 - 524.
[222] Vgl. Cagianut / Höhn, Unternehmungssteuerrecht, S. 503.
[223] Vgl. Cagianut / Höhn, Unternehmungssteuerrecht, S. 505.
[224] Vgl. Cagianut / Höhn, Unternehmungssteuerrecht, S. 512 - 513.

Der Zusammenhang mit dem Beteiligungsabzug wird in Art. 70 Abs. 3 DBG aufgegriffen: „Der Ertrag aus einer Beteiligung wird bei der Berechnung der Ermäßigung nur berücksichtigt, soweit auf der gleichen Beteiligung zu Lasten des steuerbaren Reingewinnes (Art 58 ff.) keine Abschreibung vorgenommen wird, die mit der Gewinnausschüttung im Zusammenhang steht."[225]
Gemeint ist hiermit der Fall, daß eine Tochtergesellschaft ihre Reserven ausschüttet. Dadurch sinkt der Wert der Beteiligung an der Tochtergesellschaft aus Sicht der Muttergesellschaft, worauf diese eine Abschreibung auf die Beteiligung vornimmt. Diese Abschreibung ist steuerwirksam. Wenn die Muttergesellschaft nun für die von der Tochtergesellschaft vorgenommene Ausschüttung auch noch den Beteiligungsabzug in Anspruch nehmen möchte, so ist dieses nicht möglich. Denn die Muttergesellschaft hat keine Ausschüttung vom Gewinn erhalten, sondern sich einen Teil ihrer Investition zurückzahlen lassen.[226]

3.6.2. Wertzunahme

Eine Wertzunahme einer Beteiligung liegt dann vor, wenn der tatsächliche Wert den Buchwert übersteigt. Durch diese Wertsteigerung entstehen stille Reserven.
Eine Auswirkung auf die Gewinnsteuer haben diese Wertzunahmen erst dann, wenn eine Realisierung stattfindet.[227]
Grundsätzlich gilt für das Steuerrecht die Maßgeblichkeit des Handelsrecht, was bedeutet, daß dessen Grundsätze solange Gültigkeit für das Steuerrecht haben, wie dieses keine eigenen Normen zur Regelung des Sachverhaltes aufweist.[228]
Gemäß dem Handelsrecht darf das Anlagevermögen höchstens zu Anschaffungs- oder Herstellungskosten bewertet werden.[229] Dieses gilt auch für Beteiligungen, die unter Art. 665a OR aufgeführt werden. Eine Ausnahme stellen Wertschriften mit Kurswert dar, die nach Art. 667 OR höchstens zum Durchschnittskurs des letzten Monats vor dem Bilanzstichtag bewertet werden. Wertschriften ohne Kurswert dürfen höchstens zu Anschaffungskosten bilanziert werden.[230]

---

225 Art. 70 Abs. 3 DBG; s. hierzu Reich, ASA 1979/80, S. 298 - 300; Zuppinger / Böckli / Locher / Reich, Steuerharmonisierung, S. 254 - 256.
226 Vgl. Agner / Jung / Steinmann, Direkte Bundessteuer, S. 307
227 Vgl. Cagianut / Höhn, Unternehmungssteuerrecht, S. 496.
228 Vgl. Cagianut / Höhn, Unternehmungssteuerrecht, S. 545.
229 Vgl. Art. 665 OR.
230 Zur näheren Behandlung stiller Reserven durch das Handelsrecht vgl. Cagianut / Höhn, Unternehmungssteuerrecht, S. 542 - 544.

Das Steuerrecht richtet sich bei der Behandlung stiller Reserven besonders nach handelsrechtlichen Bilanzierungsgrundsätzen und Höchstwertvorschriften aus. Steuerlich relevant werden diese stillen Reserven i.d.R. erst dann, wenn ein Mehrwert realisiert wird, d.h. dem Berechtigten fließt dieser Mehrwert als Einkommen zu.[231]

Die Bildung von unwillkürlichen Reserven, also Zwangsreserven, ist demnach vorerst ohne steuerliche Folgen. Die Bildung von Ermessens- und Willkürreserven sind nur solange zulässig, wie die steuerlichen Tiefstwerte nicht unterschritten werden.[232]

Grundsätzlich gelten die Anschaffungs- oder Herstellungskosten auch im Steuerrecht als Wertobergrenze. Aufwertungen sind nur im Rahmen früher vorgenommener Abschreibungen möglich.

Eine buchmäßige Aufwertung liegt im Ermessen des Unternehmers und kann von der Steuerbehörde nicht erzwungen werden. Durch die Wertzunahme können entweder frühere Abschreibungen wieder eingebracht werden oder Mehrwerte über Anschaffungs- und Herstellungskosten hinaus realisiert werden.[233] Es ist allerdings zu beachten, daß die Aufwertung durch die handelsrechtlichen Höchstwerte, die in Art. 665 - 667 OR sowie Art. 960 OR festgelegt sind, begrenzt ist.[234] Die buchmäßige Realisierung ist erfolgswirksam und insofern auch steuerwirksam.[235]

---

[231] Vgl. Cagianut / Höhn, Unternehmungssteuerrecht, S. 545.

[232] Vgl. Cagianut / Höhn, Unternehmungssteuerrecht, S. 546

[233] Vgl. Cagianut / Höhn, Unternehmungssteuerrecht, S. 498.

[234] Vgl. Cagianut / Höhn, Unternehmungssteuerrecht, S. 563.

[235] Vgl. Cagianut / Höhn, Unternehmungssteuerrecht, S. 562; Reich, Unternehmensumstrukturierungen, Rz CH 355. Im Handelsrecht besteht bei Vorliegen einer Unterbilanz die Möglichkeit, Grundstücke und Beteiligungen nach Art. 670 OR auf ihren wirklichen Wert, der über den Anschaffungs- oder Herstellungskosten liegt, aufzuwerten. Aufgrund des Maßgeblichkeitsprinzips müßte dieses eigentlich auch für das Steuerrecht gelten.

4. Besteuerung der ausgeschütteten Erträge der Holding an die Anteilseigner

4.1. Besteuerung bei den inländischen Anteilseignern

Wenn die Holding eine Ausschüttung vornimmt, so werden hierauf zunächst 35 % Verrechnungssteuer erhoben. Die Holding ist nach Art. 10 VStG der steuerpflichtige Schuldner und muß die Verrechnungssteuer an die Steuerverwaltung abführen.

Die Verrechnungssteuer wird nach Art. 4 VStG auf den Ertrag beweglichen Kapitalvermögens erhoben. Hierzu zählen einerseits Zinsen auf Obligationen u.ä. und andererseits Gewinnanteile und sonstige Erträge der von einem Inländer ausgegebenen Aktien, GmbH-Anteilen, Genossenschaftsanteilen, Partizipationsscheine und Genußscheine.[236] Gewinnanteile und sonstige Erträge von Aktien sind Dividenden, Gratisaktien, Nennwerterhöhungen, Liquidationsüberschüsse und sogenannte geldwerte Leistungen.[237]

Der Inländer kann diese gezahlte Steuer bei der Entrichtung der Einkommen- oder Ertragsteuer geltend machen, d.h. sie wird bei der Steuerzahlung angerechnet oder zurückerstattet.

Für die Rückerstattung der Steuer müssen zwei Bedingungen erfüllt sein, nämlich einerseits die Berechtigung aufgrund persönlicher Eigenschaften und andererseits eine bestimmte Beziehung zur steuerbaren Leistung.[238]

Natürliche Personen haben Anspruch auf Rückerstattung, wenn sie bei Fälligkeit der steuerbaren Leistung ihren Wohnsitz im Inland hatten.[239]

Juristische Personen sind ebenfalls anspruchsberechtigt, wenn sie bei Fälligkeit ihren Sitz im Inland hatten.[240]

Der Anspruch besteht allerdings nur dann, wenn die berechtigten Personen bei Fälligkeit des Kapitalertrages die Nutzung des den Ertrag abwerfenden Vermögenswertes besaßen.[241]

Natürliche Personen müssen ihren Anspruch auf Rückerstattung bei der Steuerbehörde des Kantons geltend machen, in dem sie zu Beginn des der Fälligkeit folgenden Jahres ihren Wohnsitz hatten.[242] Juristische Per-

---

[236] Vgl. Art. 4 Abs. 1 lit. a und b VStG.
[237] Zur genauen Behandlung dieser Erträge in Zusammenhang mit der Verrechnungssteuer vgl. Oechslin-Saupper, Kapitalgesellschaften, S. 142 - 163.
[238] Vgl. Höhn, Schweizer Steuerrecht, S. 413 - 415.
[239] Vgl. Art. 22 VStG.
[240] Vgl. Art. 24 VStG.
[241] Vgl. Art. 21 Abs. 1 lit. a VStG.
[242] Vgl. Art. 30 Abs. 1 VStG.

sonen müssen den Antrag auf Rückerstattung bei der Eidgenössischen Steuerverwaltung einreichen.[243] Falls der Anteilseigner eine juristische Person ist, die Anspruch auf ein kantonales Holdingprivileg oder den Beteiligungsabzug erheben kann, so darf er diese Ausschüttung vereinnahmen, bekommt die Verrechnungssteuer zurückerstattet und muß auf seinen Beteiligungsertrag keine Steuer zahlen.
Bei Inländern erfüllt die Verrechnungssteuer die Funktion einer Sicherungssteuer.

4.2. Besteuerung bei den ausländischen Anteilseignern

Auch bei Ausschüttungen an Ausländer wird die Verrechnungssteuer von 35 % erhoben.
Falls mit dem Heimat- oder Sitzland des Anteilseigners ein Doppelbesteuerungsabkommen besteht, wird diese Steuer i.d.R. abgesenkt. Die verbleibende Sockelsteuer beträgt 5 - 15 %, in Ausnahmefällen auch 0 % oder 20 - 35 %.[244]
So beträgt beispielsweise die ermäßigte Quellensteuer auf Dividenden, die an Anteilseigner in Deutschland gehen, 10 %. Falls der deutsche Anteilseigner eine Beteiligung von 20 % am Kapital der Gesellschaft hält, so beträgt die ermäßigte Quellensteuer nur 5 %.
Wenn mit dem Heimat- oder Sitzland des Anteilseigners kein Doppelbesteuerungsabkommen besteht, so erfolgt keine Rückerstattung, die Ausschüttung ist also mit 35 % Verrechnungssteuer belastet.
Hier ist die Verrechnungssteuer die endgültige schweizerische Belastung der im Ausland wohnenden Begünstigten von Kapitalerträgen aus Schweizer Quellen.

---

[243] Vgl. Art. 30 Abs. 2 VStG.
[244] Vgl hierzu die Tabelle 4 „DBA-Netz der Schweiz“ im Anhang.

5. Besteuerung einer Gesellschafterfremdfinanzierung

Die Problematik der Gesellschafterfremdfinanzierung ist in der Schweiz unter dem Begriff des verdeckten Eigenkapitals bekannt.
In der Schweiz gibt es nicht nur den Aspekt, Zinsen als geschäftsmäßig begründeten Aufwand geltend zu machen, sondern auch den Aspekt, Kapitalsteuern zu sparen, wenn man verdecktes Eigenkapital als Fremdkapital deklariert.
Für die Besteuerung dieses verdeckten Eigenkapitals gibt es nur in den wenigsten Kantonen eine gesetzliche Regelung. In den meisten Kantonen kann die Erfassung des verdeckten Eigenkapitals mit der Kapitalsteuer nur auf Grundlage des Verbotes der Steuerumgehung erfolgen. Voraussetzung hierfür ist, daß dieses verdeckte Eigenkapital zu Zwecken der Steuerumgehung als Fremdkapital deklariert wird.[245]
In den Kantonen, in denen eine gesetzliche Regelung vorliegt, erfolgt die Beschreibung des steuerbaren Eigenkapitals als ein bestimmter Bruchteil der Bilanzsumme. Das Anteilsinhaber-Fremdkapital wird solange dem Eigenkapital zugerechnet, bis dieser Bruchteil erreicht ist.[246]

Wenn keine gesetzlichen Regelungen bestehen, dann kann das verdeckte Eigenkapital nur angenommen werden, wenn die Elemente der Steuerumgehung erfüllt sind, d.h. die Fremdfinanzierung wurde in mißbräuchlicher Weise als ungewöhnliche Konstruktion einzig zum Zwecke der Steuerersparnis gewählt.
Präziser liegt eine Steuerumgehung durch Bereitstellung von Anteilsinhaber-Fremdkapital dann vor, wenn

„a) die Gesellschaft ihre Aufgabe ohne die geborgten Mittel nicht hätte erfüllen können,
b) Fremdkapital in der vereinbarten Höhe nach den geschäftlichen Gepflogenheiten von einem der Gesellschaft fernstehenden Dritten nicht erhältlich gewesen wäre,
c) das Anteilsinhaber-Fremdkapital dem Risiko des Geschäftserfolges ausgesetzt wurde,
d) das Vorgehen sich lediglich dadurch erklären läßt, das die Anteilsinhaber von der Gesellschaft zum Zwecke der Steuerersparnis einen Passivzins anstelle eines Anteils am Reinertrag beziehen wollten."[247]

Es wird also nicht nach Verhältniszahlen vorgegangen, sondern sehr auf den Einzelfall geschaut.

---

[245] Vgl. Cagianut / Höhn, Unternehmungssteuerrecht, S. 369:
[246] Vgl. genauer Cagianut / Höhn, Unternehmungssteuerrecht, S. 370 - 371.
[247] Cagianut / Höhn, Unternehmungssteuerrecht, S. 372.

Wenn das Anteilsinhaber-Fremdkapital als verdecktes Eigenkapital qualifiziert wird, dann stellen die hierauf entfallenden Zinsen keinen geschäftsmäßig begründeten Aufwand dar, sondern geldwerte Leistung und werden steuerlich dementsprechend behandelt. Es erfolgt dann die Besteuerung auf Ebene der Gesellschaft und auf Ebene des Anteilsinhabers.
Im Steuerharmonisierungsgesetz und im Bundesgesetz über die direkte Bundessteuer erfolgt eine allgemeingültige Regelung des steuerbaren Eigenkapitals. Das steuerbare Eigenkapital wird um jenen Teil des Fremdkapitals erhöht, dem wirtschaftlich die Bedeutung von Eigenkapital zukommt, dem sogenannten verdeckten Eigenkapital.[248] Dieses entsteht, „wenn die Verbindlichkeiten jenes Maß überschreiten, bei dem ein unabhängiger Dritter nicht weiter Kapital leihen würde."[249]
Das bedeutet, daß der Drittvergleich bei der Beurteilung, ob es sich um verdecktes Eigenkapital handelt, grundlegend ist. Entscheidend ist also der wirkliche Wert des Unternehmens, der von Substanzwert, Ertragswert, der Ertragskraft, dem Cash-flow des Unternehmens und anderen Faktoren abhängt.[250]

Auf Bundesebene dient der Art. 75 DBG zusammen mit Art. 65 DBG über die Zinsen auf verdecktes Eigenkapital dazu, „die von Aktionären, von ihnen nahestehenden oder ihnen gleichzustellenden Personen gewährten verzinslichen Fremdfinanzierungen in Grenzen zu halten, damit keine unverhältnismäßig hohen Teile der erwirtschafteten Gewinne unter der Bezeichnung als Schuldzinsen an die Inhaber der Beteiligungsrechte fließen, obwohl sie in vielen Fällen Gewinnbezüge darstellen."[251]
Auf Kantonsebene soll Art. 29 Abs. 3 StHG die gleiche Wirkung entfalten.

Sonderregelungen für Holdinggesellschaften gibt es nicht. Für sie gelten die gleichen Regeln wie für die anderen Kapitalgesellschaften. Oft sind reine Holdinggesellschaften hoch kapitalisiert, da aufgrund des Holdingprivilegs Schuldzinsen nur teilweise abzugsfähig sind.[252] Durch eine hohe Kapitalisierung können, verglichen mit dem Ausland, beträchtliche jährliche Belastungen durch die Kapitalsteuer entstehen.
In Anbetracht dessen sollte trotz der nicht gegebenen steuerlichen Abzugsfähigkeit von Schuldzinsen, die die Finanzierung durch Fremd-

---

[248] Vgl. Art. 29 Abs. 3 StHG; Art. 75 Abs. 1 DBG. Im DBG wird dem Begriff des verdeckten Eigenkapitals der ganze Artikel 75 gewidmet.
[249] Vgl. Probst, DBG, S. 388.
[250] Vgl. Agner / Jung / Steinmann, Direkte Bundessteuer, S. 313.
[251] Agner / Jung / Steinmann, Direkte Bundessteuer, S. 312.
[252] Vgl. Spori, ST 1992, S. 289.

kapital für andere Kapitalgesellschaften attraktiv macht, eine übermäßig hohe Eigenkapitalausstattung kritisch geprüft werden.
Auch sollte bedacht werden, daß bei Ausgabe der Beteiligungsrechte die Emissionsabgabe anfällt.
Die Problematik der nicht abzugsfähigen Schuldzinsen stellt sich bei der gemischten Holdinggesellschaft nicht im gleichen Maße und macht für diese Form der Holdinggesellschaft die Gesellschafterfremdfinanzierung attraktiver als für die reine Holdinggesellschaft. Für die gemischte Holding gelten ebenfalls die dargestellten Beschränkungen auf Bundes- und Kantonsebene.

Bezüglich der Fremdfinanzierung von Tochtergesellschaften ist interessant, daß teilweise langfristige Darlehen an Tochtergesellschaften als Beteiligungen qualifiziert werden dürfen, um so den notwendigen Beteiligungsanteil in der Bilanz zu erzielen.[253]

[253] Vgl. hierzu die Tabelle 1 zur Besteuerung der reinen Holding in den verschiedenen Kantonen im Anhang.

6. Möglichkeiten einer steuerlichen Konsolidierung

In der Schweiz ist eine steuerliche Konsolidierung bezüglich der Ertragsbesteuerung grundsätzlich nicht möglich. Die Verrechnung von realisierten Verlusten von Tochtergesellschaften mit von anderen Gesellschaften erzielten Gewinnen ist ausgeschlossen.[254]
Da die Möglichkeit der Verrechnung von Gewinnen und Verlusten bei der Obergesellschaft nicht existiert, wird darauf verwiesen, daß im Falle von defizitären oder sanierungsbedürftigen Tochtergesellschaften eine Stammhausstruktur bzw. eine gemischte Holding vorteilhafter wäre als eine reine Holding, da bei dieser Verluste und Abschreibungen steuerlich geltend gemacht werden können. Die reine Holding-Struktur wird hingegen als ein „Schönwettermodell" bezeichnet.[255]

---

[254] Vgl. Bonnefous, StR 1994; Camenzind, ASA 1992/93, S. 237; Faist, StR 1989, S. 159; Flubacher / Filli, StR 1990, S. 578; Flubacher, ST 1989, S. 216.
[255] Vgl. Flubacher / Filli, StR 1990, S. 578; Flubacher, ST 1989, S. 216. Flubacher / Filli, StR 1990, S. 576 - 579 weisen dieses anhand von Zahlenbeispielen nach, die diese Problematik für den Einzelfall gut verdeutlicht.

7. Besteuerung der Errichtung einer Holding in der Schweiz

Ziel bei der Errichtung einer Holdinggesellschaft ist, diese möglichst steuerneutral durchzuführen. Es sollte also keine Besteuerung bestehender stiller Reserven erfolgen.
In der Schweiz können wie auch in Deutschland grundsätzlich die Bar- und die verschiedenen Formen der Sachgründung bei der Errichtung einer Holding unterschieden werden.

7.1. Bargründung

Diese erste Möglichkeit, eine Holdinggesellschaft zu schaffen, stellt keinen typischen Umstrukturierungsvorgang dar. Es kann durch eine Bargründung eine Gesellschaft geschaffen werden, die dann auf käuflichem Wege Beteiligungen erwirbt. Hier ist zu beachten, daß zwar keine Gewinnsteuer anfällt (obwohl einige Kantone das Agio als Ertrag besteuern[256], was allerdings durch das noch umzusetzende StHG verboten wird[257]), bei der Einzahlung des Grundkapitals jedoch die Emissionsabgabe erhoben wird. Diese beträgt seit dem 1.1.1996 2 %, Gründungen von Gesellschaften mit einem Kapital bis zu SFr. 250.000 sind von der Abgabe befreit.[258]
Die Holding kann dann mit ihrem Kapital Beteiligungen erwerben. Hierbei würde die Umsatzabgabe anfallen, falls die Holding als Effektenhändler qualifiziert wird.[259] Eine Gesellschaft gilt dann als Effektenhändler, wenn ihr statuarischer Hauptzweck im Halten von Beteiligungen besteht und sie über ein Kapital von mindestens einer halben Million Schweizer Franken verfügt, oder wenn mehr als die Hälfte ihrer Aktiven aus von der Umsatzabgabe betroffenen Urkunden besteht, deren Buchwert zusammen mindestens eine Million Schweizer Franken beträgt.[260]
Die Umsatzabgabe beträgt 1,5 Promille für von einem Inländer ausgegebene Urkunden und 3 Promille für von einem Ausländer ausgegebene Urkunden.[261]

---

[256] Vgl. Cagianut / Höhn, Unternehmungssteuerrecht, S. 344.
[257] Vgl. Art. 24 Abs. 2 lit. a StHG.
[258] Vgl. Stocker, IStR 1995, Beihefter zu Heft 9, S. 4.
[259] Vgl. Cagianut / Höhn, Unternehmungssteuerrecht, S. 83.
[260] Vgl. Höhn, Schweizer Steuerrecht, S. 461.
[261] Vgl. Art. 16 Abs. 1 lit. a und b StG.

7.2. Errichtung durch Einbringung von Beteiligungen

Eine andere Möglichkeit ist die Einbringung von Beteiligungen in eine Gesellschaft als Sacheinlage gegen die Ausgabe von Beteiligungsrechten dieser Holding. Die eingebrachten Anteile werden bei der Holding zu Beteiligungen an Tochtergesellschaften.
Hierbei handelt es sich um einen Beteiligungstausch, also um einen typischen Austauschtatbestand.
Zwei ausgetauschte Gegenstände sind im Hinblick auf die Kapitalgewinnbesteuerung als identisch zu behandeln, wenn ihre wirtschaftliche Funktion im Betrieb dieselbe ist. Bei Vorliegen einer wirtschaftlichen Identität fließen für das eingetauschte Wirtschaftsgut keine liquiden Mittel zu, die eine Realisation der stillen Reserven bedeuten würden und insofern für die Steuerzahlung verfügbar wären. Das erworbene Wirtschaftsgut stellt lediglich ein Surrogat dar.[262]
An das Kriterium der gleichen wirtschaftlichen Funktion werden strenge Bedingungen geknüpft. So muß das eingetauschte Wirtschaftsgut genau dem gleichen spezifischen Zweck dienen.[263]
Der Beteiligungstausch ist ein typischer Anwendungsfall der Steuerneutralität bei wirtschaftlicher Identität.[264] „Der Beteiligungstausch ist lediglich die zwangsläufige Folge einer wirtschaftlich notwendigen Umstrukturierung des Unternehmens und deshalb kein Umsatzakt, welcher die Aufdeckung der stillen Reserven auf den Beteiligungsrechten bewirkt."[265]
Dieser Vorgang wird auch als fusionsähnlicher Zusammenschluß oder als Quasifusion bezeichnet.

Bezüglich der Einkommens- und Gewinnsteuer auf Gesellschaftsebene ist zu sagen, daß der Beteiligungstausch steuerneutral vor sich geht.
Die Steuerneutralität dieses Vorgangs wird theoretisch unterschiedlich begründet. Reich argumentiert mit der wirtschaftlichen Identität der Anteile,[266] während Cagianut / Höhn das Vorliegen eines Zusammenschlußvertrages als wesentlich ansehen.[267]

---

[262] Vgl. Reich, Unternehmensumstrukturierungen, Rz CH 360.
[263] Vgl. Reich, Unternehmensumstrukturierungen, Rz CH 361.
[264] Vgl. Reich, Unternehmensumstrukturierungen, Rz CH 364.
[265] Reich, Unternehmensumstrukturierungen, Rz CH 364.
[266] Vgl. Reich, Umstrukturierungen Teil 1, S. 291.
[267] Vgl. Cagianut / Höhn, Unternehmungssteuerrecht, S. 711 - 714. Das Argument der erforderlichen Existenz eines Zusammenschlußvertrages wird auch im Bereich der Emissionsabgabe angewendet.

Auf der Ebene der Anteilseigner kann die Steuerneutralität bzgl. der Gewinn- und Einkommensteuer anders aussehen. Für diese ist der Vorgang dann steuerneutral, wenn die Anteile auch weiterhin mit ihrem bis dahin gültigem Buchwert bilanziert werden. Falls der neue Buchwert über dem bisherigen liegt, entsteht ein Aufwertungsgewinn, der zu versteuern ist.[268]
Wenn Privatpersonen Anteile einer von ihnen beherrschten Gesellschaft in eine ebenfalls von ihnen beherrschte Holding einbringen, und sie sich dabei einen höheren Nennwert oder ein Guthaben bilanzieren lassen, so handelt es sich hierbei um eine geldwerte Leistung. Es fallen dann Verrechnungssteuer und Einkommenssteuer an.[269]
Kapitalgewinne auf Beteiligungen im Privatvermögen werden in der Schweiz auf Bundes- und Kantonsebene unterschiedlich behandelt. Während sie auf Bundesebene steuerfrei sind, unterliegen sie in manchen Kantonen der Besteuerung.[270] In diesen Kantonen stellt sich bei einem fusionsbedingten Anteilstausch dann die Frage, ob hierbei ein Kapitalgewinn realisiert wurde. Dieses sollte eigentlich vermieden werden, da die hingegebenen und erhaltenen Anteile als wirtschaftlich identisch angesehen werden. In der Praxis wird teilweise bei Privatpersonen jedoch trotzdem eine Realisation angenommen.[271]
Bei Beteiligungsrechten im Geschäftsvermögen wird dieses allerdings als eine bloße Auswechslung der Urkunden angesehen. Eine Realisation stiller Reserven wird also nicht angenommen.[272]

Auch der mögliche Anfall der Emissionsabgabe ist zu beachten.
Die Einlage der Beteiligung an der zukünftigen Tochtergesellschaft im Austausch mit Anteilen an der Holdinggesellschaft kann als Liberierung für eine Neugründung oder für eine Kapitalerhöhung der Holdinggesellschaft erfolgen.
Bei einer Neugründung mit einem Grundkapital über SFr. 250.000 fällt grundsätzlich die Emissionsabgabe von 2 % an. Auch bei einer Kapitalerhöhung wird die Abgabe erhoben.[273]
Wenn es sich jedoch um eine Fusion oder einen fusionsähnlichen Vorgang handelt, so entfällt seit 1.4.1993 die Emissionsabgabe.[274]

---

268 Vgl. Reich, Umstrukturierungen Teil 1, S. 290 - 292.
269 Vgl. Cagianut / Höhn, Unternehmungssteuerrecht, S. 469. Dieser Vorgang wird mit dem Begriff der „Transponierungstheorie“ erfaßt. Vgl. Näheres hierzu bei Duss, ST 1989, S. 247 - 255; Gurtner, ASA 1988/89, S. 23 - 51; Zwahlen, ASA 1993/94, S. 187 - 194.
270 Vgl. Höhn, Schweizer Steuerrecht, S. 305.
271 Vgl. Cagianut / Höhn, Unternehmungssteuerrecht, S. 702.
272 Vgl. Cagianut / Höhn, Unternehmungssteuerrecht, S. 703.
273 Vgl. Art. 5 Abs. 1 lit. a StG.
274 Vgl. Art. 6 Abs. 1 lit. a bis StG.

Das Vorliegen eines fusionsähnlichen Zusammenschlusses wird angenommen, wenn „die Intensität der Verbindung rechtlich und tatsächlich nicht völlig integrierter Gesellschaften jener einer eigentlichen Fusion praktisch gleichkommt."[275]
Dieser liegt nur dann vor, wenn

„- die aufnehmende Gesellschaft sich nicht bloß auf das Halten der Beteiligungen beschränkt, sondern die Leitung der integrierten Gesellschaften innehat;
- die aus einer (echten) Fusion erwarteten günstigen Auswirkungen auf die Wettbewerbsfähigkeit beabsichtigt oder zu erwarten sind;
- mindestens zwei Drittel der Beteiligungsrechte der übernommenen Gesellschaften in die aufnehmende eingebracht werden."[276]

Das Vorliegen einer Zusammenschlußvereinbarung ist nicht wichtig.[277] Bei einem einseitigen Übernahmeangebot fehlt der zweifache Wille, der bei einer Fusion oder einem ähnlichen Zusammenschluß vorhanden ist. Insofern existiert ein wichtiges Element nicht, das diesen Vorgang als fusionsähnlich klassifizieren würde. In diesem Fall ist eigentlich vom Gesetz keine Steuererleichterung vorgesehen. Die Praxis wendet jedoch trotzdem den reduzierten Emissionsabgabesatz von 0 % an.[278] Dieses wird dadurch gerechtfertigt, daß die Anteilsinhaber, die ihre Beteiligungen tauschen, sich letztendlich in der gleichen Situation befinden wie bei Vorliegen eines Zusammenschlußvertrages.
Für die Steuerneutralität bezüglich der Emissionsabgabe sind also die Bedingungen des fusionsähnlichen Zusammenschlusses zu erfüllen.

Wenn von dem Anteilstausch auch Grundstücke betroffen sind, diese also den Rechtsträger wechseln, so sind die kantonal und kommunal geltenden Handänderungs- und Grundstücksgewinnsteuer geschuldet, falls diese in dem jeweiligen Kanton erhoben wird. Die Kantone behandeln derartige Gewinne sehr unterschiedlich. Steuerbefreiung bei Umstrukturierung ist vielfach möglich, es muß allerdings eine genaue gesetzliche Regelung hierfür geben.[279]

---

[275] BGE, 102 Ib, S. 145.
[276] Cagianut / Höhn, Unternehmungssteuerrecht, S. 712.
[277] Vgl. Cagianut / Höhn, Unternehmungssteuerrecht, S. 711, 713 - 714; Kramer, ASA 1988/89, S. 18.
[278] Vgl. Cagianut / Höhn, Unternehmungssteuerrecht, S. 713 - 714.
[279] Eine genauere Darstellung s. bei Steiner, ST 1989, S. 227 - 231. Einige Kantone schlagen derartige Gewinne der Einkommensteuer zu, andere erheben hierauf die spezielle Grundstücksgewinn- und Handänderungssteuer. Wenn die letztgenannten Steuern erhoben werden, dann ist im Fall der Umstrukturierung bei einigen der Steueraufschub, bei anderen die Steuerbefreiung oder aber die volle Besteuerung die mögliche Folge. Pfenninger, ST 1996, S. 403 plädiert für einen Steueraufschub, wenn Wirtschaftsgüter zu Buchwerten innerhalb eines Konzerns übertragen werden und die stillen Reserven weiterhin der Besteuerung unterliegen. Diese Auslegung der Umstrukturierungstatbestände sollte sowohl

7.3. Errichtung durch Unternehmensspaltung

Bei der Unternehmensspaltung sind verschiedene Arten der Spaltung zu unterscheiden, nämlich einerseits die Auf- und Abspaltung und andererseits die Ausgliederung.
An dieser Stelle wird nur die Ausgliederung behandelt, die Darstellung der Auf- und Abspaltung erfolgt in Zusammenhang mit der Umstrukturierung eines bereits bestehenden Holdingkonzerns.[280] Grund hierfür ist, daß die Errichtung einer Holdinggesellschaft durch Auf- oder Abspaltung nicht möglich ist, da sie für diese Umstrukturierungsvorgänge bereits vorher bestanden haben muß.
Die Ausgliederung stellt eine weitere Möglichkeit zur Schaffung einer Holding dar. Hierbei handelt es sich um einen Austauschtatbestand, da Vermögenswerte gegen Beteiligungsrechte an Tochtergesellschaften getauscht werden.[281]

Durch die Ausgliederung werden bestehende Stammhausstrukturen in Holdingstrukturen umgewandelt.
Man unterscheidet hier die Ausgliederung nach unten und die nach oben.
Bei der Ausgliederung nach unten wird das Stammhaus in eine Holding gewandelt, indem die betrieblichen Aktivitäten auf Töchter übertragen werden und die Mutter nur noch Beteiligungen hält.[282]
Bei der Ausgliederung nach oben wird in der Hierarchie oberhalb des Stammhauses eine neue Holdinggesellschaft errichtet und die Anteile am Stammhaus in diese überführt. Auch Beteiligungen werden vom Stammhaus in die Holding übertragen.[283]
Die Umstrukturierung erfolgt steuerneutral, sofern die Vermögenswerte zu Buchwerten übertragen werden und das Steuersubstrat erhalten bleibt.[284]
Problematisch wird dieser Vorgang jedoch dann, wenn die Beteiligungen in einen steuerfreien Raum überführt werden. Gemeint ist hiermit, daß die neu geschaffene Holding ein kantonales Steuerprivileg beanspruchen kann. Sie muß dann nicht mehr die stillen Reserven auf Vermögensgegenständen, die auf sie übertragen bzw. bei ihr verblieben sind, bei ihrer Realisierung besteuern. Sie wäre wegen des Holdingprivilegs steuerbefreit. Deshalb besteht die Steuerverwaltung oft auf einer Ver-

---

bei der Einkommenssteuer als auch bei der Grundstückgewinnsteuer Anwendung finden. Die genaue Darlegung und Argumentation s. im ST 1996, S. 399 - 403.

280 Vgl. Kap. III.8.5 dieser Arbeit.

281 Vgl. Reich, Umstrukturierungen Teil 1, S. 337

282 Vgl. Landolf, ST 1992, S. 275.

283 Vgl. Landolf, ST 1992, S. 275; eine ausführliche Darstellung über die einzelnen Schritte gibt Jakob, StR 1990, S. 165 - 166 und 170 - 171.

284 Vgl. Landolf, ST 1992, S. 276.

steuerung der bis zum Zeitpunkt der Unternehmensteilung bestehenden stillen Reserven.[285] Diese Problematik hat viele verschiedene Meinungen hervorgerufen, die von voller Besteuerung bis Steuerbefreiung mit Sperrfrist oder Steueraufschub reichen.[286]
Die Kantone bestanden in der Regel auf der Besteuerung der mit den Beteiligungen verbundenen stillen Reserven.[287] Die stillen Reserven wurden als realisiert betrachtet, da die fiskalische Verknüpfung gelöst wurde. Neuerdings haben jedoch einige Kantone eine Änderung ihrer Holdingbesteuerung insofern vorgenommen, als daß vorläufig keine Besteuerung erfolgt. Die Möglichkeit der Besteuerung der stillen Reserven auf der zu Buchwerten zur Holding gelangten Beteiligung bleibt im Falle der Realisation noch für eine gewisse Zeitspanne erhalten. Es wird also eine Art Veräußerungssperrfrist eingeführt.[288]
In den jeweiligen Kantonen kann nun auch die Übertragung von Vermögenswerten, die stille Reserven beinhalten, vorerst steuerneutral vollzogen werden.
Der Bund besteuert i.a. die stillen Reserven auf Beteiligungen bei einer Ausgliederung nach oben und bei Errichtung von Zwischenholdings im Ausland.[289]
Ausgliederungen von Vermögensgegenständen auf Tochterbetriebsgesellschaften können i.d.R. steuerneutral durchgeführt werden, da diese voll steuerpflichtig bleiben.[290]
Wenn bei der Ausgliederung einzelne Liegenschaften den Rechtsträger wechseln, können die kantonal und kommunal geregelte Handänderungs- und Grundstückgewinnsteuer geschuldet werden.[291]
Auch Verrechnungssteuer kann anfallen, falls Gesellschaftsreserven durch Ausschüttung oder Nominalkapitalerhöhung verschwinden.[292]

---

[285] Vgl. Cagianut / Höhn, Unternehmungssteuerrecht, S. 750 - 752.
[286] Vgl. Böckli, StR 1990, S. 222 - 224; vgl. zu dieser Problematik außerdem Böckli, ASA 1992/93, S. 373 - 385; Spori, ASA 1988/89, S. 72 - 77
[287] Greter, ST 1996, S. 639 - 640 plädiert in diesem Zusammenhang für eine einheitliche Regelung in allen Schweizer Kantonen; dieses wurde im Steuerharmonisierungsgesetz versäumt.
[288] Vgl. Reich, Umstrukturierungen Teil 1, S. 339.
[289] Vgl. Landolf, ST 1992, S. 276.
[290] Vgl. Jakob, ST 1989, S. 223; Muster, ST 1995, S. 235.
[291] Es gilt das in Kap. III.7.2 dieser Arbeit Gesagte. Vgl. ansonsten Landolf, ST 1992, S. 276; genaueres hierzu s. bei Steiner, ST 1989, S. 227 - 231.
[292] Vgl. hierzu Landolf, ST 1992, S. 276 - 277

7.4. Errichtung durch Sitzverlegung eines ausländischen Unternehmens

Bei Sitzverlegung eines ausländischen Unternehmens in die Schweiz geraten die importierten stillen Reserven unter die Schweizer Steuerhoheit, da nach Art. 54 Abs. 1 DBG die Steuerpflicht mit der Verlegung des Sitzes beginnt.
Duss schlägt zur Verhinderung einer Doppelbesteuerung durch die Schweiz und den ausländischen Staat, der vorher der Ansässigkeitsstaat war, die Erstellung einer Zuzugsbilanz unter Vornahme von Aufwertungen vor. Dieses soll unabhängig davon erfolgen, ob im Ausland über die stillen Reserven steuerlich abgerechnet wurde oder nicht. Möglich erscheint ihm aber auch eine rein steuerbilanzliche Nachführung.[293]
Der Zuzug eines Unternehmens führt dazu, daß seine gesamten offenen und stillen Reserven nun der Verrechnungssteuer unterliegen, auch dann, wenn eventuell der Betrieb im Ausland bleibt, da diese Verrechnungssteuerpflicht am gesellschaftsrechtlichen Sitz anknüpft.[294]
Bei der Umwandlung von nachweislich einbezahlten ausländischen Kapital in eine „Schweizer" Aktiengesellschaft fällt keine Emissionsabgabe mehr an.[295]
Mit der Aufnahme einer steuerbaren Tätigkeit beginnt in der Schweiz auch die Mehrwertsteuerpflicht.

---

[293] Vgl. Duss, Umstrukturierungen Teil 2, S. 631.
[294] Vgl. Duss, Umstrukturierungen Teil 2, S. 632.
[295] Vgl. Cagianut / Höhn, Unternehmungssteuerrecht, S. 90; Duss, Umstrukturierungen Teil 2, S. 632.

8. Besteuerung der Umstrukturierung einer Holding in der Schweiz

In der Schweiz kann die Umstrukturierung eines Holdingkonzerns durch Veräußerung, Liquidation, Verlagerung, Fusion oder Spaltung der Beteiligungen durchgeführt werden.

8.1. Veräußerung von Beteiligungen

Die Veräußerung von Beteiligungen wurde bereits ausführlich in Kapitel III.3.5 dieser Arbeit behandelt. Deshalb erfolgt hier nur eine kurze Darstellung der wichtigsten Punkte.
Bei entgeltlicher Übertragung von Anteilsrechten, die sich im Besitz von juristischen Personen befunden haben, erfolgt eine Besteuerung durch den Bund. Der bei der Veräußerung entstandene Gewinn wird zum steuerbaren Reingewinn gezählt.[296]
Auf kantonaler Ebene besteht dieses Problem zumindest für reine Holdinggesellschaften nicht, da die kantonalen Privilegien jeden Ertrag der Beteiligung von der Steuer befreien. Gemischte Holdinggesellschaften müssen jedoch auch auf kantonaler Ebene diese Gewinne versteuern.[297]
Falls die Holding als Effektenhändler qualifiziert wird, unterliegt sie mit dieser Übertragung von Anteilsrechten der Umsatzabgabe.[298]
Wechseln im Zuge der Umstrukturierungen auch Liegenschaften den Rechtsträger, so sind die kantonal und kommunal geregelten Grundsteuern (Handänderungs- und Grundstücksgewinnsteuer) zu beachten, die in einem solchen Fall geschuldet sind.[299] Dieses kann auch für die anderen Fälle der Umstrukturierung gelten.

[296] Kapitalgewinne auf Beteiligungen werden ausdrücklich von Art. 70 Abs. 2 lit. c DBG vom Beteiligungsabzug auf Bundesebene ausgeschlossen, vgl. auch Cagianut / Höhn, Unternehmungssteuerrecht, S. 91.
[297] Vgl. Cagianut / Höhn, Unternehmungssteuerrecht, S. 628.
[298] Vgl. Cagianut / Höhn, Unternehmungssteuerrecht, S. 91.
[299] Vgl. Landolf, ST 1992, S. 276; genaueres hierzu s. bei Steiner, ST 1989, S. 227 - 231.

8.2. Liquidation von Beteiligungen

Grundsätzlich handelt es sich bei Ausschüttung eines Liquidationsüberschusses an die Anteilsinhaber um einen steuerbaren Tatbestand, der bei einer juristischen Person als außerordentliche Gewinnausschüttung bzw. Beteiligungsertrag gilt.[300] Der Liquidationsgewinn gehört zum steuerbaren Reingewinn.[301]
Handelt es sich um eine maßgebliche Beteiligung, so kann ein Beteiligungsabzug beansprucht werden,[302] der Liquidationsüberschuß kann also steuerfrei vereinnahmt werden.
Auf kantonaler Ebene sind diese Erträge steuerbefreit, falls die Berechtigung für ein kantonales Holdingprivileg vorliegt.
Die Steuerpflicht des liquidierten Unternehmens endet mit dem Abschluß der Liquidation.[303]

8.3. Verlagerung von Beteiligungen einer Holding

Die Verlagerung von Beteiligungen einer Holding bedeutet die Umhängung von Gesellschaften innerhalb des Konzerns, wenn die wirtschaftlichen Zusammenhänge dieses erfordern.
Die steuerlichen Auswirkungen derartiger Umhängungen sind verschieden, je nachdem, ob die Verlagerung innerhalb der Schweiz oder ins Ausland erfolgt.

8.3.1. innerhalb der Schweiz

Wird innerhalb der Schweiz eine Beteiligung an einer Tochtergesellschaft einer Holding verlagert, so erfolgt dieses steuerneutral, sofern der Steuerstatus gleichbleibt. Damit ist gemeint, daß die Beteiligungen nach der Übertragung nicht in einem steuerprivilegierteren Zustand als vorher sind. Das bedeutet auch eine Übertragung zum Buchwert, so daß die stillen Reserven weiterhin vorhanden sind und irgendwann von der Steuer erfaßt werden können.
Der Bund muß also die Möglichkeit der Besteuerung der nicht-realisierten Reserven behalten, so daß diese Voraussetzung der Steuerneutralität

---

[300] Vgl. Cagianut / Höhn, Unternehmungssteuerrecht, S. 823. Die Differenz zwischen Liquidationsüberschuß und Gewinnsteuerwert der Beteiligung gilt als außerordentliche Gewinnausschüttung bzw. Beteiligungsertrag.
[301] Vgl. Art. 58 Abs. 1 lit. c DBG; Art. 24 Abs. 1 lit. b StHG.
[302] Vgl. Cagianut / Höhn, Unternehmungssteuerrecht, S. 823, 401 - 402.
[303] Vgl. Art. 54 Abs. 2 DBG.

gewahrt bleibt.[304] Kantonsgrenzen dürfen kein Hindernis mehr für Umstrukturierungen sein.[305]
Art. 24 Abs. 3 StHG nennt als Voraussetzung für steuerneutrale Umstrukturierungen, daß die Steuerpflicht in der Schweiz fortbesteht, keine buchmäßigen Aufwertungen stattfinden und die bisher für die Gewinnsteuer maßgeblichen Werte übernommen werden. Die Vorschriften des Steuerharmonisierungsgesetzes müssen bis zum 1.1.2001 umgesetzt werden.
Die Kantone haben bis dahin noch einige Gesetzesänderungen vorzunehmen. Reich schreibt 1992 dazu: „Etwa 1/3 der Kantone verfügt zum heutigen Zeitpunkt im Einkommenssteuerrecht noch über keine ausdücklichen Bestimmungen zu den Umstrukturierungstatbeständen (ZH, SZ, GL, AR, AI, TG, TI, NE, GE). Die Kantone BE, LU, UR, OW, NW, FR, SO, BS (nur Kapitalgesellschaften und Genossenschaften), BL, SH, GR, AG, VD, VS, JU kennen keine gesetzlichen Vorschriften zur Reservenübertragung. In den Kantonen ZG und SG ist diese Materie nur in den Vollziehungsverordnungen aufgeführt. Mit Ausnahme von AG (nur Kapitalgesellschaften und Genossenschaften), ZG und BL wird die steuerneutrale Reservenübertragung in allen Kantonen gemäß ausdrücklicher Gesetzesvorschrift nur innerhalb des betreffenden Kantons zugelassen. SG und VD können auf eine allgemein statuierte Wegzugsbesteuerung verweisen.... Die steuerneutrale Ausgestaltung einer Umstrukturierung ist kraft ausdrücklicher gesetzlicher Regelung der Kantone UR, BS und SG ausgeschlossen, wenn die stillen Reserven in den Holding- und Domizilprivilegbereich überführt werden. ZH, VD, SO haben für dieses Problem eine Spezialbestimmung geschaffen, die es erlaubt, die stillen Reserven steuerneutral in den Holding- und Domizilbereich zu überführen, BE und LU nur für den Holdingbereich ... Dabei handelt es sich aber nur um einen Steueraufschub. Im Kanton ZH ist die nachträgliche Besteuerung auf 10 Jahre befristet. Einige kantonale Gesetze verlangen für die Steuerneutralität generell gleichbleibende Beteiligungsverhältnisse (FR, BL, AG, SG), andere Erwähnen dieses Erfordernis nur bei der Umwandlung (LU, ZG, SO, BS, SH, GR, VD, JU, VS) und der Teilung (UR, NW, OW) ... Bemerkenswerte Abweichungen in der Ausgestaltung und Formulierung der gesetzlichen Grundlagen kennen unter anderem die Kantone AG und SH. So knüpfen sie beispielsweise die Steuerneutralität für Umstrukturierungen von Personenunternehmen ausdrücklich daran, daß die hierfür geforderten Voraussetzungen während 7 resp. 10 Jahren weiterbestehen...Im übrigen sei noch darauf verwiesen, daß bei Umstrukturierungen in SO und GR bei Umstrukturierungen aus volkswirtschaftlichem

---

[304] Vgl. Spori, Bundesrecht, S. 293.
[305] Vgl. Spori, Bundesrecht, S. 293.

Interesse durch Verordnungen zusätzliche Steuererleichterungen gewährt werden können."[306]

Auch die Aufspaltung einer Holding in eine Ober-Holding und eine oder mehrere Unter-Holdings und die hiermit verbundene Verlagerung der Beteiligungen kann steuerneutral erfolgen.[307]

Werden die Beteiligungen jedoch mit einem höheren Wert als ihr bisheriger Buchwert bilanziert, so muß der Aufwertungsgewinn versteuert werden.

8.3.2. ins Ausland

Bei der Verlagerung von Beteiligungen ins Ausland ist die Situation komplizierter. Die grundlegende Bedingung für eine steuerneutrale Reservenübertragung, nämlich das Fortbestehen der Steuerpflicht in der Schweiz, ist nicht mehr gegeben.

Erfolgt eine Verlagerung ins Ausland, so wird die Beteiligung und ihre stillen Reserven dem Zugriff der Schweizer Finanzbehörden entzogen.

Wird eine Schweizer Gesellschaft eingebracht in eine ausländische Gesellschaft, so erfolgt aus steuersystematischen Gründen die Besteuerung der stillen Reserven, da dieses bei juristischen Personen einer Realisierung gleichkommt.[308]

Würden die Schweizer Behörden hier auf eine Besteuerung verzichten, so bestände aus ihrer Sicht die Gefahr, daß eventuell später erzielte Gewinne bei Veräußerung der Beteiligung durch die ausländische Tochtergesellschaft als privilegierter Beteiligungsertrag in die Schweiz zurückfließen und insofern der Besteuerung entgehen würde.[309]

Spori vertritt die Ansicht, daß durch die Übertragung der Beteiligung auf die Auslandstochter sich auch deren stille Reserven auf die Auslandstochter verlagern, da der Wert der direkt unterhalb der Mutter stehenden Tochter durch die Übertragung steigt. So bleibt der Steuerverwaltung der Zugriff auf diese stillen Reserven erhalten und die Steuerpflicht dauert in der Schweiz an. In diesem Zusammenhang weist er auch auf den krassen Gegensatz zur EU-Gesetzgebung hin.[310]

Reich fordert hier eine Änderung, indem er statt dessen einen speziellen Steueraufschub vorschlägt. Die Besteuerung soll erst dann erfolgen, wenn eine tatsächliche Realisierung im Ausland vorliegt. Allerdings soll der

---

306 Reich, Unternehmensumstrukturierungen, RZ CH 344.
307 Vgl. Cagianut / Höhn, Unternehmungssteuerrecht, S. 752.
308 Vgl. Metzger, ST 1992, S. 282 - 283.
309 Vgl. Metzger, ST 1992, S. 283.
310 Vgl. Spori, Bundesrecht, S. 295.

Steueraufschub zeitlich befristet werden. Als Steuersubjekt wäre die schweizerische Kapitalgesellschaft heranzuziehen, die die Beteiligung ins Ausland übertragen hat.[311]
Duss weist darauf hin, daß zur Abrechnung über die stillen Reserven die gesetzliche Grundlage fehlt, wenn diese Schweizer Kapitalgesellschaft Beteiligungen zum Buchwert auf eine von ihr beherrschte ausländische Tochtergesellschaft überträgt.[312] Auch er vertritt die Ansicht, daß keine Besteuerung erfolgen darf, wenn keine Aufwertung vorgenommen wird.[313]

Der Bundesrat versucht derzeit eine Reform der Unternehmensbesteuerung durchzusetzen. Ein Ziel ist die Schaffung einer größeren Beweglichkeit im Gesellschaftsrecht nach erfolgter Gründung und hiermit verbunden die Steuerneutralität der Umstrukturierungsvorgänge. Ein wesentlicher Punkt ist hierbei der Steueraufschub bei grenzüberschreitenden Beteiligungsumstrukturierungen.[314]
Der neueste Vorschlag der Eidgenössischen Steuerverwaltung sieht bei Umstrukturierungen über die Grenze vor, daß die stillen Reserven auf den Beteiligungen zu realisieren sind, jedoch der Gewinn durch eine Rückstellung in der gleichen Höhe neutralisiert wird. Bei Veräußerung der Beteiligung im Ausland ist die Rückstellung erfolgswirksam aufzulösen.[315]

8.4. Fusion von Gesellschaften

In der Schweiz kennt man als Fusionsformen die Annexion nach Art. 748 OR, die auch Absorption genannt wird, und die Kombination nach Art. 749 OR. Bei der Annexion wird ein Unternehmen durch ein anderes übernommen, bei der Kombination schließen sich zwei oder mehrere Unternehmen zu einem neuen zusammen.
Fusion bedeutet die Verschmelzung zu einer rechtlichen Einheit,[316] wobei auch die Vermögensmassen miteinander verschmelzen. Die übernehmende Gesellschaft tritt hierbei durch Universalsukzession in die Rechte und Pflichten der übernommenen Gesellschaft ein.[317]

---

[311] Vgl. Reich, ST 1993, S. 584.
[312] Vgl. Duss, Umstrukturierungen Teil 2, S. 646.
[313] Vgl. Duss, Umstrukturierungen Teil 2, S. 647
[314] Vgl. genaueres bei Greter, ST 1996, S. 633 - 642; Duss, Umstrukturierungen Teil 2, S. 581 - 586.
[315] Vgl. Landolf, ST 1997, S. 144.
[316] Vgl. Cagianut / Höhn, Unternehmungssteuerrecht, S. 682.
[317] Vgl. Reich, Umstrukturierungen Teil 1, S. 247

Wesensmerkmale sind die Übertragung des gesamten Vermögens mit Universalsukzession, die mitgliedschaftsrechtliche Kontinuität, die Auflösung oder Liquidation sowie die vertragliche Vereinbarung zwischen juristischen Personen als Fusionspartner.[318]

Im Gegensatz zur echten Fusion bedeutet die vorher behandelte Quasifusion, bei der der Zusammenschluß durch Anteilstausch vollzogen wird, nur eine enge wirtschaftliche und beteiligungsmäßige Verflechtung der zusammengeschlossenen Gesellschaften, jedoch ohne rechtliche Verschmelzung.

Zu erwähnen ist noch die sogenannte unechte Fusion, wobei die aufzulösende Gesellschaft liquidiert wird und ihr Vermögen nach Art. 181 OR mit Singularsukzession auf die übernehmende Gesellschaft übertragen wird. Hier bestehen zwar zivilrechtliche Unterschiede, in struktureller Hinsicht ist das Ergebnis jedoch das gleiche wie bei der echten Fusion.[319]

Steuerrechtlich gibt es bei der Behandlung der echten und unechten Fusion keinen Unterschied. Maßgebend sind die Ausgangslage und das wirtschaftliche Endresultat der Umstrukturierung.[320]

Bei einer Fusion erfolgt nach DBG und StHG dann keine Abrechnung über die stillen Reserven, wenn die Steuerpflicht in der Schweiz fortbesteht und die bisher für die Gewinnsteuer maßgeblichen Werte übernommen werden.[321]

Es sind verschiedene Formen der Fusion zu unterscheiden. Es gibt im Konzern die

- Absorption von Parallelgesellschaften, die
- Kombination, die
- Absorption von Tochtergesellschaften und die
- Absorption von Muttergesellschaften.

Bei der Absorption von Parallelgesellschaften nennt Reich als Voraussetzung für die steuerneutrale Reservenübertragung die

- Übertragung sämtlicher Aktiven und Verbindlichkeiten, die
- Fortführung des wirtschaftlichen Engagements und die
- fiskalische Verknüpfung.[322]

Die übernehmende Gesellschaft erhält Aktiven und Passiven der übernommenen Gesellschaft als Sacheinlage und gibt den Aktionären der übernommenen Gesellschaft dafür eigene Aktien aus.

---

318 Vgl. Reich, Umstrukturierungen Teil 1, S. 247 - 248.
319 Vgl. Reich, Umstrukturierungen Teil 1, S. 248.
320 Vgl. Reich, Umstrukturierungen Teil 1, S. 263.
321 Vgl. Art. 61 Abs. 1 DBG; Art. 24 Abs. 3 StHG.
322 Vgl. Reich, Umstrukturierungen Teil 1, S. 264 - 267

Für die Aktionäre der übernommenen Gesellschaft gilt, daß aufgrund der funktionellen Gleichartigkeit der gegebenen und dafür erhaltenen Beteiligungen keine Realisation vorliegt und insofern keine Besteuerung erfolgt.[323]
Ein Nennwertzuwachs wird i.d.R. auch nicht besteuert, anders verhält es sich jedoch mit Ausgleichsleistungen, die als Ertrag angesehen werden und insofern zu versteuern sind.
Bezüglich der Grundsteuern gilt, daß bei der Fusion ein Steueraufschub von der Übertragung sämtlicher Aktiven und Passiven abhängig gemacht wird.[324]
Verrechnungssteuerneutral kann diese Umstrukturierung vor sich gehen, wenn die Reserven weiterhin der Verrechnungssteuerpflicht unterliegen.[325]
Emissionsabgabefrei ist der Zusammenschluß nur, wenn die neu ausgegebenen Anteile durch Sacheinlage der Aktiven und Passiven liberiert werden. Wird ein Teil bar liberiert, so ist die Abgabe in Höhe von 2 % auf diesen Teil geschuldet.[326]

Für die Kombination von Gesellschaften gilt das bei der Absorption von Parallelgesellschaften Gesagte.

Bei der Absorption einer Tochtergesellschaft durch die Mutter liegt eine Reorganisation vor. Der Buchwert der Beteiligung in der Bilanz der Mutter wird einfach durch die Aktiven und Passiven der Tochter ersetzt. Diese Übertragung kann dann, wenn sie zum Buchwert erfolgt, ohne eine steuerliche Abrechnung über die stillen Reserven durchgeführt werden.
Die Tatsache, daß durch die Absorption der Tochtergesellschaft eine Steuerbelastungsstufe verloren geht, d.h. z.B. aus einer Dreifach- eine Doppelsteuerbelastung wird, stellt laut Reich keinen Grund zur Besteuerung der stillen Reserven dar. Auch nach der Umstrukturierung erfolgt bei der Muttergesellschaft bzw. ihren Anteilseignern eine Besteuerung.[327]
Auch wenn die Muttergesellschaft ein Holdingprivileg beanspruchen kann, ist zumindest die Besteuerung auf Ebene der Anteilseigner gegeben.

---

[323] Vgl. Reich, Umstrukturierungen Teil 1, S. 268 - 269.
[324] Vgl. Reich, Umstrukturierungen Teil 1, S. 273.
[325] Vgl. Reich, Umstrukturierungen Teil 1, S. 274 - 275.
[326] Vgl. Reich, Umstrukturierungen Teil 1, S. 276 - 277
[327] Vgl. Reich, Umstrukturierungen Teil 1, S. 279.

Es muß allerdings beachtet werden, daß die Mutter durch Übernahme einer operativen Gesellschaft Gefahr laufen kann, ihre Privilegierung zu verlieren, da sich hierdurch die Struktur der Bilanz und der Erfolgsrechnung erheblich verändert.[328]
Ein weiteres Sonderproblem stellt das Entstehen eines möglichen Fusionsgewinnes oder -verlustes durch eine Differenz zwischen dem bisherigen Buchwert der Beteiligung in der Bilanz der Mutter und dem Buchwert der dann übertragenen Aktiven und Passiven der Tochter dar. Ein Fusionsgewinn stellt einen steuerbaren Beteiligungsertrag dar und ist durch die Mutter zu versteuern, allerdings kann sie hierfür den Beteiligungsabzug beanspruchen.[329]

Eine weitere Möglichkeit ist schließlich auch die Absorption der Muttergesellschaft durch die Tochtergesellschaft.
Auch dieser Vorgang ist steuerneutral durchführbar, wenn die bereits behandelten Bedingungen erfüllt sind.

Wenn sich nun eine der Gesellschaften, die fusioniert werden sollen, im Ausland befindet, so bleibt dieses ohne Steuerfolgen in der Schweiz, wenn die übernommene Gesellschaft ausländisch ist.[330]
Befindet sich die übernehmende Gesellschaft im Ausland, so führt dieses zu einer Abrechnung über die stillen Reserven, da durch diese Umstrukturierung die ehemals Schweizer Gesellschaft dem Zugriff der Schweizer Steuerbehörden entzogen wird.[331]
Aber auch hier wird wie beim Beteiligungstausch dafür plädiert, einen Steueraufschub bezüglich der Gewinnsteuer zu gewähren, falls eine Besteuerungsmöglichkeit weiterhin besteht. Dieses wäre beispielsweise dann möglich, wenn nur der gesellschaftsrechtliche Sitz ins Ausland verlegt wird, in der Schweiz jedoch weiterhin eine Betriebsstätte bestehen bleibt.[332]
Spezielle Probleme können sich hinsichtlich der Verrechnungssteuer ergeben.[333]

[328] Vgl. Müller, ST 1996, S. 392.
[329] Vgl. Müller, ST 1996, S. 392.
[330] Vgl. Metzger, ST 1992, S. 282; Zimmermann, ST 1995, S. 159.
[331] Vgl. Metzger, ST 1992, S. 282; Zimmermann, ST 1995, S. 160.
[332] Vgl. Duss, Umstrukturierungen Teil 2, S. 658.
[333] Vgl. genauer Duss, Umstrukturierungen Teil 2, S. 659 - 661.

8.5. Spaltung von Gesellschaften

Zivilrechtlich ist die Spaltung noch nicht geregelt. Die Aufteilung eines Gesamtkomplexes in verschiedene Einzelkomplexe muß immer noch nach dem Prinzip der Einzelrechtsnachfolge geregelt werden.[334]
Das Steuerrecht hat seit langem Möglichkeiten entwickelt, wie diese Umstrukturierungsarten steuerneutral durch geführt werden können. In Art. 61 Abs. 1 DBG und Art. 24 Abs. 3 StHG wird auch für die Spaltung die gesetzliche Regelung festgelegt. Inhalt ist ebenfalls der Fortbestand der Steuerpflicht in der Schweiz und die Übernahme der bisher für die Gewinnsteuer maßgeblichen Werte.

Die Spaltung wird, wie bereits erwähnt, in Aufspaltung, Abspaltung und Ausgliederung unterschieden.
Die Ausgliederung wurde bereits behandelt,[335] aber natürlich stellt auch sie eine Umstrukturierungsmöglichkeit in einem bereits bestehenden Holdingkonzern dar.
„Die Aufspaltung - auch als „Split-up" bezeichnet - wird vollzogen, indem der bisherige Rechtsträger zwei oder mehrere Komplexe von Aktiven und Verbindlichkeiten auf zwei oder mehrere andere Rechtsträger überträgt, deren Beteiligungsrechte den Mitgliedern des bisherigen Rechtsträgers ausgehändigt werden.
Ebenfalls als Aufspaltung erscheint die Übertragung der Aktiven und Verbindlichkeiten des bisherigen Rechtsträgers auf dessen Mitglieder, welche die bisherigen unternehmerischen Aktivitäten selber in rechtlich getrennten Einheiten weiterführen, wobei der bisherige Rechtsträger aufgelöst wird."[336]
„Die Abspaltung wird vollzogen, indem der bisherige Rechtsträger einen Komplex von Aktiven und Verbindlichkeiten auf einen anderen Rechtsträger überträgt, dessen Beteiligungsrechte den Mitgliedern des bisherigen Rechtsträgers ausgehändigt werden. Der bisherige Rechtsträger bleibt bestehen.
Erhalten die Mitglieder des bisherigen Rechtsträgers die Beteiligungsrechte am aufnehmenden Rechtsträger ohne Rückgabe von Beteiligungsrechten am bisherigen Rechtsträger, wird auch von einem „Spin-off" gesprochen. Werden die Beteiligungsrechte des aufnehmenden Rechtsträgers eingetauscht gegen Beteiligungsrechte am bisherigen Rechtsträger, so liegt ein „Split-off" vor. Dementsprechend kann auch zwischen

[334] Vgl. hierzu Art. 181 OR; s. auch Oechslin-Saupper, ASA 1996/97, S. 264 - 265.
[335] Vgl. Kap. III.7.3 dieser Arbeit.
[336] Reich, Umstrukturierungen Teil 1, S. 301.

Abspaltungen mit und Abspaltungen ohne Kapitalherabsetzung differenziert werden.
Als eine besondere Abspaltung ist die Übertragung eines Komplexes von Aktiven und Verbindlichkeiten durch den bisherigen Rechtsträger auf dessen Mitglieder zu betrachten. Die übertragenen Wirtschaftsgüter befinden sich nach der Umstrukturierung im Schosse der Muttergesellschaft des bisherigen Rechtsträgers oder in einem durch die Mitglieder gehaltenen Personenunternehmen."[337]
Gemeinsam ist diesen beiden Formen der Spaltung, daß der bisherige Rechtsträger entreichert wird. Es handelt sich also um einen Entnahmetatbestand.

Hier wurde bisher immer noch zwischen vertikaler und horizontaler Teilung unterschieden.
Die vertikale Teilung bedeutet eine Teilung zur Seite, d.h. auf der gleichen Hierarchiestufe. Durch die Umstrukturierung entstehen Parallel- oder Schwestergesellschaften.
Bei der horizontalen Teilung erfolgt die Spaltung nach unten, d.h. es wird eine neue Hierarchiestufe mit Tochtergesellschaften geschaffen.
Möglich ist auch die Teilung nach oben, indem den Anteilseignern Komplexe von Aktiven und Verbindlichkeiten übertragen werden.
Ferner ist noch die Unterscheidung zwischen symmetrischer und asymmetrischer Spaltung wichtig.
Bei einer symmetrischen Spaltung verändert sich der Anteil der Beteiligten am Nachfolgeunternehmen im Vergleich zur Situation vor der Umstrukturierung nicht.
Bei einer asymmetrischen Spaltung hingegen verändern sich die Beteiligungsverhältnisse. Grund hierfür kann eine veränderte Mitgliedsanzahl oder veränderte Anteile am Kapital sein.[338]
Bei einer vertikalen Spaltung entstehen, wenn sie symmetrisch vollzogen wird, Schwestergesellschaften, und wenn sie asymmetrisch vollzogen wird, Parallelgesellschaften.

Die steuerliche Behandlung von Auf- und Abspaltungen weist keine großen Unterschiede auf, weshalb im folgenden diese auch zusammen behandelt werden.

---

[337] Reich, Umstrukturierungen Teil 1, S. 300 - 301.
[338] Vgl. Reich, Umstrukturierungen Teil 1, S. 301 - 302.

Bei der Gewinnsteuer gibt es verschiedene Voraussetzungen, die zur Durchführung einer steuerneutralen Spaltung erfüllt sein müssen, wie z.B. das

- Vorliegen einer Entreicherung bei der bisherigen Gesellschaft, die
- Übertragung von in sich geschlossenen Betriebsteilen, die
- unveränderte Weiterführung der übernommenen Geschäftsbetriebe, das
- Vorliegen einer echten Unternehmensspaltung, die
- Fortführung des wirtschaftlichen Engagements, das
- Einhalten der Sperrfrist und die
- fiskalische Verknüpfung.[339]

Das Vorliegen einer Entreicherung bei der bisherigen Gesellschaft bedeutet, daß auch tatsächliche Entnahmetatbestände vorliegen müssen. Die übertragende Gesellschaft erhält also keine Gegenleistung für die entnommenen Vermögenswerte, ihr Vermögen sinkt infolge der Umstrukturierung.

Das Übertragen von in sich geschlossenen Betriebsteilen bedeutet, daß keine einzelnen Vermögenswerte entnommen werden dürfen, sondern daß der Vermögenskomplex einen eigenständigen Betrieb bilden kann. Dieses können sowohl Handels-, Fabrikations- und Dienstleistungsbetriebe als auch Immobilien- und Beteiligungskomplexe sein. Nach Reich ist das Betriebserfordernis auch bei einer Holding- oder Beteiligungsgesellschaft erfüllt, wenn diese Beteiligungen hält, die eine organische Unternehmenseinheit beinhalten.[340]

Mit der Bedingung der unveränderten Weiterführung der übernommenen Geschäftsbetriebe wird die gleichbleibende Funktion der stillen Reserven sichergestellt. Das Unternehmen muß seine wirtschaftliche Eigenart im wesentlichen auch nach der Spaltung bewahren.

Mit der Bedingung der echten Unternehmensspaltung ist gemeint, daß auch der zurückbleibende Unternehmensteil noch einen Betrieb darstellt. So soll verhindert werden, daß Betrieb und Kapitalanlagen steuerneutral voneinander getrennt werden können.

Mit der Bedingung der Fortführung des wirtschaftlichen Engagements soll erreicht werden, daß die wirtschaftliche Unternehmensträgerschaft bei Personengesellschaften aufrechterhalten bleibt. Das bedeutet die subjektive Verknüpfung der stillen Reserven, also die Anbindung an die Gesellschafter. Bei börsenkotierten Publikumsgesellschaften ist dieses Kriterium nicht zwingend zu erfüllen.

---

[339] Vgl. Reich, Umstrukturierungen Teil 1, S. 314 - 325.
[340] Vgl. Reich, Umstrukturierungen Teil 1, S. 316.

Die Sperrfrist, während der die eben behandelten Bedingungen einzuhalten sind, beträgt fünf Jahre.
Die fiskalische Verknüpfung wurde bereits behandelt, sie beinhaltet das Weiterbestehen der Steuerpflicht in der Schweiz.

Bei übernehmenden Gesellschaften wird der abgespaltene Betrieb als Sacheinlage eingelegt. Die Kapitaleinlagen, die das Grundkapital der Gesellschaft übersteigen, werden in die offenen und stillen Reserven der Gesellschaft eingelegt und unterliegen nicht der Gewinnsteuer.[341]

Bei den an den Gesellschaften Beteiligten führt die Spaltung zu einem Beteiligungstausch. Aufgrund der wirtschaftlichen Identität der Anteile erfolgt keine Besteuerung.

Bezüglich der Grundsteuern wird für die Steuerneutralität verlangt, daß die Liegenschaft, die den Besitzer wechselt, gemeinsam mit der entsprechenden betrieblichen Einheit übertragen wird. Die Betriebe müssen im wesentlichen unverändert weitergeführt werden, eine Abgeltung der Mehrwerte an den übertragenen Liegenschaften darf nur in Form von Beteiligungsrechten erfolgen und es ist einer Veräußerungssperrfrist von fünf Jahren einzuhalten.[342]
Auch Verrechnungssteuer sollte nicht anfallen, wenn die offenen und stillen Reserven im Zuge der Spaltung auf die übernehmende Gesellschaft übertragen werden. Diese Steuer fällt allerdings dann an, wenn ein Teil der Reserven zur Liberierung des Kapitals der übernehmenden Gesellschaft verwendet wird.[343]

Für die Gewährung der Steuerbefreiung bei der Emissionsabgabe ist notwendig, daß die Anteile der im Zusammenhang mit der Spaltung gegründeten Gesellschaft während einer Sperrfrist von fünf Jahren nicht an Dritte veräußert werden. Auch darf der Kreis der Anteilseigner nicht durch den Hinzutritt neuer Beteiligter wesentlich erweitert werden.[344]

---

[341] Vgl. Reich, Umstrukturierungen Teil 1, S. 325.
[342] Vgl. Reich, Umstrukturierungen Teil 1, S. 330.
[343] Vgl. Reich, Umstrukturierungen Teil 1, S. 332.
[344] Vgl. hierzu genauer Reich, Umstrukturierungen Teil 1, S. 333 - 335.

9. Besteuerung der Beendigung und Auflösung einer Holding in der Schweiz

Abschließend erfolgt noch die Darstellung der steuerlichen Folgen der Beendigung und Auflösung einer Holding. Diese kann in der Schweiz durch Verkauf, Wegzug, Liquidation oder Spaltung durchgeführt werden.

9.1. Verkauf der Holding

Bei Verkauf einer Holding gilt ein erzielter Veräußerungsgewinn als Kapitalgewinn und wird somit teilweise besteuert.
Hier muß unterschieden werden, ob sich die Anteile an der Holding im Privat- oder Geschäftsvermögen befunden haben.
Kapitalgewinne aus Anteilen im Privatvermögen werden nicht von der direkten Bundessteuer erfaßt und sind auch auf kantonaler Ebene meistens nicht steuerbar.[345]
Bei Anteilen im Geschäftsvermögen ist die Situation anders. Realisierte Kapitalgewinne aus entgeltlicher Veräußerung einer Beteiligung unterliegen der Ertragssteuer.[346] Diese wird sowohl auf Bundes- als auch auf Kantonsebene erhoben.[347] Besteuert wird die Differenz zwischen dem Erlös und dem Ertragssteuerwert, der dem Buchwert zuzüglich nicht anerkannter Abschreibungen entspricht.
Falls die verkaufende Gesellschaft ebenfalls eine Schweizer Holding ist und ein kantonales Holdingprivileg beanspruchen kann, so bleibt dieser Gewinn auf kantonaler Ebene steuerfrei und wird nur auf Bundesebene besteuert.
Wenn die Holdinggesellschaft einem ausländischen Anteilseigner gehört, ist die Behandlung des Veräußerungsgewinnes von der Regelung in dem jeweiligen DBA abhängig. So wird die Veräußerung von Vermögen, das die Holding für den jeweiligen Anteilseigner darstellt, z.B. im DBA Deutschland - Schweiz in Art. 13 geregelt. Das Recht auf Besteuerung steht damit dem Vertragsstaat zu, in dem der Veräußerer ansässig ist.[348]

---

[345] Vgl. Cagianut / Höhn, Unternehmungssteuerrecht, S. 623 - 626; Höhn, Schweizer Steuerrecht, S. 305.
[346] Vgl. Cagianut / Höhn, Unternehmungssteuerrecht, S. 627
[347] Vgl. Art. 58 Abs. 1c DBG; Art. 24 Abs. 1b StHG.
[348] Vgl. Art. 13 Abs. 3 DBA-CH.

9.2. Wegzug der Holding ins Ausland

Ein Wegzug der Holding bedeutet ein Verlassen des steuerlichen Hoheitsbereichs. Die bis dahin zuständigen Steuerbehörden können danach die stillen Reserven steuerlich nicht mehr erfassen.
Sachlich besteht eigentlich kein Grund zur Besteuerung, da kein Entgelt fließt. Die Besteuerung der stillen Reserven ist fiskalisch aufgrund des Verlassens des steuerlichen Hoheitsbereichs bedingt.
Die Verlagerung des Sitzes ins Ausland ist der Liquidation gleichgestellt.[349]
Nach Art. 80 Abs. 2 DBG sind bei Verlegung des Sitzes einer juristischen Person die stillen Reserven zusammen mit dem Reingewinn des letzten Geschäftsjahres zu versteuern. Nach Art. 79 Abs. 3 DBG ist außerdem ein Geschäftsabschluß erforderlich.
Die Wegzugsbesteuerung bedarf auch auf kantonaler Ebene einer gesetzlichen Grundlage. Die meisten Kantone sehen diese Besteuerung in ihren Gesetzen ausdrücklich vor.
Über das Ausmaß dessen, was beim Wegzug zu versteuern ist, gibt es keine einheitliche Regelung. Es können entweder nur die früher zugelassenen Abschreibungen und Rückstellungen oder auch der Wertzuwachs besteuert werden.[350]

9.3. Liquidation der Holding

Bei Liquidation wird der Liquidationsüberschuß besteuert.
Ebenso wie beim Wegzug der Holding ist bei Liquidation nach Art. 79 Abs. 3 DBG ein Geschäftsabschluß zu erstellen, die stillen Reserven sind nach Art. 80 Abs. 2 DBG mit dem Reingewinn zu versteuern. Der Reingewinn bemißt sich nach Art. 80 Abs. 1 DBG nach dem Ergebnis der Steuerperiode.
Die Steuerpflicht auf Kapital und Ertrag dauert bis ans Ende des Prozesses der Liquidation an, ist also nicht mit dem Beginn beendet.[351]
Wird der Liquidationsgewinn ausgeschüttet, so bedeutet das für den Empfänger einen steuerbaren Tatbestand. Hier muß nun unterschieden werden, ob sich die Anteile im Geschäfts- oder Privatvermögen befinden.

---

[349] Vgl. Art. 58 Abs. 1c DBG.
[350] Vgl. Cagianut / Höhn, Unternehmungssteuerrecht, S. 567
[351] Vgl. Art. 54 Abs. 2 DBG; s. auch Cagianut / Höhn, Unternehmungssteuerrecht, S. 819.

Befinden sich die Anteile an der Holding im Geschäftsvermögen, so wird der Unterschiedsbetrag zwischen Liquidationsüberschuß und dem Gewinnsteuerwert der Anteilsrechte dem steuerbaren Reingewinn zugerechnet.[352] Falls die Holding bei ihren Anteilseignern eine maßgebliche Beteiligung darstellt, kann der Beteiligungsabzug bzw. ein Holdingprivileg beansprucht werden.
Befinden sich die Anteile im Privatvermögen, so wird die Differenz zwischen Liquidationsüberschuß und Nennwert der Beteiligung als Vermögensertrag qualifiziert und der Einkommenssteuer unterworfen. Dieses geschieht sowohl auf Bundesebene als auch bei den meisten Kantonen.[353]
Auf den ausgeschütteten Verkaufsgewinn oder Liquidationsüberschuß wird auch die Verrechnungssteuer erhoben. Bei Liquidation ist der Unterschied zwischen Überschuß und Nennwert maßgebend.[354]

9.4. Steuerneutrale Auflösung der Holding

In der Schweiz ist die Auflösung der Holding auch steuerneutral durch eine Abspaltung möglich. Wenn sämtliche oder zumindest der Großteil der Beteiligungen abgespalten sind, dann ist die Holding beendet.[355]
Diese Form der Beendigung ist in der Schweiz insofern besonders wirkungsvoll, da die kantonalen Holdingprivilegien bekanntlich einen bestimmten Prozentanteil der Beteiligungen an den Aktiven oder dem Gesamtertrag vorsehen. Wenn nun dieser vorgegebene Prozentanteil nicht mehr gegeben ist, so wird das kantonale Holdingprivileg aberkannt. Die Holding ist dann keine reine Holding mehr. Wenn sämtliche Beteiligungen abgespalten werden, dann ist auch die Möglichkeit einer gemischten Holding nicht mehr gegeben.
Es muß hierbei allerdings die Bedingung, daß eine echte Unternehmensspaltung vorliegt, also ein selbständig lebensfähiger Betrieb zurückbleibt, erfüllt sein, damit dieses steuerneutral vollzogen werden kann.[356]

---

352 Falls der Anteilseigner der Holding ein kantonales Holdingprivileg oder den Beteiligungsabzug beanspruchen kann, so darf er den Liquidationsgewinn steuerfrei vereinnahmen. Vgl. Cagianut / Höhn, Unternehmungssteuerrecht, S. 823, 401 - 402.

353 Vgl. Cagianut / Höhn, Unternehmungssteuerrecht, S. 823 - 824. Während Kapitalgewinne auf veräußerte Anteile im Privatvermögen auf Bundesebene und in den meisten Kantonen steuerfrei sind, erfolgt bei Liquidationsgewinnen im Privatvermögen die Besteuerung. Vgl. hierzu Art. 16 Abs. 3 DBG; Art. 7 Abs. 4 lit. b StHG; s. auch Cagianut / Höhn, Unternehmungssteuerrecht, S. 129, Fußnote 39.

354 Vgl. Cagianut / Höhn, Unternehmungssteuerrecht, S. 819.

355 Die Bedingungen zur steuerneutralen Abspaltung s. unter Kapitel III.8.5 dieser Arbeit.

356 Vgl hierzu Kapitel III.8.5.

IV. Der Holdingstandort Schweiz im Vergleich zur Bundesrepublik Deutschland

In diesem Kapitel erfolgt ein Vergleich der steuerlichen Situation einer Schweizer und einer deutschen Holdinggesellschaft. Die Darstellung der steuerlichen Situation in Deutschland ist integriert. Es sollen Unterschiede und Gemeinsamkeiten der steuerlichen Behandlung in beiden Ländern aufgezeigt und analysiert werden.

1. Die Ertragsbesteuerung einer Holdinggesellschaft

1.1. Die Ertragsbesteuerung auf Ebene der Holdinggesellschaft

Grundsätzlich ist für jedes Unternehmen wichtig, mit welchem Steuersatz welche Bestandteile des Ertrages erfaßt werden. Betrachtet werden muß allerdings nicht nur der Steuersatz, sondern auch die möglichen Freistellungen von der Besteuerung.
Die Besteuerungssituation ist abhängig von der Art des Unternehmens; je nachdem, ob es sich um eine Produktions-, Dienstleistungs- oder Handelsgesellschaft handelt, sind die Prioritäten bei der Standortwahl anders zu setzen.

Bei der in dieser Arbeit betrachteten Holdinggesellschaft ist die Besteuerung der Erträge aus Beteiligungen insofern besonders interessant, da diese in der Regel den Hauptanteil am Gesamtertrag ausmachen.
Deshalb ist es wichtig, inwieweit diese Beteiligungserträge steuerfrei oder steuerreduziert vereinnahmt werden können.
Bei der reinen Holdinggesellschaft steht diese Frage im Vordergrund, da die Beteiligungserträge in der Erfolgsrechnung dominieren. Allerdings räumen viele Sitzstaaten Holding- oder Schachtelprivilegien ein, die eine Steuerbefreiung bedeuten, so daß für die reine Holding auch andere Fragen, wie z.B. die Besteuerung von Veräußerungsgewinnen, die steuerliche Behandlung von Umstrukturierungsmaßnahmen oder das DBA-Netz entscheidend werden können.[357]

[357] Vgl. Jacobs, Unternehmensbesteuerung, S. 628.

Für die gemischte Holding, bei der die Beteiligungserträge einen geringen Anteil am Gesamtertrag ausmachen, ist die Besteuerung des Ertrages wichtiger, da die übrigen Erträge i.a. der vollen Besteuerung unterliegen. Hier sind natürlich die Länder interessant, die über ein niedriges Steuerniveau verfügen.
Die steuerliche Attraktivität eines Landes kann entstehen durch niedrige Tarife für Quellen- und Thesaurierungssteuern, Ausklammern bestimmter Einkünfte aus der Bemessungsgrundlage bzw. die Einkunftsermittlung nach großzügigeren Maßstäben (Bewertungsvorschriften, Abschreibungen, Verlustausgleich) oder die besondere steuerliche Behandlung bestimmter Tätigkeiten.[358]

Bei Behandlung der Ertragsbesteuerung der Holdinggesellschaft selbst ist das Körperschaftsteuersystem des jeweiligen Landes zu beachten.
Das System der Schweiz ist das sogenannte klassische System,[359] bei dem der Gewinn einer Körperschaft zunächst bei dieser erfaßt wird. Hiervon betroffen sind sowohl der ausgeschüttete wie auch der thesaurierte Gewinn. Bei Ausschüttung an den Anteilseigner erfolgt auch bei diesem eine Besteuerung. Begründet wird diese Doppelbelastung damit, daß es sich bei Körperschaft und Anteilseigner um verschiedene Rechtssubjekte handelt. Es ist festzuhalten, daß die Besteuerung einer Ausschüttung auf jeder Stufe erfolgt und insofern eine Doppel- oder sogar Mehrfachbelastung entstehen kann, wenn diese über mehrere Stufen weitergereicht wird.
Das Körperschaftsteuersystem in Deutschland ist anders. Zwar erfolgt auch dort die Besteuerung auf jeder Stufe, jedoch darf der jeweilige Begünstigte der Ausschüttung die auf den vorherigen Stufen entrichteten Steuerzahlungen anrechnen. Ergebnis des Anrechnungsverfahrens ist, daß der ausgeschüttete Gewinn letztendlich nur noch beim Anteilseigner mit dessen Einkommens- oder Körperschaftsteuer belastet wird (je nachdem, ob es sich um eine natürliche oder juristische Person handelt).
Somit wird in Deutschland eine steuerliche Doppelbelastung vermieden.

Vor dem Hintergrund dieser unterschiedlichen Steuersysteme ist nun die jeweilige Holdingbesteuerung der beiden Länder zu sehen. Die möglichen Steuerbefreiungen von Schweizer Holdings müssen im Zusammenhang mit dem klassischen System der Doppelbesteuerung betrachtet werden.

[358] Vgl. Endres, Direktinvestitionen, S. 188.
[359] Vgl. auch Tipke / Lang, Steuerrecht, S. 415.

In Deutschland ist die Holding in der Rechtsform einer Kapitalgesellschaft unbeschränkt steuerpflichtig.[360] Diese Steuerpflicht erstreckt sich auf sämtliche Einkünfte.[361]
Die eigentliche Aufgabe einer Holding ist bekanntlich das Halten von Beteiligungen. Insofern entsteht der Ertrag der Muttergesellschaft hauptsächlich aus Beteiligungseinkünften. Diese Tätigkeit ist eigentlich nach § 14 Abs. 3 AO Vermögensverwaltung, allerdings werden die Einkünfte nach § 8 Abs. 2 KStG zu Einkünften aus Gewerbebetrieb. Dieses ist immer dann der Fall, wenn Buchführungspflicht vorliegt, die sich bei der Holding aus den §§ 3 AktG, 13 GmbHG, 6 HGB herleitet.[362]

Der Ansatzpunkt bei der Besteuerung des Ertrages der Mutter ist in den beiden Ländern verschieden.
Während in Deutschland die Mutter grundsätzlich wie jede andere Kapitalgesellschaft besteuert wird, gibt es in der Schweiz für die reine Holding absolute Sonderregelungen, die von der sonstigen Praxis eindeutig abweichen. Eine gemischte Holding weist bezüglich der Besteuerung allerdings Gemeinsamkeiten mit anderen Schweizer Kapitalgesellschaften auf. Die in der Schweiz übliche Holdingprivilegierung, die auch andere Erträge als Beteiligungserträge von der Besteuerung freistellt, ist in Deutschland unbekannt.
An dieser Stelle sind die oben erläuterten unterschiedlichen Körperschaftsteuersysteme zu berücksichtigen. Durch die Holdingprivilegien versucht man in der Schweiz, die Mehrfachbesteuerung zu reduzieren. Würden Beteiligungserträge nicht auf Ebene einer Holdinggesellschaft freigestellt werden, dann wäre die Errichtung einer solchen Gesellschaft in der Schweiz unattraktiv. In diesem Zusammenhang sind die kantonalen Holdingprivilegien bzw. der Beteiligungsabzug auf Bundes- und Kantonsebene eher als Reaktion auf das klassische Körperschaftsteuersystem zu sehen und als solche gerechtfertigt. Der Begriff „Privileg“ trifft nur bedingt zu.
Die kantonalen Holdingprivilegien haben solange ihre Berechtigung, wie sie eine steuerliche Mehrfachbelastung von ausgeschütteten Dividenden verhindern.
Allerdings ist die Ausgestaltung der Privilegien auf Kantonsebene derart, daß nicht nur die Beteiligungserträge von der Steuer freigestellt werden, sondern auch alle übrigen von der Holdinggesellschaft erzielten Erträge. Es ist zu berücksichtigen, daß der Aktiven- bzw. Ertragstest heute

[360] Vgl. § 1 Abs. 1 KStG.
[361] Vgl. § 1 Abs. 2 KStG.
[362] Vgl. hierzu Schaumburg / Jesse, Nationale Holding, S. 576.

zwischen 50 % und 80 % liegt und in Zukunft nach der Umsetzung des Steuerharmonisierungsgesetzes bei mindestens zwei Drittel der gesamten Aktiven oder Erträge liegen wird.
Das bedeutet, daß bei einer reinen Holding zukünftig maximal ein Drittel der Erträge aus anderen Quellen stammen kann und steuerfrei bleibt.
Dieses rief einige Kritik hervor. Denn die Privilegierung ist bei den Gesellschaften, deren Erträge ausschließlich aus Beteiligungserträgen bestehen, sachlich gerechtfertigt, da sie dort der Vermeidung einer Mehrfachbelastung dient. Aber das ist bei den übrigen Erträgen, wie z.B. Zins- und Lizenzerträgen nicht der Fall. Diese wurden als Gewinn nie steuerlich erfaßt, sondern im Gegenteil bei einer Tochtergesellschaft oder einem Dritten als Aufwand berücksichtigt.[363]

Bemerkenswert ist jedoch, daß in Zukunft aufgrund des StHG Erträge aus Grundeigentum oder Erträge im Zusammenhang mit der Entlastung von ausländischer Quellensteuer, falls hierfür laut Staatsvertrag eine Besteuerung in der Schweiz nötig ist, voll steuerbar sein werden.[364]

Der Beteiligungsabzuges auf Bundes- und Kantonsebene schließt kleinere Beteiligungen unter 20 % bzw. 2 Mio. SFr. vom Abzug aus. Die Doppelbesteuerung macht eine Ausschüttung an die Muttergesellschaft unattraktiv. Die Besteuerung der Erträge aus nicht maßgeblichen Beteiligungen wird besonders als Unvollkommenheit angesehen und es wurde die Abschaffung dieser Regelung gefordert.[365] Denn auch bei kleinen Beteiligungen ist eine wirtschaftliche Doppel- oder Mehrfachbelastung gegeben und der Ausschluß von der Steuerbefreiung wird als sachlich nicht gerechtfertigt und nicht nachvollziehbar angesehen.

Wie soeben aufgezeigt wurde, ist das System der Ertragsbesteuerung in Deutschland und der Schweiz grundlegend verschieden. Dieses gilt ganz besonders für Holdinggesellschaften.
Die Tatsache, daß die Schweiz das klassische System der steuerlichen Mehrfachbelastung auf allen Stufen anwendet, während in Deutschland das System der Körperschaftsteueranrechnung üblich ist, bestimmt zwei sehr verschiedene Grundstrukturen.
Wenn man die reine Schweizer Holding betrachtet, so ist sie sicherlich sehr attraktiv, da sie sämtliche Erträge steuerfrei vereinnahmen kann.

---

[363] Vgl. hierzu z.B. Zuppinger / Böckli / Locher / Reich, Steuerharmonisierung, S. 259.
[364] Vgl. Art. 28 Abs. 2 und 5 StHG.
[365] Vgl. Böckli, StR 1983, S. 397; Zuppinger / Böckli / Locher / Reich, Steuerharmonisierung, S. 256 - 258.

Auch die gemischte Holdinggesellschaft unterliegt aufgrund des Beteiligungsabzuges nur einer geringen Gesamtsteuerbelastung.[366]
Es muß allerdings auch die Besteuerung auf den ihr untergeordneten Hierarchieebenen, nämlich bei ihren Tochtergesellschaften beachtet werden. Es ist wichtig, welcher Besteuerung diese Gesellschaften unterliegen.

1.2. Die Besteuerung der Beteiligungserträge inländischer Tochtergesellschaften

Grundlegend für die unterschiedliche Methode der Holdingbesteuerung ist die steuerliche Behandlung der ausgeschütteten Dividenden von Tochtergesellschaften. In Deutschland sind inländische Tochtergesellschaften in der Rechtsform einer Kapitalgesellschaft nach § 1 KStG unbeschränkt steuerpflichtig. Auf die ausgeschüttete Gesamtdividende sind 30 % Körperschaftsteuer zu entrichten.[367] Ferner wird auf die verbleibenden 70 %, die sogenannte Bardividende, noch 25 % Kapitalertragsteuer erhoben.[368]
Die Holding, also die Muttergesellschaft, kann diese Beträge auf ihre eigene Steuerzahlung anrechnen. Insofern wird eine Doppelbesteuerung vermieden.[369]

In der Schweiz ist das Verfahren anders, da dort noch das klassische Doppelbelastungssystem besteht. Die Besteuerung auf Ebene der Tochter ist dort endgültig.
Eine Steuerrückerstattung erfolgt in der Schweiz lediglich bezüglich der Verrechnungssteuer. Diese kann - je nach Situation - zurückerstattet oder auf eine bestehende Steuerschuld angerechnet werden.
Die Besteuerung bzw. eine mögliche Steuerbefreiung bei der Muttergesellschaft wird getrennt von der bereits erfolgten bei der Tochtergesellschaft vorgenommen.
Bei inländischen Tochtergesellschaften einer Schweizer Holding ist eine Ermittlung der Steuerlast sehr schwierig, da diese in der Schweiz stark vom Standort innerhalb des Landes abhängt. Als möglicher Anhaltspunkt dient die Tabelle Nr. 3 „Besteuerung der gemischten Holdinggesell-

[366] Zu den Steuersätzen in der Schweiz vgl. Tabelle 3 im Anhang.
[367] Vgl. § 27 Abs. 1 KStG.
[368] Vgl. § 43 Abs. 1 EStG und § 43 a Abs. 1 EStG.
[369] Vgl. hierzu Knobbe-Keuk, Unternehmenssteuerrecht, S. 604 - 606. Gewinne, die die Tochter-Kapitalgesellschaft nicht ausschüttet, sind von ihr in das EK 45 einzustellen. Die Tochtergesellschaft ist gewerbesteuerpflichtig nach § 2 Abs. 1 und 2 GewStG.

schaften in den verschiedenen Kantonen“ im Anhang, in der auch die möglichen Steuerspannen für Aktiengesellschaften in den jeweiligen Kantonshauptorten angegeben sind.[370]
Als Tendenz ist allerdings festzustellen, daß bei den derzeitigen Körperschaftsteuersätzen von 30 bzw. 45 % in Deutschland die Steuersätze in der Schweiz überwiegend als niedriger einzuschätzen und insofern die Schweizer Tochtergesellschaften einer geringen Belastung unterliegen. (Dieses gilt besonders, wenn man bedenkt, daß die im Anhang aufgeführte Steuerbelastung sowohl die Reingewinn- als auch die Kapitalbelastung beinhaltet.)
Vom deutschen Bundesministerium der Finanzen wird die Besteuerung der juristischen Personen in der Schweiz als überwiegend niedrigbesteuert angesehen, was bedeutet, daß der Steuersatz unter 30 % liegt.[371]

1.3. Die Besteuerung der Beteiligungserträge ausländischer Tochtergesellschaften

Bei den ausländischen Beteiligungserträgen ist die Steuersituation für einen inländischen Anteilseigner anders. Im internationalem Zusammenhang funktioniert das Anrechnungsverfahren nicht und es ergibt sich hier auch für einen deutschen Anteilseigner das Problem einer steuerlichen Doppel- oder Mehrfachbelastung. Die Anrechnung ausländischer Körperschaftsteuer auf die deutsche Einkommensteuer ist nicht möglich. Deutsche Entlastungsmaßnahmen zur Berücksichtigung ausländischer Steuerbelastungen der Tochtergesellschaften werden nur auf Ebene der Körperschaften vorgenommen.
Zur Vermeidung der Doppelbesteuerung gibt es verschiedene Möglichkeiten, die sowohl unilateral als auch bilateral sein können. [372]
Auch sind die Regelungen innerhalb des europäischen Binnenmarktes zu beachten, die mit Ländern außerhalb der EU nicht bestehen.
Die verschiedenen Entlastungsmöglichkeiten werden im folgenden getrennt voneinander behandelt.

---

[370] Natürlich müßte auch die Steuerbemessungsgrundlage betrachtet werden, nur würde das an dieser Stelle zu weit führen.
[371] Vgl. BdF-Schreiben vom 11.7.74 - IV C 1 - S 1340 - 32/74 = BStBl I, S. 442. Dieses Schreiben entstand im Zusammenhang mit der Einführung des Außensteuergesetzes.
[372] Zum Zusammenspiel von bilateralen und unilateralen Regelungen zur Vermeidung der Doppelbesteuerung s. Baumgärtel / Perlet, Schachtelprivileg, S. 858.

1.3.1. Befreiung durch internationales Schachtelprivileg nach DBA

Die Befreiung durch ein internationales Schachtelprivileg, das in einem Doppelbesteuerungsabkommen festgelegt wurde, ist für deutsche Holdinggesellschaften sehr häufig möglich. Betroffen sind hiervon in den DBA Beteiligungen von mehr als 25 % am Kapital. Unilateral wird die Beteiligungshöhe durch § 8b Abs. 5 KStG auf 10 % gesenkt.[373]
Das Schachtelprivileg verfährt nach der Freistellungsmethode. Die von ausländischen Tochtergesellschaften ausgeschütteten Dividenden werden also in Deutschland nicht besteuert. So wird die Doppelbesteuerung vermieden und die Kapitalimportneutralität bewahrt.
Allerdings lasten auf diesen Ausschüttungen weiterhin ausländische Quellensteuern. Diese werden zwar i.d.R. durch Vereinbarungen im DBA reduziert, eine restliche Sockelsteuer lastet jedoch weiterhin auf den Dividenden. Diese ist in Deutschland nicht anrechenbar und insofern endgültig.
Für die Steuerbefreiung ist keine Mindesbesitzzeit erforderlich.[374]

Im Zusammenhang mit Schachteldividenden ausländischer Tochtergesellschaften ist die Mutter-Tochter-Richtlinie der Europäischen Union wichtig, die für alle Mitgliedsländer gilt.
Die Mutter-Tochter-Richtlinie beinhaltet, daß der Sitzstaat der Tochter das Recht auf die Besteuerung des Gewinnes hat. Darüber hinaus bestehen jedoch keine weiteren Rechte, d.h. es darf keine Quellensteuer einbehalten werden.[375]
Der Ansässigkeitsstaat der Muttergesellschaft hat die Doppelbesteuerung der ausgeschütteten Dividende durch Freistellung oder indirekte Anrechnung zu vermeiden. Bei Freistellung der Dividenden erfolgt keine weitere Besteuerung durch den Staat der Muttergesellschaft, bei Anrechnung wird die ausländische Steuer auf die durch die Mutter zu entrichtende Steuer angerechnet.
Für die Sonderbehandlung ist eine Beteiligung von 25 % erforderlich, außerdem sollte das Beteiligungsverhältnis während zwei Jahren bestanden haben.[376]
Die Umsetzung der Mutter-Tochter-Richtlinie bzgl. der Kapitalertragsteuer ist in § 44d EStG erfolgt.[377] So wurde in Deutschland bis zum 30.6.1996 noch eine KESt von 5 % erhoben, danach entfiel diese ganz.[378]

---

[373] Vgl. auch Jacobs, Unternehmensbesteuerung, S. 392.
[374] Vgl. Jacobs, Unternehmensbesteuerung, S. 394 - 395.
[375] Vgl. Jacobs, Unternehmensbesteuerung, S. 96.
[376] Vgl. Jacobs, Unternehmensbesteuerung, S. 96 - 97
[377] Kritisch zur Umsetzung ist Gonnella, DB 1993, S. 1693 - 1694

Die Mutter mußte nach deutschem Recht die Beteiligung mindestens 12 Monate in ihrem Besitz gehabt haben,[379] der Zeitraum wurde also im Vergleich zur Mutter-Tochter-Richtlinie verringert.
Ferner wird der Besitzanteil an der Tochtergesellschaft auf 10 % gesenkt, wenn der Sitzstaat der Mutter dieses im entgegengesetzten Fall ebenfalls gewährt.[380]
Bei Beteiligungen unter 25 bzw. 10 % wirkt die Mutter-Tochter-Richtlinie nicht. Außerdem gilt die Steuervermeidung nur, solange die Gewinne im Konzern bleiben, bei Ausschüttung an die Anteilseigner erfolgt die Besteuerung. Wirksam ist die Mutter-Tochter-Richtlinie nur für Kapitalgesellschaften.[381]
Die Mutter-Tochter-Richtlinie ist für die Unternehmen im EU-Raum ein großer Vorteil. Zwar wird die Quellensteuer in den meisten DBA gesenkt, allerdings verbleibt immer ein gewisser Sockelbetrag.
Dieses ist für die Schweiz als Nicht-EU-Mitglied nachteilig, da sie hieran keinen Anteil hat. Allerdings versucht sie durch Verhandlungen mit den EU-Mitgliedern dieses auch im Konzernverhältnis auf DBA-Basis auszuhandeln.[382]

Bei den steuerbefreiten Schachteldividenden nach DBA stellt sich das Problem von Finanzierungskosten, die in Zusammenhang mit der erworbenen Beteiligung stehen. Nach § 3c EStG besteht für Ausgaben, die mit steuerbefreiten Einnahmen in unmittelbarem wirtschaftlichen Zusammenhang stehen, ein Abzugsverbot. So soll das Entstehen eines doppelten steuerlichen Vorteils verhindert werden.
Wurde nun z.B. der Erwerb einer Beteiligung fremdfinanziert, so sind hierauf Schuldzinsen zu zahlen, die eigentlich steuerlich abzugsfähig sind. Die ausländischen Dividenden sind nach DBA von der deutschen Besteuerung freigestellt. Zu diesem Problem gibt es neuere Entscheidungen des BFH, deren Aussagen folgende sind:

1. Sind Dividenden von der deutschen Steuer freigestellt, so sind Schuldzinsen, die aufgrund der Finanzierung der Anschaffungskosten anfallen, steuerlich gemäß § 3c EStG nicht abzugsfähig.[383]
2. Werden jedoch keine Dividenden gezahlt, so ergibt sich kein Betriebsausgabenabzugsverbot.[384]

---

[378] Vgl. § 44d Abs. 1 Satz 1 und 2 EStG. Grund für diese Sonderregelung war der gespaltene Körperschaftsteuersatz.
[379] Vgl. § 44d Abs. 2 EStG.
[380] Vgl. § 44d Abs. 3 EStG.
[381] Vgl. Jacobs, Unternehmensbesteuerung, S. 99. Zur Umsetzung der Mutter-Tochter-Richtlinie s.u.a.. Altheim, IStR 1993, S. 353 - 359; Herzig, DB 1993, S. 4 - 6.
[382] Vgl. Höhn / Waldburger, Internationales Steuerrecht, S. 337
[383] Vgl. BFH vom 29.5.1996, I R 15/94, BStBl II 1997, S. 57 - 60.

3. Fließen steuerfreie Dividenden, so besteht das Abzugsverbot nur bis zu ihrer Höhe, soweit ein unmittelbarer wirtschaftlicher Zusammenhang zwischen Schachteldividende und Betriebsausgaben besteht.[385]

Die Problematik der Abzugsfähigkeit der Finanzierungskosten bei steuerbefreiten ausländischen Beteiligungserträgen war nach der Einführung des § 8b KStG ein heftig diskutiertes Thema.[386] Fraglich war die Vereinbarung der Abzugsfähigkeit von Schuldzinsen und Teilwertabschreibung mit der Steuerfreistellung von Dividenden und Veräußerungsgewinnen nach Schaffung des erweiterten Schachtelprivilegs des § 8b KStG. Unterschiedliche Stellungnahmen von BFH und Finanzverwaltung trugen zur Verunsicherung bei.

1.3.2. Befreiung nach Anrechnungsverfahren gemäß DBA

Bei Beteiligungen, die unter 10 % liegen, spricht man von Streubesitz. Bei diesen wird i.d.R. im DBA durch Deutschland das Anrechnungsverfahren vereinbart.

Wenn die Beteiligung kleiner als 10 % ist, so sind die Auswirkungen im DBA-Fall kaum anders als im Nicht-DBA-Fall, d.h. die Dividendeneinkünfte gehören in Deutschland zum steuerpflichtigen Ertrag. Lediglich die KESt wird i.a. auf 15 % durch das DBA reduziert.[387] Die ausländische Steuer kann auf die inländische Einkommen- bzw. Körperschaftsteuer der Gesellschafter angerechnet werden.[388]

1.3.3. Unilaterale Maßnahmen nach § 26 KStG

In § 26 KStG sind unilaterale Maßnahmen zur Verhinderung der Doppelbesteuerung von im Ausland erzielten Erträgen einer Kapitalgesellschaft festgelegt. Diese nationale, einseitige Regelung tritt zurück, wenn bilaterale oder multilaterale Abkommen, wie z.B. DBA eingreifen; § 26 KStG ist also subsidiär.[389]

§ 26 KStG unterteilt sich in 7 Absätze mit unterschiedlicher Zielsetzung.[390]

---

[384] Vgl. BFH vom 29.5.1996, I R 167/94, BStBl II 1997, S. 60 - 63.

[385] Vgl. BFH vom 29.6.1996, I R 21/95, BStBl II 1997, S. 63 - 68.

[386] Vgl. Eilers / Nowack, IStR 1994, S. 218 - 222; Förster, DB 1994, S. 385 - 392; Förster, DStR 1994, S. 643 - 645; Kessler, IStR 1994, S. 299 - 304; Krebühl, DB 1994, S. 496 - 502 und Ritter, BB 1994, S. 509 - 516.

[387] Vgl. Jacobs, Unternehmensbesteuerung, S. 392 - 393.

[388] Vgl. § 34 c Abs. 6 EStG; § 26 Abs. 6 KStG.

[389] Vgl. Streck, KStG, § 26 Anm. 1.

[390] Genaueres hierzu s. u.a. bei Jacobs, Unternehmensbesteuerung, S. 367 - 378; Streck, KStG, § 26 Anm. 1 - 89.

§ 26 Abs. 1 und 6 KStG beinhalten die direkte Steueranrechnung. Hier wird die erhobene ausländische Quellensteuer auf die deutsche Einkommen- bzw. Körperschaftsteuer angerechnet.

§ 26 Abs. 2 - 5 KStG regeln die indirekte Steueranrechnung, hier soll für die Mutter die Möglichkeit geschaffen werden, von ausländischen Töchtern an die anderen Staaten entrichtete Gewinnsteuer auf ihre eigene Gewinnsteuer anrechnen zu können.

Für die indirekte Anrechnung ist erforderlich, daß die Mutter unbeschränkt körperschaftsteuerpflichtig und die Tochter eine Kapitalgesellschaft ist, die Beteiligung an der Tochter mindestens 10 % beträgt, die Bruttoerträge aus aktiver Tätigkeit stammen, die Mutter mindestens 12 Monate an der Tochter beteiligt ist und die Tochter die Ausschüttung im Wirtschaftsjahr des Gewinnverwendungsbeschlusses vornimmt.[391]

§ 26 Abs. 2a KStG bezieht sich auf EU-Gesellschaften. Da zur Zeit Deutschland mit allen EU-Ländern ein Doppelbesteuerungsabkommen abgeschlossen hat, ist dieser Abschnitt momentan eigentlich überflüssig, gedacht ist dieser Paragraph jedoch als Auffangregelung.[392]

§ 26 Abs. 3 KStG bezieht sich auf Töchter in Entwicklungsländern, es wird unilateral ein Quasi-Schachtelprivileg eingeräumt.

§ 26 Abs. 5 KStG erweitert die indirekte Steueranrechnung auch auf Beteiligungen der ausländischen Töchter, also auf Enkelgesellschaften. Dividenden, die die Tochter nur durchleitet, werden so behandelt, als hätte die Mutter sie direkt von der Enkelgesellschaft erhalten. Voraussetzung ist, daß die mittelbare Beteiligung der Mutter mindestens 10 % beträgt und daß die Einkünfte der Enkelgesellschaft aus aktiver Tätigkeit i.S. des § 8 AStG sind.

§ 26 Abs. 6 KStG beinhaltet eine Steuerpauschalisierung, auf Antrag der inländischen Mutter kann die Körperschaftsteuer für Einkünfte aus ausländischen Beteiligungen auf 22,5 % festgesetzt werden. Voraussetzung sind 10 % Beteiligungshöhe, 12 Monate Besitzzeit und aktive Tätigkeit der ausländischen Kapitalgesellschaft.

Wichtig ist, daß sowohl die direkte als auch die indirekte Steueranrechnung auf die Höhe der deutschen Steuer begrenzt sind.[393]

---

[391] Vgl. § 26 Abs. 2 KStG.

[392] Vgl. Streck, KStG, § 26 Anm. 49.

[393] Eine gute Übersicht über Maßnahmen zur Vermeidung der Doppelbesteuerung im Rahmen der unbeschränkten Steuerpflicht der Mutter gibt Jacobs, Unternehmensbesteuerung, S. 407

1.3.4. Sonderproblematik der Weiterleitung steuerbefreiter Erträge an eine Holdinggesellschaft

Im deutschen Steuerhoheitsbereich wird die Freistellung des internationalen Schachtelprivilegs durch § 8b KStG weitergeführt. Ursprünglich erfolgte vor Schaffung dieses Paragraphen bei Weiterausschüttung die Herstellung der Ausschüttungsbelastung nach § 27 KStG. Dem beugt der im Standortsicherungsgesetz geschaffene § 8b KStG vor, der seit dem 1.1.1994 ins KStG eingefügt ist.[394]

§ 8b KStG regelt die Behandlung von Einkünften aus ausländischen Gesellschaften. Wenn eine Kapitalgesellschaft von einer ausländischen Beteiligung Dividende erhält, so bleibt diese zunächst steuerfrei und ist in das EK 01 einzustellen.[395] Bei Weiterausschüttung an eine andere Kapitalgesellschaft wird sie auch dort wieder steuerfrei in das EK 01 eingestellt. § 8b KStG verhindert also die Anpassung der Steuerbelastung der ausländischen Dividende an das deutsche Steuerniveau.

Wenn der Betrag jedoch an eine natürliche Person ausgeschüttet wird, erfolgt die Herstellung der Ausschüttungsbelastung nach § 27 KStG.

Auch Gewinne aus der Veräußerung von Auslandsbeteiligungen sind wie Dividendenerträge zunächst steuerbefreit.[396]

Für Gewinnanteile, die eine ausländische Gesellschaft ausschüttet, wird die nach DBA erforderliche Mindestbeteiligung unilateral auf 10 % herabgesetzt.[397] Wird diese Ausschüttung innerhalb Deutschlands an eine

---

394 Zu den Neuregelungen im Standortsicherungsgesetz durch den § 8b KStG siehe genauer: Cattelaens, Wpg 1993, S. 563 - 564; Förster, DB 1994, S. 385 - 392; Henkel, Holdingstandort, S. 28 - 58; Henkel, DB 1993, S. 893 - 898; Hundt, DB 1993, S. 2048 - 2053 und 2098 - 2102; Krebühl, DB 1994, S. 496 - 502; Müller-Gatermann, FR 1993, S. 383 - 386; Wolff, IStR 1993, S. 401 - 405; Zeitler / Krebs, DB 1993, S. 1051 - 1054.

395 Das Eigenkapital einer Kapitalgesellschaft ist in Deutschland nach § 30 Abs. 1 Satz 3 KStG in drei große Gruppen zu unterteilen:
1. Einkommensteile, die nach dem 31. Dezember 1993 der Körperschaftsteuer ungemildert unterliegen (EK 45 sowie altes EK 50 und EK 56);
2. Einkommensteile, die nach dem 31. Dezember 1993 einer Körperschaftsteuer von 30 % unterliegen (EK 30 und altes EK 36);
3. Vermögensmehrungen, die der Körperschaftsteuer nicht unterliegen oder die das Eigenkapital der Kapitalgesellschaft in vor dem 1. Januar 1977 abgelaufenen Wirtschaftsjahren erhöht haben (EK 0).
§ 30 Abs. 2 KStG unterteilt die 3. Gruppe nach in vier Untergruppen:
1) Eigenkapitalteile, die in nach dem 31. Dezember 1976 abgelaufenen Wirtschaftsjahren aus ausländischen Einkünften entstanden sind, sowie die nach § 8b Abs. 1 und 2 bei der Ermittlung des Einkommens außer Ansatz bleibenden Beträge (EK 01);
2) sonstige Vermögensmehrungen, die der Körperschaftsteuer nicht unterliegen und nicht unter Nr. 3 oder 4 einzuordnen sind (EK 02);
3) verwendbares Eigenkapital, das bis zum Ende des letzten vor dem 1. Januar 1977 abgelaufenen Wirtschaftsjahrs entstanden ist (EK 03);
4) Einlagen des Anteilseigners, die das Eigenkapital in nach dem 31. Dezember 1976 abgelaufenen Wirtschaftsjahren erhöht haben (EK 04).

396 Vgl. § 8b Abs. 2 KStG.

397 Vgl. § 8b Abs. 5 KStG.

andere Kapitalgesellschaft weitergereicht, so ist für die Steuerfreistellung keine Mindestbeteiligung erforderlich.[398]

Eine vorläufige Steuerfreistellung von ausländischen Dividenden bei der Mutter ist in der Schweiz unbekannt, da bekanntlich auf Holdingebene entweder die totale Steuerfreistellung oder der Steuerabzug üblich ist.
Es muß an dieser Stelle allerdings erwähnt werden, daß in dem Fall, daß die Mutter eine gemischte Holding ist, der Beteiligungsabzug erst bei Beteiligungen ab 20 % am Grundkapital wirksam wird, kleinere Beteiligungen also besteuert werden.
Das gleiche gilt für den Beteiligungsabzug auf Bundesebene.

1.3.5. Vergleichende Zusammenfassung der Besteuerung ausländischer Beteiligungserträge

Die entscheidenden Kriterien für die Behandlung von Dividenden ausländischer Beteiligungen einer Schweizer Holding sind die gleichen wie bei inländischen Beteiligungen. Falls es sich um eine maßgebliche Beteiligung handelt oder ein kantonales Holdingprivileg in Anspruch genommen wird, dann erfolgt eine Steuerfreistellung. Ansonsten sind die Beteiligungserträge zu versteuern.
Voraussetzung zur Gewährung des Beteiligungsabzuges ist bekanntlich, daß die Beteiligung mindestens 20 % am Kapital oder 2 Mio. SFr. Verkehrswert ausmacht. Die Gewinnsteuer ermäßigt sich dann im Verhältnis des Nettoertrages aus dieser Beteiligung zu gesamten Reingewinn. Der Nettoertrag ist der Beteiligungsertrag abzüglich Finanzierungskosten und Verwaltungsaufwand.[399]
Ausländische Beteiligungen werden dann in der Schweiz nicht besteuert. Allerdings lastet hierauf i.d.R. eine Sockelsteuer, die auch durch die Pauschale Steueranrechnung nicht zu beseitigen ist.
Mit ausländischen Dividenden in Deutschland, die durch das internationale Schachtelprivileg nach DBA und § 8b KStG freigestellt werden, verhält es sich ähnlich. Auch hierauf lastet eine nicht anrechenbare Sockelsteuer. Diese Dividenden unterliegen ebenfalls nicht der deutschen Besteuerung, solange sie nicht an eine natürliche Person ausgeschüttet werden. Allerdings ist die notwendige Beteiligungshöhe unilateral auf 10 % gesenkt.

[398] Vgl. § 8b Abs. 1 KStG; s. hierzu auch Streck, KStG, § 8b Anm. 3.
[399] Vgl. hierzu die Ausführungen in Kap. III.3.1.1.

Im Grunde wird jedoch anhand dieses Vergleichs deutlich, daß der Schweizer Beteiligungsabzug bzw. die kantonalen Steuerprivilegien die steuerliche Mehrfachbelastung zu verhindern versuchen.
Das DBA-Schachtelprivileg, welches nach der Freistellungsmethode verfährt, hat im internationalen Zusammenhang die gleiche Zielsetzung.

Kleinere Beteiligungen können nach DBA in beiden Ländern i.d.R. eine Anrechnung der ausländischen Steuer verlangen.
Die Schweiz wendet meistens die Pauschale Steueranrechnung an, die im DBA vereinbart sein muß.[400]
In Deutschland wird bei Beteiligungen aus Streubesitz die Anrechnungsmethode angewendet, allerdings liegt hier die Beteiligungsobergrenze bei 10 % statt bei 25 %.

Falls kein DBA existiert, so kann in der Schweiz auf jeden Fall der Beteiligungsabzug bzw. ein kantonales Holdingprivileg in Anspruch genommen werden, allerdings ohne Anrechnung der ausländischen Steuer.
In Deutschland kann dann nur noch der § 26 KStG angewendet werden. Eine vergleichbare Regelung gibt es in der Schweiz nicht.

1.4. Gewerbeertragsteuer einer deutschen Holding

Eine Steuer, die in der Schweiz nicht erhoben wird, ist in Deutschland die Gewerbeertragsteuer. Diese Steuer wird von den Gemeinden erhoben.[401]
Auf den einheitlichen Steuermeßbetrag[402] wenden die Gemeinden einen Hebesatz an,[403] den sie individuell festlegen.
Für die Holdinggesellschaft gilt aber das in § 9 Nr. 2a GewStG festgelegte Schachtelprivileg. Danach sind Gewinne aus Anteilen an einer Kapitalgesellschaft aus dem Gewerbeertrag zu eliminieren, wenn diese Beteiligung bereits zu Beginn des Erhebungszeitraums bestanden hat und mindestens 10 % umfaßt. Hierdurch soll erreicht werden, daß inländische Gewinne nur einmal mit der Gewerbesteuer belastet werden.
Die Gewerbesteuer ist in der Schweiz nicht bekannt, da dort das System der Ertragsteuer anders aufgebaut ist.
In Deutschland steht das Aufkommen der Körperschaftsteuer dem Bund und den Ländern gemeinsam zu. Gemeinden haben hieran keinen Anteil.

---

[400] Vgl. Höhn, Internationales Steuerrecht, S. 116.
[401] Vgl. § 1 GewStG.
[402] Vgl. § 11 GewStG.
[403] Vgl. § 16 GewStG.

In der Schweiz jedoch haben die Gemeinden an der durch die Kantone erhobenen Gewinnsteuer mittels eines eigenen Steuerfußes teil. Dieser Steuerfuß wird durch die einzelnen Gemeinden festgelegt. Da sie auf diese Weise am Gewinn der in ihrem Steuergebiet ansässigen Unternehmen beteiligt sind, ist eine spezielle Gewerbesteuer nicht notwendig.

1.5. Besteuerung bei Veräußerung von Beteiligungen

Ein Ziel bei Errichtung einer Holdinggesellschaft ist, daß diese Veräußerungsgewinne nur gering oder sogar gar nicht besteuert vereinnahmt werden können. Bei der Standortwahl sollte erreicht werden, daß die Holding in einem Land errichtet wird, das dieses günstiger als das Land der Anteilseigner ermöglichen kann. Dieses gilt sowohl für eine Gewinnsteuer als auch für eine Quellensteuer.
Falls ein Staat Veräußerungsgewinne von Beteiligungen besteuert, so sollte zumindest auch die Möglichkeit bestehen, Veräußerungsverluste und Wertminderungen ebenfalls steuerlich zu berücksichtigen.

Das Recht der Besteuerung der Gewinne aus der Veräußerung von Beteiligungen im Ausland steht nach dem OECD-Musterabkommen dem Sitzstaat des Anteilseigners zu.[404]
Besteht jedoch zwischen den Staaten, in denen Anteilseigner und die Unternehmung, an der die Beteiligung gehalten wird, ansässig sind, kein Doppelbesteuerungsabkommen, so kann möglicherweise die Besteuerung auch durch den Sitzstaat der Beteiligung erfolgen.

Bei der Besteuerung bei Veräußerung von Beteiligungen muß in Deutschland zwischen inländischen und ausländischen Beteiligungen unterschieden werden.

1.5.1. Veräußerung inländischer Beteiligungen

Veräußerungsgewinne aus Anteilen an inländischen Kapitalgesellschaften, die in einem gewerblichen Betriebsvermögen gehalten werden, gehören grundsätzlich zum laufenden Gewinn. Hierfür wird in der Regel weder ein Freibetrag noch ein ermäßigter Steuersatz gewährt.[405]

---

[404] Vgl. Baumgärtel / Perlet, Standortfragen, S. 709.
[405] Vgl. Baumgärtel / Perlet, Standortfragen, S. 716 - 717; Grotherr, BB 1995, S. 1515 und Tipke / Lang, Steuerrecht, S. 637

Eine interessante Möglichkeit bei Veräußerung einer Inlandsbeteiligung durch eine Holding ist jedoch die Rücklagenbildung nach § 6b EStG. Nach § 6b Abs. 1 Satz 1 EStG können 50 % des bei dem Verkauf von Kapitalanteilen erzielten Veräußerungsgewinnes von den Anschaffungs- oder Herstellungskosten von Wirtschaftsgütern abgezogen werden, die in dem gleichen oder in dem vorangehenden Wirtschaftsjahr der Veräußerung angeschafft wurden. Die möglichen Wirtschaftsgüter werden in Satz 2 des gleichen Absatzes genauer festgelegt, hierzu zählen abnutzbare bewegliche Wirtschaftsgüter, Gebäude oder Anteile an Kapitalgesellschaften, die eine Unternehmensbeteiligungsgesellschaft angeschafft hat, die nach dem Gesetz als eine solche anerkannt ist. Für den Veräußerer scheidet somit i.d.R. die Möglichkeit aus, den Gewinn auf Anteile an Kapitalgesellschaften zu übertragen. Voraussetzung für die Übertragung ist, daß der Steuerpflichtige den Gewinn nach § 4 Abs. 1 oder § 5 EStG ermittelt und die Anteile an der Kapitalgesellschaft mindestens sechs Jahre ununterbrochen zu seinem Anlagevermögen in einer inländischen Betriebsstätte gehört haben.[406]
Handelt es sich bei dem Veräußerer um eine Kapitalgesellschaft, so unterliegt ansonsten der Veräußerungsgewinn als Teil des laufenden Gewinnes i.d.R. im vollen Umfang der Gewerbesteuer. Ausnahme hiervon bilden Anteile, die nach § 20 Abs. 1 Satz 1 UmwStG eingebracht wurden.[407]

1.5.2. Veräußerung ausländischer Beteiligungen

Bei der Veräußerung von ausländischen Beteiligungen wird der erzielte Gewinn aus der Veräußerung einer Beteiligung i.d.R. im Sitzland des Verkäufers besteuert. Es greift dann also das nationale Besteuerungsrecht ein.[408]
In Deutschland ist Steuerfreiheit für Veräußerungsgewinne nach § 8b Abs. 2 KStG in Anlehnung an das Schachtelprivileg für Dividenden möglich.[409]
Eine mögliche Steuerfreiheit des Veräußerungsgewinnes gemäß § 8b Abs. 2 KStG setzt voraus, daß Gewinnausschüttungen dieser ausländischen Gesellschaft nach einem
- DBA oder nach
- § 8b Abs. 5 KStG befreit oder nach

406 Vgl. § 6b Abs. 4 Satz 1 EStG. Genaueres hierzu s. auch bei Schaumburg / Jesse, Nationale Holding, S. 567 - 569.
407 Vgl. Schaumburg / Jesse, Nationale Holding, S. 566.
408 Vgl. Schaumburg / Jesse, Internationale Holding, S. 629.
409 Vgl. hierzu auch Baumgärtel / Perlet, Standortfragen, S. 773 - 776; Förster, DB 1994, S. 385 - 392; Hundt, DB 1993, S. 2098 - 2102.

- § 26 Abs. 2 KStG oder
- § 26 Abs. 3 KStG begünstigt wären.[410]

Doppelbesteuerungsabkommen sehen i.a. Steuererleichterungen für wesentliche Beteiligungen von 25 % vor. § 8b Abs. 5 KStG senkt diese Grenze unilateral auf 10 %.[411]

Wenn das Doppelbesteuerungsabkommen eine aktive Tätigkeit für die Steuererleichterung bei Dividenden vorsieht, so gilt dieses auch für den Veräußerungsgewinn. Gleiches gilt, wenn nach § 26 Abs. 2 KStG vorgegangen wird. § 26 Abs. 2 Satz 1 KStG verlangt außerdem, daß sich die Beteiligung bereits seit mindestens 12 Monaten im Besitz der Mutter befindet.

Ist nach DBA eine andere Mindestbesitzzeit vorgesehen, so ist diese ebenfalls einzuhalten.

Für die Steuerbefreiung von Veräußerungsgewinnen sind laut § 8b KStG zwei Einschränkungen vorgesehen:

1. Der freizustellende Veräußerungsgewinn ist nach § 8b Abs. 2 Satz 1 KStG um eine in früheren Jahren vorgenommene gewinnmindernde Teilwertabschreibung zu kürzen.[412]
2. § 8b Abs. 3 KStG sieht eine Sonderregelung für ausländische Anteile vor, die entstanden sind
   - als Gegenleistung für die Einbringung inländischer Anteile in eine in der Europäischen Union ansässige Kapitalgesellschaft nach § 20 und § 23 UmwStG oder
   - bei der Einbringung von ausländischen Beteiligungen nicht begünstigter Anteilseigner in inländische begünstigte Gesellschaften.

   Der Veräußerung von Anteilen, die durch derartige Vorgänge entstanden sind, wird innerhalb einer Frist von 7 Jahren keine Steuerfreiheit bei Veräußerung zugestanden. Damit möchte der Gesetzgeber verhindern, daß stille Reserven, die eigentlich im Inland steuerpflichtig sind, der Besteuerung entzogen werden.[413]

   Falls § 8b KStG angewendet wird, so gilt die Steuerbefreiung auch für die Gewerbesteuer.[414]

Die Besteuerung bei Veräußerung von Beteiligungen ist in der Schweiz und in Deutschland unterschiedlich geregelt.

---

[410] Vgl. § 8b Abs. 2 Satz 1 KStG; vgl. auch Schaumburg / Jesse, Internationale Holding, S. 630; Grotherr, BB 1995, S. 1515. Eine genauere Untersuchung des § 8b Abs. 2 KStG unter diesem Aspekt führt Rödder, IStR 1994, S. 259 - 260 durch.

[411] Vgl. Schaumburg / Jesse, Internationale Holding, S. 630.

[412] Vgl. Grotherr, BB 1995, S. 1515; Baumgärtel / Perlet, Standortfragen, S. 774 - 775.

[413] Vgl. Streck, KStG, § 8b Anm. 11.

[414] Vgl. Schaumburg / Jesse, Internationale Holding, S. 633; Rödder, IStR 1994, S. 259.

In Deutschland wird differenziert zwischen in- und ausländischen Beteiligungsveräußerungsgewinnen, wobei die steuerliche Behandlung und die möglichen Steuererleichterungen verschieden sind.
In der Schweiz werden reine Holdinggesellschaften auf kantonaler Ebene durch Privilegien von der Steuer freigestellt, auf Bundesebene erfolgt jedoch eine Besteuerung. Gemischte Holdings müssen sowohl auf Kantons- als auch auf Bundesebene die Gewinne versteuern.[415]
Eine Differenzierung zwischen in- und ausländischen Gewinnen wird in der Schweiz jedoch nicht vorgenommen.

Die Regelung bezüglich der Besteuerung bei Veräußerung von Beteiligungen ist in der Schweiz sehr einfach gehalten, da eigentlich nur Beteiligungsgewinne bei Vorliegen eines Holdingprivilegs steuerfrei vereinnahmt werden können.
Da Veräußerungsgewinne nicht als Beteiligungserträge angesehen werden, können sie nicht als Beteiligungsabzug geltend gemacht werden. Sie müssen also auf Bundes- und auf Kantonsebene versteuert werden.
Dieses wird als negativ für den Holdingstandort Schweiz angesehen, da andere Standorte zumindest eine teilweise Befreiung dieser Gewinne längst vornehmen.[416] Es wird als sachlich kaum nachvollziehbar angesehen, warum die Beteiligungsgewinne bei einer reinen Holdinggesellschaft privilegiert werden und ansonsten nicht. Das Argument der Vermeidung einer Doppel- oder Mehrfachbelastung müßte eigentlich für alle Gesellschaften gelten.
Betreffs der Besteuerung der Veräußerungsgewinne ist die Schweiz also tendenziell als unattraktiv zu bezeichnen, außer es handelt sich um eine reine Holdinggesellschaft.
Die geplante Unternehmenssteuerreform versucht außerdem, Verbesserungen für die reine Holdinggesellschaft auf Bundesebene zu erreichen. Die neueste Entwicklung beinhaltet die Steuerbefreiung auf Bundesebene bereits ab einem Anteil von 5 % am Stammkapital der Gesellschaft, allerdings nur für Beteiligungen, die erst nach Inkrafttreten der Gesetzesänderung erworben wurden. Beteiligungen, die vorher bereits bestanden, unterliegen einer Veräußerungssperrfrist bis Anfang 2007. Erst danach können die hieraus erzielten Veräußerungsgewinne steuerfrei vereinnahmt werden können.[417]
Dieses gilt jedoch nur für die Besteuerung von reinen Holdinggesellschaften auf Bundesebene.

---

[415] Vgl. Cagianut / Höhn, Unternehmungssteuerrecht, S. 91.
[416] Vgl. Athanas / Bauer-Balmelli, ST 1993, S. 574.
[417] Vgl. o.V., NZZ v. 7.2.1997, S. 10.

Gemischte Holdings werden weiterhin die Beteiligungsgewinne sowohl auf Bundes- als auch auf kantonaler Ebene besteuern müssen. Hier besteht für den Schweizer Gesetzgeber eine Möglichkeit, durch Steuererleichterungen, die an gewisse Bedingungen geknüpft sein können, die Attraktivität des Holdingstandortes Schweiz weiter zu erhöhen.
Bei der Steuerbefreiung von Veräußerungsgewinnen für reine Holdinggesellschaften auf Bundesebene ist der Versuch zu erkennen, eine Harmonisierung der Vorgehensweise auf Kantons- und Bundesebene zu erreichen.

1.6. Besteuerung bei Wertänderung von Beteiligungen

Mögliche Wertänderungen von Beteiligungen[418] können sowohl eine Wertzunahme als auch eine Wertabnahme sein.

Eine Wertzunahme liegt dann vor, wenn der tatsächliche Wert über dem Buchwert liegt. Hierdurch entstehen stille Reserven.
Im deutschen Handelsrecht stellen bei der Bilanzierung von Vermögensgegenständen die Anschaffungs- oder Herstellungskosten die Wertobergrenze dar - verringert um zwingende Abschreibungen.[419] Ein Ausweis nicht realisierter Gewinne ist handelsrechtlich verboten, d.h. eine Wertzunahme der Beteiligung darf nicht bilanziert werden.[420]
Im Steuerrecht wird in § 6 EStG unterschieden zwischen Wirtschaftsgütern, die der Abnutzung unterliegen[421] und anderen Wirtschaftsgütern[422], zu denen auch die Beteiligungen zählen. Auch aus steuerrechtlicher Sicht dürfen bei der Bilanzierung die Anschaffungs- und Herstellungskosten nicht überschritten werden.[423] Möglich ist nur eine Wiederaufwertung nach vorangegangener Teilwertabschreibung.

Wenn durch Verluste der Wert der Beteiligung abnimmt, besteht die Möglichkeit einer Teilwertabschreibung.
Nach § 6 Abs. 1 Nr. 2 EStG sind Beteiligungen mit ihren Anschaffungskosten anzusetzen. Falls der Teilwert niedriger ist, kann auch dieser

---

[418] Zur steuerlichen Anteilsbewertung der Holdinggesellschaft selbst in Zusammenhang mit den von ihr gehaltenen Beteiligungen vgl. Gerlach, BB 1996, S. 874 - 879.
[419] Vgl. Schnicke / Schramm / Bail in Beck´scher Bilanz-Kommentar, § 253 Rz. 1.
[420] Vgl. Knobbe-Keuk, Unternehmenssteuerrecht, S. 220.
[421] Vgl. § 6 Abs. 1 Nr. 1 EStG.
[422] Vgl. § 6 Abs. 1 Nr. 2 EStG.
[423] Vgl. Schnicke / Schramm / Bail in Beck´scher Bilanz-Kommentar, § 253 Rz. 11.

bilanziert werden. Das Steuerrecht läßt dem Steuerpflichtigen also ein Wahlrecht.
Nach § 253 Abs. 2 Satz 3 HGB kann bei einem niedrigeren Wert als dem Anschaffungswert eine Abschreibung vorgenommen werden. Diese ist zwingend durchzuführen, wenn die Wertminderung dauerhaft ist.
Aufgrund der Maßgeblichkeit der Handels- für die Steuerbilanz wird das Abschreibungsgebot auch steuerlich zwingend. Die Wertuntergrenze ist der zu erzielende Einzelveräußerungswert unterhalb des Buchwertes.[424]
Schaumburg / Jesse[425] führen hierzu nun aus, daß eine Abschreibung nur dann möglich ist, wenn der innere Wert der Beteiligung gesunken ist. Allgemein wird vermutet, daß dieser innere Wert im Zeitpunkt der Anschaffung dem gezahlten Preis entsprochen hat, da ein Kaufmann für eine Beteiligung keinen höheren Preis zahlen würde. Also kommt für eine Teilwertabschreibung nur eine Fehlmaßnahme oder nachträgliche Wertminderung in Betracht.[426]
Eine Fehlmaßnahme bedeutet eine betriebliche Maßnahme, deren wirtschaftlicher Nutzen deutlich unter dem zu ihrer Durchführung nötigen Aufwand zurückbleibt.
Eine nachträgliche Wertminderung liegt dann vor, wenn zwischen dem Anschaffungszeitpunkt und dem Bilanzstichtag Umstände eingetreten sind, die die Annahme rechtfertigen, daß die Wiederbeschaffungskosten unter den Anschaffungskosten liegen. Die tatsächlichen Verhältnisse haben sich also nach der Anschaffung nachteilig verändert.
Schaumburg / Jesse kommen zu dem Schluß, daß eine regelmäßige Teilwertabschreibung auf von der Holding erworbene Anteile an Kapitalgesellschaften nicht in Betracht kommt.[427]

Ein Sonderproblem ist die Vereinbarkeit einer Teilwertabschreibung mit der Steuerbefreiung von Dividendenausschüttungen einer Auslandsbeteiligung nach § 8b KStG.
Der BFH sagt hierzu, daß das Ziel der Einführung des § 8b KStG die Verbesserung des Standortes Deutschland war. Wenn die Steuerfreistellung die Nichtabziehbarkeit von Refinanzierungskosten, die durch den Erwerb der Beteiligung veranlaßt sind, auslösen würde, dann wäre das ursprüngliche Ziel in sein Gegenteil verkehrt. Gleiches gilt auch für Teilwertabschreibungen. Der Begünstigungscharakter der Vorschrift des § 8b KStG

---

[424] Vgl. Schnicke / Schramm / Bail in Beck´scher Bilanz-Kommentar, § 253 Rz. 302.
[425] Vgl. Schaumburg / Jesse, Nationale Holding, S. 578 - 581.
[426] Vgl. hierzu auch Knobbe-Keuk, Unternehmenssteuerrecht, S. 223.
[427] Die genaue Argumentation ist nachzulesen bei Schaumburg / Jesse, Nationale Holding, S. 579 - 581. Zu der Rechtsprechung zum Teilwert von Beteiligungen s. auch Groh, StuW 1992, S. 178 - 181.

spricht gegen den Ausschluß von Refinanzierungskosten und Teilwertabschreibungen.[428] Sonst würde das Standortsicherungsgesetz sein Ziel verfehlen.
Allerdings ist in späteren Jahren bei Veräußerung der Beteiligung ein hieraus erzielter Gewinn, der durch die Teilwertabschreibung früherer Jahre entstanden ist, nicht nach § 8b KStG von der Steuer freigestellt.[429]
Auch werden die sogenannten ausschüttungsbedingten Teilwertabschreibungen steuerlich nicht berücksichtigt, die aufgrund einer früher vorgenommenen Ausschüttung der Auslandsgesellschaft nötig werden.[430]
Gleiches gilt auch für die Gewerbesteuer, wo diesen ausschüttungsbedingten Teilwertabschreibungen ebenfalls der Abzug versagt wird.[431]

Bei der Besteuerung bei Wertänderung von Beteiligungen sind die Prinzipien in beiden Ländern gleich.
Es gilt die Maßgeblichkeit der Handels- für die Steuerbilanz. Im Handelsrecht gelten die Anschaffungs- oder Herstellungskosten als Wertobergrenze. Dieses bedeutet für die Steuerbilanz, daß eigentlich keine Bilanzierung oberhalb der Anschaffungs- oder Herstellkosten stattfinden darf. Eine Aufwertung ist nur dann möglich, wenn vorher eine Abschreibung stattgefunden hat.
Auch bei der Wertabnahme sind die grundlegenden Prinzipien gleich. Zum einen ist in beiden Ländern das Handelsrecht für das Steuerrecht maßgebend, zum anderen hat das Steuerrecht in beiden Ländern Niederstwertvorschriften aufgestellt. Diese liegen bei dem Einzelveräußerungswert.

Die Problematik, daß durch Steuerbefreiung der Ausschüttung und steuerliche Anrechnung einer ausschüttungsbedingten Abschreibung ein steuerlicher Doppelvorteil möglich wird, gibt es auch in der Schweiz.
Art. 70 Abs. 3 DBG untersagt die Steuerfreistellung einer Ausschüttung, soweit auf der gleichen Beteiligung eine Abschreibung vorgenommen wird, die zu Lasten des steuerbaren Reingewinnes geht und mit der Gewinnausschüttung in Zusammenhang steht.
Hier entsprechen sich der Ansatz in Deutschland und der Schweiz Ausschüttungsbedingten Teilwertabschreibungen wird der Abzug versagt.

[428] Vgl. BFH vom 29.5.1996, I R 167/94, BStBl II 1997, S. 63.
[429] Vgl. § 8b Abs. 2 Satz 1 KStG.
[430] Vgl. § 8b Abs. 1 Satz 3 und Abs. 6 KStG.
[431] Vgl. § 8 Nr. 10 GewStG.

2. Besteuerung der ausgeschütteten Erträge der Holding an die Anteilseigner

Aus Sicht der Steuerplanung ist die Motivation zur Gründung einer Holdinggesellschaft die Erlangung von steuerlichen Vorteilen. Für die Anteilseigner stellt sich allerdings auch die Frage, inwieweit sie selber in den Nutzen dieser Vorteile gelangen können.
Deshalb ist bei Analyse eines Holdingstandortes nicht nur die Besteuerung bei der Holding selber zu betrachten, sondern es muß auch der weitere Ausschüttungsweg berücksichtigt werden, da man nicht von einer grundsätzlichen Thesaurierung auf Ebene der Holdinggesellschaft ausgehen kann.
In diesem Kapitel soll nicht detailliert auf die grenzüberschreitende Ausschüttung eingegangen werden, es erfolgt die Darstellung und Diskussion nur im allgemeinen aus nationaler Sicht. Die spezielle Betrachtung des Ausschüttungsweges im Verhältnis Schweiz - Deutschland erfolgt ausführlich im Kapitel V dieser Arbeit.

2.1. Besteuerung bei den inländischen Anteilseignern

Wenn eine deutsche Holding eine Ausschüttung vornimmt, so unterliegt diese der Körperschaftsteuer von 30 %, die auf Dividenden erhoben wird.[432]
Dann wird auf die verbliebene Dividende noch eine Kapitalertragsteuer von 25 % erhoben.[433]
Diese entrichteten Steuern sind von den inländischen Anteilseignern bei deren eigener Steuererklärung anrechenbar, d.h. ihre Steuerzahlung mindert sich um diese bereits gezahlten Beträge. Die wirtschaftliche Doppelbelastung wird so vermieden.

Im Zusammenhang mit den inländischen Anteilseignern ist ein gravierender Unterschied zwischen der Schweiz und Deutschland festzustellen. Dieser beruht auf den bereits erwähnten unterschiedlichen Körperschaftsteuersystemen, nämlich dem klassischen System in der Schweiz und dem Anrechnungssystem in Deutschland.
Ein inländischer Anteilseigner in Deutschland kann sämtliche vorher von dem ausschüttetenden Unternehmen entrichteten Steuern auf seine Steu-

---
[432] Vgl. § 43a Abs. 1 Nr. 1 EStG.
[433] Vgl. § 27 Abs. 1 KStG.

erschuld anrechnen, also sowohl die Quellen- als auch die Körperschaftsteuer.
Ein inländischer Anteilseigner in der Schweiz hat diese Möglichkeit nur in geringerem Maße. Er kann zwar auch die Quellensteuer bei der Abgabe seiner Steuererklärung anrechnen, jedoch sämtliche vorher von den ausschüttenden Unternehmen entrichteten Ertragsteuern sind nicht anrechenbar. Vor diesem Hintergrund betrachtet ist die Holdingprivilegierung sinnvoll, da sie einer Mehrfachbesteuerung bei der Holdinggesellschaft selbst verhindert. Sie ändert aber nicht an einer erneuten Besteuerung beim Anteilseigner der Holding.

2.2. Besteuerung bei den ausländischen Anteilseignern

Im Ausland ansässige Anteilseigner sind nur beschränkt steuerpflichtig und werden in Deutschland vom Anrechnungsverfahren ausgeschlossen. Die für sie bestimmten Ausschüttungen unterliegen sowohl der Körperschaft- wie auch der Kapitalertragsteuer. Ihre Steuerschuld ist somit in Deutschland abgegolten.[434] Allerdings werden sie in der Regel in ihrem Heimatland noch zur Einkommensteuer veranlagt.
Falls ein Doppelbesteuerungsabkommen besteht, ermäßigt sich die KESt i.a. auf 15 %.[435] Die genaue Ermäßigung der Kapitalertragsteuer hängt von der jeweiligen Ausgestaltung des DBA ab. Diese ist in den Abkommen unterschiedlich geregelt und oft auch von der Höhe der Beteiligung an der ausschüttenden Gesellschaft abhängig.

Hier ist im Vergleich zur Schweiz kein Unterschied festzustellen. In beiden Ländern wird die Quellensteuer erhoben, mit der die Steuerschuld in dem Quellenstaat abgegolten ist. Auch unterlag diese Ausschüttung vorher als Unternehmensgewinn einer Besteuerung.[436] Diese Steuer ist bei keinem der beiden Länder anrechenbar.
Steuerermäßigungen aufgrund von Doppelbesteuerungsabkommen sind in beiden Ländern möglich.
Falls kein DBA besteht, so ist die volle Quellensteuer und die Ertragsteuer des Heimatlandes zu zahlen, wobei festzustellen ist, daß die Schweizer

---

[434] Vgl. § 50 Abs. 1 KStG.
[435] Vgl. hierzu die Tabelle 5 „DBA-Netz Deutschlands“ im Anhang.
[436] Auch wenn die ausschüttende Gesellschaft einer reine Holding nach Schweizer Recht ist, so unterlagen Dividendenausschüttungen von Tochtergesellschaften, aus denen der Unternehmensgewinn einer Holding vorwiegend besteht, bereits bei diesen Tochtergesellschaften einer Besteuerung.

Verrechnungssteuer mit 35 % deutlich höher als die deutsche Kapitalertragsteuer von 25 % ist.

Es ist allerdings ein Unterschied bei der Behandlung von ausländischen Konzernmuttergesellschaften festzustellen, die im Bereich der Europäischen Union ansässig sind. Ausschüttungen an diese sind in Deutschland gemäß der Mutter-Tochter-Richtlinie von der Kapitalertragsteuer befreit, wenn die Bedingungen des § 44d EStG erfüllt sind. Diese Ausschüttungen unterliegen also nur der Körperschaftsteuer.
Da die Schweiz kein Mitglied der EU ist, gelten die Bestimmungen der Mutter-Tochter-Richtlinie für sie nicht. Eine Herabsetzung der Quellensteuer auf 0 % muß sie bilateral in ihren DBA festlegen.

3. Netz der Doppelbesteuerungsabkommen

Das Netz der Doppelbesteuerungsabkommen ergibt sich aus sämtlichen Abkommen, die ein Staat mit anderen Staaten zur Vermeidung der Doppelbesteuerung abgeschlossen hat.

Diese Abkommen sind individuell ausgestaltet. Um jedoch eine zu große Vielfalt zu verhindern, wurde auf multinationaler Ebene das sogenannte OECD-Musterabkommen entworfen, dessen Struktur den Abkommen Deutschlands und der Schweiz zugrunde liegt.[437]

Doppelbesteuerungsabkommen sind „zweiseitige völkerrechtliche Verträge, die in den meisten Staaten dem Landesrecht vorgehen und die durch Zuteilung bzw. Aufteilung der Steuerobjekte und der Wahl einer bestimmten Methode (Befreiung bzw. Anrechnung) Doppelbesteuerungen vermeiden sowie die Gleichbehandlung der ausländischen mit den inländischen Steuerpflichtigen sicherstellen sollen....Negativ kann zur Stellung der Doppelbesteuerungsabkommen im Steuersystem gesagt werden, daß diese keine Steuerpflichten begründen können und keinen absoluten Schutz gegen deren Hauptzielsetzung, der Vermeidung der Doppelbesteuerung, bieten."[438]

Diese Abkommen schränken das interne Recht der Vertragsstaaten ein und versuchen, eine Gleichstellung von in- und ausländischen Steuerpflichtigen zu erreichen. Auch enthalten sie oft Verständigungsklauseln, wodurch die Staaten bei Streitpunkten zur Suche nach gemeinsamen Lösungen angehalten werden. Informationsklauseln sollen bewirken, daß die Steuerpflichtigen keine ungerechtfertigten Steuervorteile erlangen können.[439]

Allerdings enthalten sie keine Anordnungen über die Gesamtsteuerbelastung, so daß dem internen Recht der Vertragsstaaten vielfach bei den steuerlichen Überlegungen zur Standortwahl eine größere Bedeutung zukommt.

Bei standortungebundenen Unternehmen wie einer Holdinggesellschaft können die Doppelbesteuerungsabkommen eines Landes bei der Standortwahl eine sehr große Rolle spielen. Durch geschickten Aufbau des Konzerns und die Plazierung der Holding in einem Land mit einem gut ausgebauten DBA-Netz kann die Belastung mit Quellensteuern vermieden bzw. reduziert werden. Die Grenze bildet die mißbräuchliche Abkom-

---

437 Vgl. Lang, IStR 1996, S. 201.
438 Waldburger, ASA 1995/96, S. 29.
439 Vgl. Waldburger, ASA 1995/96, S. 30 - 31.

mens- oder Richtlinienausnutzung, das sog. Treaty- oder Directive-Shopping.
Bezüglich der Holdinggesellschaft gibt das Netz der DBA einen Überblick, zu welchen Bedingungen Dividenden, Zinsen, Lizenzgebühren und Veräußerungsgewinne zwischen dem Ansässigkeitsstaat der Holding und den anderen Ländern fließen. Es beeinflußt die Attraktivität des Holdingstandortes, da ein gut ausgebautes Netz das wirksamste Mittel gegen die internationale Doppelbesteuerung darstellt. Außerdem vermittelt es eine gewisse Planungssicherheit, da diese internationalen Verträge langfristig ausgelegt sind. Es gibt allerdings auch die Ansicht, daß zumindest für Holdinggesellschaften in der Schweiz bei der Standortentscheidung die Bedeutung der vorhandenen DBA nachrangig geworden ist, da sich aus internem Schweizer Recht und der Umsetzung der Mutter-Tochter-Richtlinie in den Staaten der EU zu viele Nachteile ergeben haben.[440]
Für Deutschland gelten aufgrund seiner EU-Mitgliedschaft die Regelungen der Mutter-Tochter-Richtlinie. Danach ist keine Quellensteuer auf Dividenden zu erheben, die eine Tochter an ihre Mutter ausschüttet, wenn die Mutter zu 25 % an der Tochter beteiligt ist. Die Grenze kann von Deutschland auf 10 % gesenkt werden, wenn der andere Staat eine Herabsetzung ebenfalls vornimmt[441].
Im Anhang befinden sich die Tabellen Nr. 4 und 5, die einen Überblick über sämtliche Doppelbesteuerungsabkommen Deutschlands und der Schweiz und über die hiermit verbundenen Konditionen geben.

Bei einem Vergleich der Anzahl der abgeschlossenen DBA ist Deutschland eindeutig bessergestellt. Per 1.1.1997 hatte die Schweiz 50 DBA abgeschlossen, Deutschland hingegen 70.[442]
Grundsätzlich ist festzustellen, daß sich sowohl die Schweiz als auch Deutschland im wesentlichen in ihrer Abkommenspolitik an den Musterabkommen der OECD orientieren. Allerdings führt die häufige Änderung des OECD-Musterabkommens dazu, daß die Inhalte der DBA immer weiter auseinanderfallen.[443]
Bei der Betrachtung der Doppelbesteuerungsabkommen sind zwei Perspektiven zu unterscheiden, nämlich die des Quellenstaates der Einkünfte und die des Ansässigkeitsstaates des Empfängers der Einkünfte.

---

[440] Vgl. Waldburger, ASA 1995/96, S. 42.
[441] Vgl. § 44 d Abs. 3 EStG.
[442] Vgl. Tabelle 4 „DBA-Netz der Schweiz“ und Tabelle 5 „DBA-Netz Deutschlands“ im Anhang.
[443] Vgl. Lang, IStR 1996, S. 201 - 202.

Zunächst wird auf die Situation der Besteuerung im Quellenstaat eingegangen, dann auf die im Ansässigkeitsstaat.[444]

Die Besteuerung von Dividenden durch den Quellenstaat hängt eng mit dem System der Körperschaftsbesteuerung zusammen. So enthalten beispielsweise viele deutsche DBA Suspensionsklauseln, die bei einem Auseinanderklaffen von mehr als 20 % zwischen den thesaurierten und ausgeschütteten Gewinnen wirksam werden. Allerdings sind viele dieser Suspensionsklauseln nicht wirksam aufgrund der Annäherung der Körperschaftsteuersätze in den letzten Jahren.

Eine wichtige Rolle in diesem Zusammenhang spielt die Mutter-Tochter-Richtlinie. Diese bewirkt für alle EU-Mitglieder die völlige Beseitigung der Quellensteuer innerhalb der EU. Deutschland profitiert hiervon, die Schweiz jedoch nicht. Infolgedessen versucht die Schweiz, durch Verhandlungen mit den EU-Mitgliedstaaten dieses auch im Konzernverhältnis auszuhandeln.[445] Im Verhältnis zu Deutschland ist das Vorhaben allerdings gescheitert. Deutschland hat die Absenkung der Kapitalertragsteuer im Konzernverhältnis auf 0 % verweigert, da die Schweiz nicht bereit war, im Gegenzug der Vereinbarung einer großen Auskunftsklausel zuzustimmen.[446]

Gegenüber anderen Staaten werden von beiden Ländern in ihren Abkommen in der Regel für Konzerndividenden eine Quellensteuer zwischen 5 und 10 % ausgehandelt. Bei Dividenden aus Streubesitz wird i.a. ein Satz von 15 % vereinbart.

Es ist allerdings auffällig, daß der durchschnittlich vereinbarte Satz in den Schweizer Doppelbesteuerungsabkommen unter dem in den deutschen DBA vereinbarten Satz liegt.

So ist der durchschnittliche Schweizer Steuersatz für Dividenden aus Streubesitz 13,15 %, für Konzerndividenden 8,06 %.[447]

Der durchschnittliche Steuersatz für Dividenden aus Streubesitz, die nach Deutschland fließen, ist nach DBA 14,41 % und für Konzerndividenden 10,11 %.[448]

Die Voraussetzungen bezüglich der Quellenbesteuerung von Zinsen ist in beiden Ländern unterschiedlich. Während Deutschland keine Steuerpflicht für beschränkt Steuerpflichtige vorsieht,[449] besteht in der Schweiz auch bei beschränkt Steuerpflichtigen eine erhebliche Steuerpflicht. Dennoch

---

[444] Die Darstellung erfolgt in Anlehnung an Lang, IStR 1996, S. 201 - 208.
[445] Vgl. Höhn / Waldburger, Internationales Steuerrecht, S. 337
[446] Vgl. o.V., DStR 1996, S. 1037
[447] Ermittlet anhand der Tabelle 4 „DBA-Netz der Schweiz“ im Anhang.
[448] Ermittelt anhand der Tabelle 5 „DBA-Netz Deutschlands“ im Anhang.
[449] Vgl. Schmidt / Heinicke, EStG, § 43 Rz. 2b.

bemüht sich auch die Schweiz, die Quellensteuer zu senken. In den Schweizer DBA wird i.d.R. eine Steuersatz von 5 bis 10 % vereinbart.
Bei der Quellenbesteuerung von Lizenzgebühren sind wieder ähnliche Vorgehensweisen zu erkennen. Beide Ländern haben die Quellenbesteuerung in zahlreichen DBA festgelegt, obwohl das OECD-Musterabkommen eigentlich den Wegfall vorsieht.

Die Schweiz als Ansässigkeitsstaat wendet i.a. in ihren DBA die Freistellungsmethode mit Progressionsvorbehalt an. Eine Ausnahme bilden die Dividenden, Zinsen und Lizenzgebühren, bei denen meistens die Anrechnungsmethode vereinbart ist.[450]
Deutschland setzt mittlerweile anders an und versucht zunehmend, anstelle der Freistellungs- die Anrechnungsmethode für die Besteuerung der Einkunftsarten zu vereinbaren. Die Anrechnung soll also die Regel, die Freistellung die Ausnahme sein, was von der Abkommenstradition abweicht.[451] Bei Dividenden aus Streubesitz, Zinsen und Lizenzgebühren ist dieses schon üblich. Bei Konzerndividenden wird jedoch meistens das internationale Schachtelprivileg vereinbart.

Zu erwähnen ist auch das Vorgehen in dem Fall, daß ein Verständigungsverfahren notwendig wird. Dieses kann bei positiven oder negativen Qualifikationsproblemen möglich sein. Bei positiven Qualifikationsproblemen bleibt die Doppelbesteuerung erhalten, bei negativen verzichten beide Staaten auf ihr Besteuerungsrecht. Die OECD sieht in einer derartigen Situation vor, daß der Steuerpflichtige ein Verständigungsverfahren fordern kann. Jedoch sind der Rechtsanspruch des Steuerpflichtigen und der Ablauf des Verfahrens völlig unklar. Deutschland versucht deshalb als Ergänzung das Schiedsverfahren in vielen seiner DBA einzuführen.[452] Die Schweiz hat dieses jedoch bisher abgelehnt.
Auch die Mißbrauchsbekämpfung spielt eine Rolle bei den Doppelbesteuerungsabkommen. So enthalten beispielsweise einige der deutschen Doppelbesteuerungsabkommen einen Aktivitätsvorbehalt bezüglich der Einkünfte. Die Befreiungsmethode wird dann nur für aktive und nicht für passive Einkünfte angewendet. Auch ist oft ein weitreichender Mißbrauchsvorbehalt integriert, der die ungerechtfertigte Anwendung des Abkommens verhindern soll.

---

[450] Vgl. Lang, IStR 1996, S. 204.
[451] Vgl. Vogel, DBA, Art. 23 Rz 43.
[452] Deutschland fördert den Aufbau eines internatinalen Schiedsgerichtswesens für die Anwendung der Doppelbesteuerungsabkommen. Vgl. hierzu Zeitler, Doppelbesteuerungsabkommen, S. 958.

Die Situation für die Schweiz ist anders. In einigen Schweizer Doppelbesteuerungsabkommen sind Gesellschaften, die Steuerprivilegien genießen, von den Abkommen ausgeschlossen. Dieses liegt allerdings nicht in der Grundintention der Schweizer Abkommenspolitik, sondern wurde von den jeweiligen Vertragsstaaten gefordert. In diesem Zusammenhang ist der Schweizer Bundesratsbeschluß betreffend Maßnahmen gegen die ungerechtfertigte Inanspruchnahme von Doppelbesteuerungsabkommen („Mißbrauchsbeschluß") zu erwähnen, der aus dem Jahre 1962 stammt.
Bezüglich der Mißbrauchsvorschriften beider Ländern ist auch der deutsche § 42 AO relevant, der die Funktion einer Generalklausel hat. Etwas vergleichbares gibt es in der Schweiz nicht.[453]

Grundsätzlich ist zu den Schweizer Doppelbesteuerungsabkommen zu sagen, daß sie sich zwar am OECD-Musterabkommen orientieren, allerdings zwei Besonderheiten beinhalten. Die Abkommen enthalten einerseits keine oder nur die kleine Informationsklausel, andererseits werden sie durch den Mißbrauchsbeschluß ergänzt.[454]

Zusammenfassend läßt sich also feststellen, daß sich beide Staaten beim Aufbau ihrer Doppelbesteuerungsabkommen am Musterabkommen der OECD orientieren. Auch inhaltlich stellt dieses größtenteils den Orientierungsmaßstab dar.[455] Einige Unterschiede der DBA-Netze Deutschlands und der Schweiz werden im folgenden nochmals explizit aufgeführt:

Das DBA-Netz der Schweiz ist im Vergleich zu Deutschland deutlich kleiner. Das Schweizer Netz umfaßt 50 Abkommen, das deutsche 70. Dieses ist als negativ für die Schweiz zu werten. Allerdings bestehen mit allen wichtigen Industrieländern Abkommen, wodurch die der Nachteil gemildert wird.
Außerdem fällt auf, daß der durchschnittliche Steuersatz für ermäßigte Quellensteuern auf Dividenden aller abgeschlossener Abkommen beider Länder in der Schweiz tiefer als in Deutschland ist. Das gilt sowohl für die Dividenden aus Schachtelbeteiligungen wie auch für die aus Streubesitz. Der Unterschiede der Durchschnittssätze macht 1 - 2 % aus.
Natürlich ist für den einzelnen Steuerpflichtigen nur das jeweilige DBA wichtig, welches er beanspruchen möchte. Als Grundtendenz bei der Aushandlung der Abkommen ist dieses jedoch interessant.

---

[453] Vgl. Lang, IStR 1996, S. 206.
[454] Vgl. Waldburger, ASA 1995/96, S. 37
[455] Um zu einer endgültigen Bewertung zu kommen, müßte jedes DBA genauestens analysiert werden. Dieses würde aber den Rahmen der vorliegenden Arbeit sprengen.

Auch muß bedacht werden, daß entgegen den in den DBA ausgehandelten Steuersätzen die Dividenden aus dem Raum der Europäischen Union in Deutschland quellensteuerfrei vereinnahmt werden können aufgrund der Mutter-Tochter-Richtlinie, was die ermittelten Durchschnittssätze senkt. Der Durchschnittssatz beträgt für Dividenden aus Streubesitz dann nur noch 11,57 % statt 14,41 %, für Konzerndividenden liegt der Satz nur noch bei 8,07 % statt 10,11 %. Diese Sätze liegen unter bzw. sehr knapp über den Schweizer Durchschnittsätzen von 13,15 % und 8,06 %. Die Aussagekraft dieser Durchschnittsätze ist also sehr begrenzt. Die durch die Schweiz ausgehandelten niedrigeren Steuersätze werden durch die Wirkung der Mutter-Tochter-Richtlinie in der Europäischen Union relativiert.

Bezüglich der Dividenden ist ein Unterschied bei der Wahl der Methoden zur Vermeidung der Doppelbesteuerung festzustellen. Die Schweiz wendet meistens die Pauschale Steueranrechnung an, also nicht die Freistellung der ausländischen Dividenden von der Schweizer Besteuerung. Deutschland hingegen unterscheidet hinsichtlich Dividenden aus Streubesitz und aus Konzernbesitz. Während Konzerndividenden i.d.R. in Deutschland von der Besteuerung freigestellt werden, wird bei Dividenden, die unter dem festgelegten Mindestbesitzanteil liegen, durch die Anrechnung die Doppelbesteuerung vermieden.

Schließlich ist aus Sicht einer Schweizer Holdinggesellschaft die Feststellung wichtig, daß die in den DBA ausgehandelten Vorteile bei Vorliegen einer Steuerprivilegierung nur beschränkt in Anspruch genommen werden können.

4. Besteuerung einer Gesellschafterfremdfinanzierung

Bei der Gesellschafterfremdfinanzierung geht es sowohl um die Finanzierung der Holdinggesellschaft selber durch die Anteilseigner als auch um die Finanzierung der Tochtergesellschaften durch die Holding.

Ein Anteilseigner kann die Holding auch durch Fremdkapital finanzieren. Dieses ist allerdings meistens erst dann interessant, wenn er bereits die Mehrheit an der Gesellschaft besitzt. Der Vorteil bei der Finanzierung durch Fremdkapital ist, daß die Zinsen für dieses Darlehen bei der Holding steuerlich abzugsfähig sind und so deren Steuerschuld gemindert wird, was letztlich auch dem Anteilseigner zugute kommt.

Eine Holding selber hat ebenfalls grundsätzlich die Wahl, ihre Tochtergesellschaften durch Eigenkapital oder Fremdkapital zu finanzieren.
Diese Wahl wird entscheidend durch die Kosten der Kapitalbeschaffung beeinflußt.
Ein Holdingkonzern hat andere Finanzierungsmöglichkeiten als ein Einheitsunternehmen, das nicht aus verschiedenen rechtlich selbständigen Einheiten besteht. Theisen bezeichnet diese als „interne Außenfinanzierung", die im Grunde eine erweiterte Innenfinanzierung ist.[456]
Es ergeben sich aus der Kombination Eigenkapital - Fremdkapital verschiedene holdingspezifische Gestaltungsmöglichkeiten:
„(1) Eigenkapital bleibt Eigenkapital, z.B. Eigenkapitalerhöhung bei einer operativen Gesellschaft aus dem Eigenkapital der Holding
(2) Eigenkapital wird Fremdkapital, z.B. Kreditgewährung an eine operative Gesellschaft aus dem Eigenkapital der Holding
(3) Fremdkapital wird Eigenkapital, z.B. Kreditaufnahme der Holding zur Kapitalerhöhung bei einer operativen Gesellschaft
(4) Fremdkapital bleibt Fremdkapital, z.B. Kreditaufnahme der Holding und Weiterleitung des Kredits an eine operative Gesellschaft."[457]
Wenn die Entscheidung für eine Finanzierung der Tochtergesellschaften unter steuerplanerischen Gesichtspunkten erfolgt, so ist das jeweilige Steuerniveau des Landes ausschlaggebend, d.h. in Hochsteuerländern sollte die Finanzierung über Fremdkapital erfolgen, in Niedrigsteuerländern über Eigenkapital.[458]

---

[456] Vgl. Theisen, Finanzwirtschaft, S. 376 - 377
[457] Theisen, Finanzwirtschaft, S. 377
[458] Vgl. Bader, Steuerliche Strategien, S. 280.

Wesentlich bei der Entscheidung für Fremd- oder Eigenkapital ist auch, inwieweit und in welcher Höhe Zinsen abzugsfähig sind und ob die Gesellschafter-Fremdfinanzierung gesetzlich eingeschränkt ist.
Natürlich steigt die Attraktivität eines Holdingstandortes, wenn die Gesellschafter-Fremdfinanzierung wenig oder gar nicht eingeschränkt ist.

Die Motivation zur Finanzierung einer Holdinggesellschaft durch Fremdkapital beruht in Deutschland auf der geringeren steuerlichen Belastung der Vergütung für Fremdkapital im Vergleich zu der steuerlichen Belastung von Vergütungen für Eigenkapital.[459] Den Aspekt, Kapitalsteuern zu sparen wie in der Schweiz, gibt es in Deutschland nicht, da dort diese Steuer nicht existiert.
Neben der Möglichkeit eines Fremdvergleichs existiert in Deutschland eine gesetzliche Regelung durch den § 8a KStG.
Die Finanzierung durch Fremdkapital kann im Bereich der Körperschaftsteuer zum Problem werden, wenn das von einem nicht-anrechnungsberechtigten Anteilseigner zu Verfügung gestellt Fremdkapital im Verhältnis zum Eigenkapital den vom Gesetz vorgegebenen Rahmen übersteigt. Dann wird die Vergütung für Fremdkapital in eine Vergütung für Eigenkapital umqualifiziert und unterliegt der höheren Besteuerung.[460]
Hier muß zunächst zwischen erfolgsabhängigen und erfolgsunabhängigen[461] Vergütungen für Fremdkapital unterschieden werden.
Dann ist zu beachten, daß die Situation bei einer reinen Holdinggesellschaft nach § 8a Abs. 4 Satz 1 KStG anders ist als bei einer gemischten Holding mit operativer Tätigkeit. Die Nichtbeanstandungsgrenzen (sog. „safe haven“) für das Verhältnis von gesellschaftsbezogenem Eigenkapital zu gesellschaftsbezogenem Fremdkapital sind unterschiedlich festgelegt.
Bei einer reinen Holdinggesellschaft handelt es sich um eine Kapitalgesellschaft, „deren Haupttätigkeit darin besteht, Beteiligungen an Kapitalgesellschaften zu halten und diese Kapitalgesellschaft zu finanzieren oder deren Vermögen zu mehr als 75 vom Hundert ihrer Bilanzsumme aus Beteiligungen an Kapitalgesellschaften besteht...“.[462]
Bei dieser Holding werden erfolgsabhängige Vergütungen für Gesellschafter-Fremdkapital dann in verdeckte Gewinnausschüttungen umqualifiziert, wenn das Fremdkapital die Hälfte des anteiligen Eigen-

---

[459] Vgl. Schaumburg / Jesse, Nationale Holding, S. 501- 502.
[460] Vgl. § 8a KStG.
[461] Die genaue Bezeichnung lautet in § 8a Abs. 1 Satz 1 Nr. 1 und 2 KStG „eine nicht in einem Bruchteil des Kapitals bemessene Vergütung“ für erfolgsabhängig und „eine in einem Bruchteil des Kapitals bemessene Vergütung“ für erfolgsunabhängig.
[462] § 8a Abs. 4 Satz 1 KStG.

kapitals des nicht-anrechnungsberechtigten Gesellschafters übersteigt, die Relation beträgt also FK : EK = 0,5 : 1.
Bei nicht erfolgsabhängiger Vergütung liegt die Grenze beim Neunfachen des anteiligen Eigenkapitals, die Relation ist also FK : EK = 9 : 1.[463]
Ist die Relation FK : EK = 0,5 : 1 des erfolgsabhängigen Kapitals nicht ausgeschöpft, so erhöht sich die Relation des nicht erfolgsabhängigen Kapitals auf FK : EK = 18 : 1 bei einer reinen Holdinggesellschaft.[464] Der safe haven für nachgeordnete Gesellschaften entfällt, Vergütungen gelten als verdeckte Gewinnausschüttung.[465]
Bei einer Holdinggesellschaft, die auch operativ tätig ist und insofern nicht unter die Definition des § 8a Abs. 4 Satz 1 KStG fällt, gilt bei erfolgsabhängigen Vergütungen auch die Relation von FK : EK = 0,5 : 1.
Bei nicht erfolgsabhängiger Vergütung liegt diese bei FK : EK = 3 : 1, sie fällt diesbezüglich unter die allgemein gültige Regelung für Kapitalgesellschaften.[466]
In dem Fall, daß die Relation FK : EK des erfolgsabhängigen Kapitals nicht ausgeschöpft ist, erhöht sich die des nicht erfolgsabhängigen von FK : EK = 3 : 1 auf FK : EK = 6 : 1.[467]
Wichtig ist bei Kapitalgesellschaften, denen andere Gesellschaften nachgeordnet sind, auch die Möglichkeit der Entstehung eines sogenannten Kaskadeneffektes.
Durch das Hintereinanderschalten von Kapitalgesellschaften wäre es theoretisch möglich, den Fremdfinanzierungsrahmen für nichtanrechnungsberechtigte Anteilseigner zu vervielfachen, ohne daß die entsprechenden Eigenmittel gegenüberstehen.
§ 8a Abs. 4 Satz 3 KStG trägt diesem Rechnung auch für Beteiligungen unter 25 %. Das Eigenkapital der übergeordneten Gesellschaft ist um den jeweiligen Buchwert der Beteiligung zu kürzen.[468]

Im Vergleich mit der Schweiz fällt auf, daß die Ansatzpunkte in der gesetzlichen Regelung anders gewählt sind. Während in Deutschland neben der Möglichkeit des Fremdvergleichs feste Verhältniszahlen angegeben werden, erfolgt in der Schweiz die Definition über den Begriff des Fremdkapitals, dem wirtschaftlich die Bedeutung von Eigenkapital zukommt.[469]

---

[463] Vgl. § 8a Abs. 4 Satz 1 KStG; vgl. genauer Grotherr, BB 1995, S. 1565.
[464] Vgl. § 8a Abs. 4 Satz 1 KStG.
[465] Vgl. § 8a Abs. 4 Satz 2 KStG.
[466] Vgl. § 8a Abs. 1 Satz 1 Nr. 2 KStG.
[467] Vgl. § 8a Abs. 1 Satz 1 Nr. 2 KStG.
[468] Vgl. zur Anschauung Streck, KStG, § 8a Anm. 20.
[469] Vgl. Art. 75 Abs. 1 DBG; Art. 29 Abs. 3 StHG.

Das Entscheidende in der Schweiz ist der Drittvergleich, d.h. ob ein Außenstehender unter den vorliegenden Bedingungen auch einen Kredit zu den gleichen Konditionen gegeben hätte.
Der Vorteil des Fremdvrgleichs ist, daß sie nicht starr von Verhältniszahlen ausgeht, sondern mehr auf die jeweilige Situation abstellt. Allerdings ist die deutsche Regelung durch den § 8a KStG unkomplizierter zu handhaben, da nicht jeder Fall einzeln betrachtet werden muß.

Bei der Schweizer Holdinggesellschaft ist die Gesellschafter-Fremdfinanzierung eher innerhalb des Konzerns wichtig, da auf Holdingebene aufgrund der völligen oder teilweisen Steuerbefreiung die Zinsen nicht oder nur teilweise abzugsfähig sind. Diese Form der Finanzierung hat jedoch in Bezug auf die Tochtergesellschaften eine gewisse Relevanz.

Allerdings besteht bezüglich der Gesellschafterfremdfinanzierung von Holdinggesellschaften in der Schweiz nicht nur das Problem der nicht vorhandenen Abzugsfähigkeit von Zinsen, sondern auch das Problem der Kapitalsteuer, wenn die Holding mit sehr viel Eigenkapital ausgestattet ist. Durch die Kapitalsteuer können bei einer sehr hohen Kapitalisierung im Vergleich zum Ausland beträchtliche jährliche Belastungen entstehen.[470]
Hierdurch wird der Holdingstandort Schweiz diskriminiert, da die Kapitalsteuer in sonstigen vergleichbaren Standortländern, wie beispielsweise Österreich, die Niederlande oder Luxemburg, unbekannt ist. Besonders negativ sind die Auswirkungen, wenn die Anteilseigner der Schweizer Holding Sitz in einem Land haben, welches die Auslandseinkünfte durch indirekte Steueranrechnung entlastet, da dort die Kapitalsteuer zu den nicht-anrechenbaren Steuern zählt.[471]

Die Zielsetzung der aufgestellten Regelung ist in beiden Ländern die gleiche, nämlich die Eindämmung bzw. Verhinderung einer sachlich nicht gerechtfertigten Gesellschafter-Fremdfinanzierung.

---

[470] Vgl. Sporı, ST 1992, S. 289.
[471] Vgl. Sporı, ST 1992, S. 289.

5. Möglichkeiten einer steuerlichen Konsolidierung

Unter einer Steuerkonsolidierung versteht man „die Möglichkeit, die Ergebnisse mehrerer Gesellschaften für Zwecke der Besteuerung im Staat ihrer Ansässigkeit zusammenzurechnen, d.h. insbesondere, im Falle des Verlustes einer Gesellschaft eine sofortige Verrechnung mit dem Gewinn der anderen Gesellschaft(en) zu erreichen."[472]
Ziel ist die Minimierung der Steuerzahlung auf den Gewinn des Gesamtkonzerns.
Vorteil der Steuerkonsolidierung ist, daß der Verlust einer Tochtergesellschaft zeitgleich mit dem Gewinn einer anderen Tochtergesellschaft verrechnet werden kann und insofern eine sofortige Berücksichtigung bei der Steuerzahlung möglich ist.

Zwar gibt es in den meisten Ländern die Möglichkeit des Verlustvortrages für das einzelne Unternehmen, jedoch findet die Verrechnung erst zu einem späteren Zeitpunkt statt, nämlich dann, wenn die Gesellschaft wieder einen Gewinn erzielt. In vielen Ländern gibt es zusätzlich noch eine zeitliche Begrenzung für den Verlustvortrag, so daß dieser möglicherweise für die Steuerzahlung nicht ausgenutzt werden kann.
Durch einen Verlustvortrag bietet sich zwar für das einzelne Unternehmen die Möglichkeit einer Verrechnung, für den Gesamtkonzern ist jedoch die Steuerkonsolidierung sinnvoller. Denn wenn es letztere nicht gibt, so muß für Gesellschaften, die Gewinn erzielen, trotz der verlustbringenden Schwestergesellschaften die Gewinnsteuer entrichtet werden. Die Zahlung wird also frühzeitiger fällig, was Zins- und Liquiditätsnachteile mit sich bringt, die bei einer Saldierungsmöglichkeit nicht entständen.[473]

Die Voraussetzung für eine Steuerkonsolidierung ist i.d.R. eine bestimmte Beteiligungsquote an der Tochtergesellschaft und beschränkt sich i.a. auf inländische Tochtergesellschaften.[474]
Die Möglichkeit einer konsolidierten Besteuerung beinhaltet, daß der wirtschaftlichen Einheit eines Konzerns Rechnung getragen wird. Dieser besteht juristisch zwar aus vielen verschiedenen Bestandteilen, aus wirtschaftlicher Sicht bildet er jedoch eine Einheit.

---

[472] Jonas, RIW 1991, S. 42.
[473] Vgl. hier die Beispielsrechnung bei Jonas, RIW 1991, S. 42.
[474] Vgl. hierzu eine Übersicht über zehn ausgewählte Staaten bezüglich der Möglichkeit zur Gruppenbesteuerung bei Jacobs, Unternehmensbesteuerung, S. 658 - 659.

Die konsolidierte Besteuerung sollte folgenden Punkten Rechnung tragen:

- sofortige Nutzung von Verlusten innerhalb des Konzerns bzw. der Gruppe,
- Nutzung von Steueranrechnungsguthaben,
- Geltendmachung von Fremdfinanzierungsaufwendungen,
- Steuerersparnisse bzw. -aufschübe bei gruppeninternen Leistungen.[475]

In Deutschland besteht die Möglichkeit einer körperschaftsteuerrechtlichen, gewerbesteuerrechtlichen und umsatzsteuerrechtlichen Organschaft.

Organschaften beziehen sich ausschließlich auf das Inland. Zwar ist bezüglich der körperschaftsteuerrechtlichen Organschaft nach § 18 KStG theoretisch ein ausländischer Organträger möglich, jedoch sind die hierfür zu erfüllenden Bedingungen sehr speziell.[476] Ein inländischer Organträger mit ausländischen Organgesellschaften ist jedoch nicht möglich.

Darüber hinaus gibt es in Deutschland keine konsolidierte Besteuerung.

Diese Organschaft bildet zusammen mit dem Schachtelprivileg den Kern eines Konzernsteuerrechts, das jedoch nach Meinung einiger Autoren auf halbem Wege stehen geblieben ist.[477]

⇒Die körperschaftsteuerrechtliche Organschaft

Die körperschaftsteuerrechtliche Organschaft entsteht durch die Verpflichtung einer Aktiengesellschaft, Kommanditgesellschaft auf Aktien oder anderen Kapitalgesellschaft mit Geschäftsleitung und Sitz im Inland (=Organgesellschaft) durch einen Gewinnabführungsvertrag nach § 291 Abs. 1 AktG ihren ganzen Gewinn an ein anderes inländisches Unternehmen (=Organträger) abzuführen.[478]

Das Einkommen der Organgesellschaft wird dem Organträger zugerechnet und ist durch diesen zu versteuern, hierfür müssen jedoch einige Voraussetzungen erfüllt sein:

---

[475] Vgl. Baumgärtel / Perlet, Standortfragen, S. 711.

[476] Zu der Problematik einer Organschaft über die Grenze vgl. Crezelius, Organschaft, S. 157 - 165. Der Autor setzt sich auch mit den Möglichkeiten eines ausländischen Organträgers nach § 18 KStG auseinander.

[477] Grotherr, BB 1993, S. 1987; der Autor geht in dem Beitrag auf verschiedene Aspekte der Organschaft ein. Grotherr, StuW 1995, S. 124 - 150 setzt sich dann kritisch mit dem gegenwärtigen Gestaltungskonzept der Organschaft auseinander, dieses insbesondere in Hinblick auf divisionale Konzernorganisationsformen mit einer Konzernspitze in Form einer Holding; er zeigt die seiner Meinung nach nötigen Änderungen auf. Krebühl, DB 1995, S. 743 - 748 stellt eine seiner Meinung nach erforderliche Reform der Organschaft dar. Einen allgemeinen Überblick über die verschiedenen Formen der Organschaft gibt auch Prinz, FR 1993, S. 725 - 734. Die Folgen einer Organschaft bei Verlusten von Mutter- oder Tochtergesellschaft zeigen u.a. Gonnella / Starke, DB 1996, S. 248 - 250; Wassermeyer, StbJB 1992/93, S. 219 - 236. Zu allgemeinen Stategien bei Verlusten von Kapitalgesellschaften s. Dreissig, StbJB 1993/94, S. 255 - 266.

[478] Vgl. § 14 KStG in Verbindung mit § 17 KStG.

1. Finanzielle Eingliederung, d.h. der Organträger muß an der Organgesellschaft seit Beginn des Wirtschaftsjahres mit einer Mehrheit beteiligt sein.[479]
2. Wirtschaftliche Eingliederung,[480] d.h. eine wirtschaftliche Zweckabhängigkeit des beherrschten Unternehmens von dem herrschenden.[481]
3. Organisatorische Eingliederung, d.h. es muß ein Beherrschungsvertrag nach § 291 Abs. 1 AktG bestehen oder die Organgesellschaft muß eine nach den Vorschriften der §§ 319 bis 327 AktG eingegliederte Gesellschaft sein.[482]
4. Der Organträger muß eine unbeschränkt steuerpflichtige natürliche Person, Körperschaft, Personenvereinigung, Vermögensmasse i.S. des § 1 KStG oder Personengesellschaft i.S. des § 15 Abs. 1 Nr. 7 EStG sein.[483]
5. Der Gewinnabführungsvertrag mit der Organgesellschaft muß auf mindestens 5 Jahre abgeschlossen sein und bis Ende des folgenden Wirtschaftsjahres wirksam werden. Er muß während seiner Geltungsdauer durchgeführt werden.[484]
6. Die Organgesellschaft darf nur insoweit Rücklagen aus dem Jahresüberschuß außer der gesetzlichen Rücklage bilden, als dies bei vernünftiger kaufmännischer Beurteilung wirtschaftlich begründet ist.[485]

Problematisch kann es werden, wenn der Organträger eine Holding ist. Denn das beherrschende Unternehmen muß eigene gewerbliche Ziele verfolgen, denen sich das beherrschte Unternehmen im Sinne einer Zweckabhängigkeit unterordnen kann.[486]

Wenn die Holding nun reine Vermögensverwaltung betreibt, also nur Beteiligungen hält und verwaltet, dann reicht dieses als übergeordneter Zweck nicht aus. Die Holding entwickelt keine eigene gewerbliche Tätigkeit und kann somit keine Organträgereigenschaft haben. Die Teilnahme am wirtschaftlichen Verkehr vollzieht sich nur über die Organgesellschaften. Es fehlt dann ein übergeordneter wirtschaftlicher Zweck, dem sich die Organgesellschaften unterordnen könnten.[487]

Wenn es sich jedoch um eine geschäftsleitende Holding handelt, so kann diese unter bestimmten Voraussetzungen Organträger sein:

---

[479] Vgl. § 14 Nr. 1 KStG.
[480] Vgl. § 14 Nr. 2 Satz 1 KStG.
[481] Vgl. Abschn. 50 Abs. 1 Satz 2 KStR 1995.
[482] Vgl. § 14 Nr. 2 Satz 2 KStG.
[483] Vgl. § 14 Nr. 3 Satz 1 KStG.
[484] Vgl. § 14 Nr. 4 Satz 1 und 2 KStG. Zum Gewinnabführungsvertrag s. genauer Bödefeld / Krebs, FR 1996, S. 157 - 160; Knobbe-Keuk, Unternehmenssteuerrecht, S. 704 - 709.
[485] Vgl. § 14 Nr. 5 KStG.
[486] Vgl. Abschn. 50 Abs. 1 Satz 3 KStR 1995.
[487] Vgl. BFH v. 13.9.1989, BStBl II 1990, S. 24 - 28, s. hierzu bes. S. 27 Vgl. auch Grotherr, BB 1995, S. 1561; Knobbe-Keuk, Unternehmenssteuerrecht, S. 703.

- Die Ausübung der einheitlichen Leitung muß bei näherer Prüfung durch die dazu befugten Personen, wie z.B. Abschluß- oder Betriebsprüfer, durch äußere Merkmale erkennbar sein,[488]
- das Bestehen des herrschenden Unternehmens als geschäftsleitende Holding muß nach außen in Erscheinung treten,[489]
- die Holding muß die Leitung über mehrere abhängige Kapitalgesellschaften ausüben.[490]

Umgekehrt ist es jedoch durchaus möglich, daß sich die wirtschaftliche Tätigkeit einer Organgesellschaft auf das Halten und Verwalten von Beteiligungen beschränkt, wenn sie hierdurch dem Organträger dient. Die Organgesellschaft muß also selbst nicht zwingend gewerblich tätig sein.[491] Das geforderte Merkmal der wirtschaftlichen Eingliederung ist erfüllt, wenn die Organgesellschaft im Gefüge des übergeordneten Organträgers als dessen Bestandteil erscheint.[492]

Problematisch kann es auch werden, wenn es sich um die Landesholding eines internationalen Spartenkonzern handelt, da in diesem Fall sehr viele Entscheidungen auch in der übergeordneten Konzernzentrale getroffen werden.[493]

Durch die Organschaft wird die Möglichkeit geschaffen, Verluste und Gewinne der Gruppe auf Ebene des Organträgers auszugleichen. Allerdings muß bedacht werden, daß die Organschaft zu einer Durchbrechung der Haftung des Organträgers gegenüber seinen nachgeschalteten Gesellschaften führt, da er für deren Verluste einstehen muß.[494]

Wichtig zu erwähnen ist auch, daß die Organgesellschaft durch die Zurechnung ihres Einkommens auf den Organträger aus der Steuerschuldnerschaft zwar entlassen wird, diese aber durch eine gesetzliche Haftungsschuldnerschaft ersetzt wird. Gemäß § 73 AO haftet die Organgesellschaft für solche Steuern des Organträgers, für welche die Organschaft zwischen ihnen steuerlich von Bedeutung ist.[495]

---

[488] Vgl. BFH v. 17 12.1969, BStBl II 1970, S. 257 - 262 und im Anschluß hieran BFH v. 31.1.1973, BStBl II 1973, S. 420 - 421.

[489] Vgl. BFH v. 17 12.1969, BStBl II 1970, S. 261.

[490] Vgl. BFH v. 15.4.1970, BStBl II 1970, S. 554 - 556.

[491] Vgl. BFH v. 21.1.1970, BStBl II 1970, S. 348 - 349.

[492] Vgl. BFH v. 8.12.1971, BStBl II 1972, S. 289 - 291.

[493] Zu dieser Problematik s. Pach-Hanssenheimb, IStR 1993, S. 1-4; Raupach, IStR 1993, S. 198 - 199. I.a. wird die Erfüllung der Eingliederungsvoraussetzungen bejaht, eine Organschaft wird also für möglich gehalten.

[494] Vgl. Schaumburg / Jesse, Nationale Holding, S. 590.

[495] Vgl. § 73 Abs. 1 AO.

⇒Die gewerbesteuerrechtliche Organschaft

Wenn eine gewerbesteuerrechtliche Organschaft eingegangen wird, dann gilt die Organgesellschaft als Betriebsstätte des Organträger.[496] Das bedeutet, daß die Organgesellschaft ihre gewerbesteuerliche Subjekteigenschaft verliert, nur der Organträger gilt als Unternehmer und somit als Steuerschuldner nach § 5 GewStG.[497]

Allerdings kann die Organgesellschaft immer noch nach § 73 AO zur Haftung herangezogen werden.

§ 2 Abs. 2 Satz 2 GewStG verweist auf die Voraussetzungen des § 14 Nr. 1 und 2 KStG. Das bedeutet, daß auch für eine gewerbesteuerrechtliche Organschaft die finanzielle, wirtschaftliche und organisatorische Eingliederung vorliegen muß. Ein Gewinnabführungsvertrag muß jedoch nicht abgeschlossen sein. Hieraus folgt, daß eine gewerbesteuerrechtliche Organschaft ohne eine körperschaftsteuerrechtliche Organschaft möglich ist, die körperschaftsteuerrechtliche jedoch immer auch die gewerbesteuerrechtliche Organschaft beinhaltet.[498]

Praktisch erfolgt die Zurechnung des erzielten Ertrags auf die Organgesellschaften nach der Lohnsumme. Das so ermittelte Ergebnis je Gesellschaft wird dann mit dem jeweiligen Hebesatz der betroffenen Gemeinde, in der die Organgesellschaft ansässig ist, besteuert. Dieses kann auch zu negativen Auswirkungen bei einem Holdingkonzern führen.[499]

Die Situation ist im Punkt der Konsolidierungsmöglichkeiten in beiden Ländern unterschiedlich. Die Möglichkeiten sind in Deutschland besser.

Allerdings ist die Organschaft in Deutschland ebenso wie die hierfür zu erfüllenden Bedingungen ziemlich kompliziert ausgestaltet. Dieses ist nicht als positiv zu bewerten, aber es besteht immerhin die Möglichkeit der Steuerkonsolidierung.

Die fehlende Konsolidierungsmöglichkeit in der Schweiz wird allgemein als Standortnachteil angesehen. Dieses rief besonders im EU-Vergleich vielfach Kritik und die Forderung hervor, eine derartige Möglichkeit zur Verbesserung der Standortqualität zu schaffen.[500]

Tatsächlich bringt eine zeitgleiche steuerliche Berücksichtigung von Verlusten Zins- und Liquiditätsvorteile.

---

496 Vgl. § 2 Abs. 2 Satz 2 GewStG.

497 Vgl. auch Schaumburg / Jesse, Nationale Holding, S. 600.

498 Vgl. Schaumburg / Jesse, Nationale Holding, S. 598. Ein Diskussionsthema der vergangenen Jahre war die Vereinbarkeit von gewerbesteuerrechtlicher Organschaft und abführungsbedingter Teilwertabschreibung. S. hierzu u.a. Kramer, FR 1994, S. 1-4.

499 Vgl. Grotherr, BB 1995, S. 1562 - 1563.

500 Vgl. Camenzind, ASA 1992/93, S. 237; Faist, StR 1989, S. 159.

Allerdings ist die Berücksichtigung dieser Verluste durch eine reine Holding auf Kantonsebene schwer möglich, da diese dort aufgrund des Holdingprivilegs sowieso kaum Steuern zahlt.
Für die reine Holding ist diese Möglichkeit jedoch bei der Steuerzahlung auf Bundesebene interessant, bei der sie nur einen Steuerabzug für Beteiligungen beanspruchen kann. Hier würde die Konsolidierungsmöglichkeit Steuervorteile bedeuten.
Einer gemischte Holding würde die Konsolidierungsmöglichkeit sowohl auf Kantons- als auch auf Bundesebene Vorteile bringen.
Interessant ist die Hinweis, in der Schweiz bei defizitären Töchtern eher eine gemischte Holding zu errichten.[501] Dieser bezieht sich jedoch hauptsächlich auf die steuerliche Anrechenbarkeit von durch die Mutter an die Tochter erbrachten Sanierungsleistungen. Das ist allerdings bereits ein Schritt weiter als die reine steuerliche Konsolidierung.

Insofern ist die fehlende Möglichkeit der steuerlichen Konsolidierung eindeutig als negativ für den Holdingstandort Schweiz zu bewerten.

---

[501] Vgl. Flubacher / Filli, StR 1990, S. 578; Flubacher, ST 1989, S. 216.

6. Besteuerung der Errichtung einer Holding

Die Errichtung einer Holding ist oft mit steuerlichen Belastungen verbunden. Ziel der Errichtung einer derartigen Unternehmenskonstruktion ist jedoch, diesen Vorgang möglichst steuerneutral durchzuführen.

Auch in Deutschland können wie in der Schweiz verschiedene Formen der Gründung unterschieden werden.

6.1. Bargründung

Bei dieser Form der Gründung wird das Kapital der Holding durch Bareinlage liberiert. Hiermit sollen dann später die Beteiligungen erworben werden.[502]
Die Ausstattung der Holding mit finanziellen Mitteln zieht in Deutschland keine ertragssteuerlichen Konsequenzen nach sich. Allerdings kann der spätere Erwerb von Beteiligungen beim jeweiligen Veräußerer zur Gewinnrealisierung führen, sofern der steuerliche Wert unter dem Kaufpreis liegt. Dieser hat hierauf nun in Deutschland eine Veräußerungsgewinnsteuer zu entrichten, die je nach Rechtsform des Veräußerers unterschiedlich ausgestaltet ist.[503]
Bei einem Vergleich der Bargründung einer Holding in beiden Ländern fällt auf, daß dieses in Deutschland mit weniger Hindernissen möglich ist.
Die einzige Steuer, die in Deutschland anfällt, ist die durch den Verkäufer zu zahlende Veräußerungsgewinnsteuer, wenn sich die Beteiligung vorher im betrieblichen Vermögen befindet.[504] In der Schweiz fällt diese Steuer ebenfalls an. Die Behandlung der Veräußerungsgewinne ist ähnlich wie in Deutschland.[505]
In der Schweiz ist bei Gesellschaftsgründungen mit einem Grundkapital über SFr. 250.000 zusätzlich die Emissionsabgabe von 2 % zu zahlen.

---

[502] Zu den erforderlichen Gründungsvorschriften vgl. Schaumburg / Jesse, Nationale Holding, S. 517 - 518.
[503] Bei Beteiligungen an Kapitalgesellschaften, die sich im Betriebsvermögen befinden, kann die Besteuerung des Veräußerungsgewinnes durch Übertragung der stillen Reserven auf begünstigte Wirtschaftsgüter bis zu maximal 50 % verzögert werden.
[504] Die unterschiedliche Behandlung von Veräußerungsgewinnen und -verlusten von Wirtschaftsgütern im Privat- und Betriebsvermögen wird unter dem Begriff „Dualismus der Einkünfteermittlung" zusammengefaßt. S. näheres hierzu bei Tipke / Lang, Steuerrecht, S. 247 - 250. Veräußerungsgewinne aus Privatvermögen bleiben steuerfrei, während die aus Betriebsvermögen besteuert werden.
[505] Vgl. Höhn, Schweizer Steuerrecht, S. 179 - 180.

Beim Beteiligungskauf fällt in der Schweiz außerdem die Umsatzabgabe an, falls die Holding als Effektenhändler qualifiziert wird. Ein Kriterium für die Anwendung der Umsatzabgabe ist ein Grundkapital, das größer als SFr. 500.000 ist. Diese Grenze ist bei einer Holdinggesellschaft schnell erreicht. Wenn die Holding die Beteiligung langfristig hält, dann fällt die Umsatzabgabe nicht so stark ins Gewicht.
Die Bargründung erscheint in der Schweiz aufgrund der Kapitalverkehrssteuern weniger attraktiv als in Deutschland. Sowohl die Emissionsabgabe als auch die Umsatzabgabe wurden in der Schweiz kritisiert. Es wurde zur Verbesserung der Standortqualität eine Herabsetzung bzw. Abschaffung gefordert.[506] Es gibt allerdings auch Meinungen, die zumindest die Emissionsabgabe als keinen wesentlichen Kostenfaktor ansehen.[507]
Der Anfall der Emissionsabgabe bei Ausgabe von Beteiligungsrechten und der Umsatzabgabe sowohl bei Erwerb der Anteile in Zusammenhang mit der Gründung als auch bei einem Erwerb in einem späteren Unternehmensstadium bedeutet für die Holding eine Behinderung in ihrer Bewegungsfreiheit und verringert die Attraktivität des Holdingstandortes Schweiz.

6.2. Errichtung durch Einbringung von Beteiligungen

Eine weitere Möglichkeit zur Errichtung einer Holding ist die Einbringung von Beteiligungen im Austausch mit Anteilen an der Holding. Die Einbringenden sind hier besonders an einer steuerneutralen Einbringung interessiert. Hierfür existieren in Deutschland zwei Möglichkeiten, nämlich die Einbringung nach § 20 UmwStG und die Einbringung nach den Grundsätzen des Tauschgutachtens.

Die Einbringung nach § 20 UmwStG ist dann begünstigt, wenn die übernehmende Kapitalgesellschaft an der eingebrachten Beteiligung bereits die Stimmrechtsmehrheit hält oder wenn durch die Einbringung die Mehrheit erreicht wird.[508] Auch die Errichtung durch Zusammenlegung mehrerer Minderheitsanteile an einer Gesellschaft ist steuerneutral möglich,

---

[506] Vgl. Böckli, StR 1983, S. 396 - 397 und 404 - 405; Camenzind, ASA 1992/93, S. 237 - 238; Metzger, ASA 1991/92, S. 393 - 394 und Spori, ST 1992, S. 290.
[507] Vgl. Krüger, Standortauswahl, S. 97
[508] Vgl. § 20 Abs.1 Satz 2 UmwStG.

die notwendigen Übertragungsakte müssen hierbei als einheitlicher Vorgang betrachtet werden.[509]

Durch eine Buchwertverknüpfung kann in diesen Fällen eine Veräußerungsgewinnbesteuerung vermieden werden. Bei Bilanzierung der eingebrachten Anteile zum Buchwert muß der Einbringende zunächst keine Steuern zahlen. Falls die neu erworbenen Anteile jedoch später verkauft werden, so unterliegt dieses der Besteuerung nach § 21 UmwStG.[510] Wenn die Bilanzierung der eingebrachten Anteile zu einem höheren Wert als dem ursprünglichen Buchwert erfolgt, so ist die Steuerneutralität nur noch teilweise oder gar nicht mehr gegeben, da in diesem Falle stille Reserven aufgedeckt und in der Folge auch versteuert werden. So kommt es bei Ansatz zum Teilwert oder einem Zwischenwert zu einer ermäßigten Besteuerung nach § 20 Abs. 5 UmwStG.[511] Grundsätzlich ist jedoch zu sagen, daß die Holding nach § 20 Abs. 2 Satz 1 und 6 UmwStG ein Bewertungswahlrecht hat, der Ansatz kann zum Buchwert oder einem höheren Wert erfolgen.[512]

Wesentlich ist auch, daß die Einbringung gegen die Gewährung von neuen Gesellschaftsanteilen erfolgt. Bei inländischen Einbringungen sind zusätzliche Gegenleistungen nicht der Höhe nach eingeschränkt.[513]

Der steuerneutrale Anteilstausch ist auch über die Grenze möglich. Allerdings müssen hieran Kapitalgesellschaften beteiligt sein, die im EU-Raum ansässig sind.[514]

Weitere Bedingungen schränken den Anteilstausch ein: Bei der erwerbenden und der erworbenen Gesellschaft muß es sich um Gesellschaften im Sinne der EG-Richtlinie handeln, bare Zuzahlungen sind auf 10 % des Nennbetrages oder rechnerischen Wertes der Anteile beschränkt und die erworbenen Anteile dürfen innerhalb von 7 Jahren nicht veräußert werden.[515]

---

509 Vgl. Grotherr, BB 1995, S. 1513.
510 Vgl. Dötsch, Umwandlungssteuerrecht, S. 39.
511 Vgl. Dötsch, Umwandlungssteuerrecht, S. 39.
512 Eine genauere Diskussion des Bewertungswahlrechts s. bei Schaumburg / Jesse, Nationale Holding, S. 520 - 524.
513 Vgl. Baumgärtel / Perlet, Standortfragen, S. 717 - 718.
514 Vgl. § 23 Abs. 4 UmwStG.
515 Vgl. Baumgärtel / Perlet, Standortfragen, S. 718.
Die §§ 20 - 23 UmwStG sind infolge der Umsetzung der Fusionsrichtlinie entstanden. Diese Paragraphen basieren auf dem UmwStG 1977, bei dem 1992 durch das StÄndG vom 25.2.92 (BGBl. I 1992, 297) die nötigen Anpassungen an die Erfordernisse der Fusionsrichtlinie vorgenommen wurden. Vgl. hierzu unter anderem Altheim, IStR 1993, S. 406 - 412; Grotherr, DB 1993, S. 808 - 809; Herzig / Förster, DB 1992, S. 911 - 916 und S. 959 - 963; Rödder, IStR 1994, S. 257 - 262; Thiel, Einbringung und Anteilstausch, S. 159 - 186; Wassermeyer, Ausländischer Unternehmenserwerb, S. 113 - 131.
Durch das neue UmwStG vom 28.10 94 (BGBl. I 1994, 3267) wurden diese Artikel vom Aufbau her abgeändert, sie sind inhaltlich jedoch weitgehend gleichgeblieben. Vgl. hierzu Schaumburg / Rödder, Umwandlungsgesetz, S. 604.

Ist die ausländische Kapitalgesellschaft jedoch keine EU-Gesellschaft, so ist auch der steuerneutrale Anteilstausch nach §§ 20 - 23 UmwStG nicht möglich.[516]
Der Anteilstausch ist auch die übliche Form, eine Holding zu errichten, die der gesellschaftsrechtlichen Umsetzung eines grenzüberschreitenden Joint Ventures dient.[517]

Die Einbringung kann nach den Grundsätzen des Tauschgutachtens[518] dann steuerneutral erfolgen, wenn die hingegebenen und die erworbenen Anteile wert-, art- und funktionsgleich sind, also wirtschaftliche Identität vorliegt.[519]
Wertgleichheit bedeutet, daß die gemeinen Werte der hingegebenen und erworbenen Anteile sich entsprechen sollten, Artgleichheit beinhaltet die gleiche oder eine ähnliche Branche und Funktionsgleichheit bedeutet, daß die Anteile die gleiche betriebswirtschaftliche Funktion erfüllen bzw. die gleichen Einflußnahmemöglichkeiten beinhalten.[520] Bei wirtschaftlicher Identität der hingegebenen und eingetauschten Anteile beeinflußt der Tausch nicht die Gewinnrechnung. Es kann von einer Besteuerung der stillen Reserven abgesehen werden, solange sie der deutschen Besteuerung erhalten bleiben.[521] Das Kriterium der wirtschaftlichen Identität eines Tauschgegenstandes ist in der Schweiz auch bekannt.[522]
Bei einer Holding ist die Anwendung des Tauschgutachtens dann möglich, wenn sie (1) keine weiteren Beteiligungen hält oder (2) im Zeitpunkt des Tausches zwar noch andere Beteiligungen hält oder zu erwerben beabsichtigt, jedoch die bisherige Einflußmöglichkeit erhalten bleibt.[523]
In den Fällen, wo außer einer deutschen noch eine Nicht-EU-Gesellschaft beteiligt ist, ist die Einbringung von Anteilen nach Tauschgutachten auch grenzüberschreitend steuerneutral möglich.[524]
Wenn es sich bei der übernehmenden Gesellschaft um eine Auslandholding handelt, so dürfen die durch den Tausch erworbenen Anteile 10 Jahre lang nicht veräußert werden.[525]

---

516 Vgl. Schaumburg / Jesse, Internationale Holding, S. 627
517 Vgl. Müller, Grenzüberschreitende Joint Ventures, S. 237
518 Das Tauschgutachten geht auf eine Entscheidung des BFH aus dem Jahre 1958 zurück. Vgl. BFH vom 16.12.1958, BStBl III 1959, S. 30.
519 Vgl. Knobbe-Keuk, Unternehmenssteuerrecht, S. 927
520 Vgl. Schaumburg / Jesse, Nationale Holding, S. 529. Vgl. zur Funktionsgleichheit BFH vom 2.11.1965, BStBl III 1966, S. 127 - 128.
521 Vgl. Knobbe-Keuk, Unternehmenssteuerrecht, S. 927
522 Vgl. Reich, Unternehmensumstrukturierungen, Rz CH 359 - 365.
523 Vgl. OFD Frankfurt, Vfg. vom 6.8.1990 - S 1978 CA - 25 - St II 20 = IWB 1990, S. 377
524 Vgl. Dötsch, Umwandlungssteuerrecht, S. 207; Rödder, IStR 1994, S. 257 - 258, 261. Zur Anwendung des Tauschgutachtens bei grenzüberschreitendem Tausch von Anteilen s. Wassermeyer, DB 1990, S. 855 - 858.
525 Vgl. OFD Frankfurt, Vfg. vom 21.3.1996 - S 1978 CA - 25 - St II 20 = DB 1996, S. 1012.

Die oben beschriebenen Vorgänge sind i.a. nicht umsatzsteuerpflichtig,[526] jedoch kann, wenn durch die Übertragung auch Grundstücke betroffen sind, Grunderwerbsteuer fällig werden.[527]
Nach einem Schreiben des Bundesministeriums für Finanzen vom 15.2.1995 ist das Tauschgutachten nur noch dann von Bedeutung, wenn die Voraussetzungen der §§ 20 und 23 UmwStG nicht erfüllt sind.[528]

Sowohl in Deutschland als auch in der Schweiz ist es möglich, eine Beteiligung steuerneutral in eine Gesellschaft gegen Anteilsrechte dieser Gesellschaft einzubringen.
Die Schwerpunkte sind jedoch unterschiedlich gelagert.
In Deutschland wird bei Einbringung nach § 20 UmwStG das Bestehen einer Mehrheitsbeteiligung besonders betont, außerdem ist auch eine Buchwertverknüpfung erforderlich. Hierdurch wird die Besteuerung der stillen Reserven verhindert.
In der Schweiz muß bei der Betrachtung der steuerlichen Auswirkungen sowohl die Besteuerung der stillen Reserven als auch die Emissionsabgabe berücksichtigt werden. Die Besteuerung der stillen Reserven kann auch in der Schweiz durch die Übernahme des bisherigen Buchwertes verhindert werden. Begründet wird die Steuerneutralität durch die wirtschaftliche Identität der getauschten Anteile.
Bezüglich der Emissionsabgabe ist in der Schweiz wichtig, daß der Zusammenschluß wirtschaftlich einer Fusion gleichkommen. Dieses beinhaltet eine Mehrheitsbeteiligung von sogar 2/3 der gesamten Anteile der übernommenen Gesellschaft, es werden jedoch auch wirtschaftliche Gegebenheiten betrachtet wie die spätere Leitung der übernommenen durch die übernehmende Gesellschaft und die günstigen Auswirkungen der Fusion auf die Wettbewerbsfähigkeit.
Vergleichbare Regelungen zum Tauschgutachten, das auch den Anteilstausch deutscher Unternehmen mit in Nicht - EU - Staaten ansässigen Gesellschaften ermöglicht, sind in der Schweiz unbekannt.
Auch sind die Regelungen des § 23 UmwStG, die es deutschen Unternehmen ermöglichen, mit anderen EU-Ländern zu den gleichen Bedingungen wie innerhalb Deutschlands einen Anteilstausch vorzunehmen, aufgrund der fehlenden Mitgliedschaft der Schweiz in der EU unbekannt.[529]

---

526 Genaueres s. bei Schaumburg / Jesse, Nationale Holding, S. 538 - 539.
527 Vgl. Schaumburg / Jesse, Nationale Holding, S. 539.
528 Vgl. BMF-Schreiben v. 15.2.1995 - IV B 2 - S 1909 - 6 / 95 = IStR 1995, S. 295.
529 Für Fusionen über die Grenze gilt für die Schweiz das unter Kap. III.8.4 Gesagte. Entscheidend ist, ob die stillen Reserven dem Zugriff des Schweizer Fiskus entzogen werden oder nicht.

Die Verlagerung des Sitzes, der Verwaltung, eines Geschäftsbetriebes oder einer Betriebsstätte ins Ausland ist in der Schweiz der Liquidation gleichgestellt und wird insofern besteuert.[530] Für die Regelung der Übertragung einer Beteiligung durch die Schweizer Mutter auf eine ihrer ausländischen Töchter fehlt in der Schweiz die gesetzliche Grundlage, jedoch wird hier in der Literatur die Steuerneutralität gefordert.[531]

Falls Grundstücke von dem Anteilstausch betroffen sind, so ist in beiden Ländern der Anfall einer Steuer möglich. Diese nennt sich in Deutschland Grunderwerbsteuer. In der Schweiz können -je nach kantonaler Regelung- Handänderungs- und Grundstücksgewinnsteuer anfallen.
Die Regelung dieser Steuern ist in der Schweiz uneinheitlich, da diese auf kantonaler und kommunaler Ebene erhoben werden und insofern je nach Kanton und Gemeinde voneinander abweichen. Hierin drückt sich deutlich der ausgesprochen föderalistische Charakter des Schweizer Steuersystems aus.
Im Gegensatz zu Deutschland sind in einigen Kantonen Unternehmensumstrukturierungen bzgl. der Handänderungs- und Grundstückgewinnsteuer steuerneutral möglich.

6.3. Errichtung durch Unternehmensspaltung

Die Ausgliederung wird in Deutschland ebenso wie die Auf- und die Abspaltung in § 123 UmwG geregelt.[532] Steuerlich fallen jedoch die Auf- und Abspaltung unter §§ 15, 16 UmwStG, die Ausgliederung unter § 20 Abs. 1 Satz 1 UmwStG.[533]
Die Ausgliederung kann in den Fällen angewendet werden, wenn ein Stammhaus in einen Holdingkonzern umgewandelt werden soll. Hierbei wird das operative Geschäft der Mutter zu den neu geschaffenen Töchtern ausgelagert. Es werden also Teilbetriebe gegen Anteile an den Töchtern getauscht. Nach § 20 Abs. 1 Satz 1 UmwStG ist dieses steuerneutral möglich, wie es auch bereits im vorhergehenden Abschnitt dargelegt wurde.

---

[530] Vgl. Art. 58 Abs. 1c DBG.
[531] Vgl. Duss, Umstrukturierungen Teil 2, S. 646 - 647
[532] Die Aufspaltung wird in § 123 Abs. 1, die Abspaltung in § 123 Abs. 2 und die Ausgliederung in § 123 Abs. 3 UmwG geregelt.
[533] Diese unterschiedliche Behandlung führt auch zu unterschiedlichen Tatbestandsvoraussetzungen und Rechtsfolgen bzgl. der Zuordnung der Wirtschaftsgüter. Während bei den Formen der Spaltung echte oder fiktive Teilbetriebe bestehen müssen, ist dieses bei der Ausgliederung nicht zwingend erforderlich. Vgl. hierzu Blumers / Siegels, DB 1996, S. 7 - 11.

Auch bei Ausgliederung auf eine internationale Holding ist § 20 UmwStG zu beachten.
Für die deutsche Grunderwerbsteuer gilt das unter IV.6.2 Gesagte.

Der Sachverhalt ist hierbei in beiden Ländern ähnlich. Durch Austausch von Anteilen werden neue Unternehmensstrukturen geschaffen. Allerdings wird bei diesem Vorgang in der Schweiz mehr differenziert, nämlich in die Ausgliederung nach unten und nach oben. Diese Unterscheidung gibt es in Deutschland nicht.
Prinzipiell ist in Deutschland aber auch die Schaffung einer Holding in der Hierarchieebene oberhalb des Stammhauses möglich. Die Anteilseigner könnten ihre Beteiligungen am Stammhaus als Sacheinlage in die Holding einbringen und würden im Gegenzug Anteile an der Holding erhalten. Organisatorisch ist jedoch die Variante der Ausgliederung nach unten einfacher, da die Anteilseigner hiervon nicht berührt werden. Die steuerlichen Folgen sind bei beiden Varianten gleich.
Die Differenzierung in der Schweiz in Ausgliederung nach oben und unten beruht auf der besonderen Privilegierung von Holdinggesellschaften, die auch eine unterschiedliche steuerliche Behandlung bedeutet. Vermögensgegenstände, die durch Einbringung in die Holding oder bei Verbleib in dieser der Schweizer Besteuerung entzogen werden, wurden in der Regel auf kantonaler Ebene schon bei der Umstrukturierung besteuert, dieser Vorgang war insofern nicht steuerneutral. Der z.Zt. von einigen Kantonen vollzogene Übergang zu einem Steueraufschub gewährleistet jedoch die Steuerneutralität dieses Vorgangs.
Auf Schweizer Bundesebene erfolgt die Besteuerung der stillen Reserven bei einer Ausgliederung nach oben sowie bei der Errichtung von Zwischenholdings im Ausland.[534] Hier hat also die Wahl der Umstrukturierungsform deutliche steuerliche Folgen.
Bei der Errichtung durch Ausgliederung ist die Situation in der Schweiz komplizierter als in Deutschland. Das hängt einerseits mit der speziellen Schweizer Holdingprivilegierung zusammen, die sämtliche Erträge der Holding von der Steuer freistellt, andererseits mit der Tatsache, daß Regelungen für internationale Umstrukturierungen nicht existieren. Zwar wurde schon für einen Steueraufschub plädiert,[535] allerdings gibt es hierfür keine gesetzliche Regelung.

---

[534] Vgl. Landolf, ST 1992, S. 276.
[535] Vgl. Duss, Umstruktunerungen Teil 2, S. 646 - 647

6.4. Errichtung durch Sitzverlegung eines ausländischen Unternehmens

Die Sitzverlegung eines ausländischen Unternehmens nach Deutschland und die hiermit verbundene Entstehung einer deutschen Holding zieht innerhalb Deutschlands keine steuerlichen Folgen nach sich. Allerdings ist mit einer Wegzugsbesteuerung des anderen Landes zu rechnen, in dem der bisherige Sitz bestanden hatte.

Die steuerliche Situation ist bei diesem Vorgang in beiden Ländern gleich. Die Wahrscheinlichkeit einer derartigen Umstrukturierung ist schwer einzuschätzen. Die mögliche bzw. sichere Besteuerung der stillen Reserven durch das Wegzugsland bedeutet jedoch, daß in diesem Fall Steuerneutralität nicht möglich ist.

6.5. Errichtung durch Rechtsformwechsel

Schließlich ist in Deutschland auch der Formwechsel nach § 190 Abs.1 UmwG möglich.[536]
Nach § 191 UmwG wäre der Rechtsformwechsel von der Personengesellschaft zur Kapitalgesellschaft oder von einer Kapitalgesellschaft in eine andere Kapitalgesellschaft möglich. Allerdings wird hierdurch nicht die Struktur einer Holding mit Tochtergesellschaften geschaffen, sondern diese muß vorher bestehen. Durch diesen Vorgang wird lediglich ermöglicht, daß die Mutter die Rechtsform einer Kapitalgesellschaft erhält.
Der hier relevante Formwechsel von einer Personengesellschaft in eine Kapitalgesellschaft mit den jeweiligen steuerlichen Folgen wird in § 25 UmwStG geregelt. Danach gelten die §§ 20 - 23 UmwStG auch für diesen Fall, d.h. die Umwandlung kann steuerneutral erfolgen.
Der Formwechsel von einer Kapitalgesellschaft in eine andere Kapitalgesellschaft ist steuerlich irrelevant.[537]
Umsatz- und Grunderwerbsteuer sollte nicht anfallen.[538]
Durch den Rechtsformwechsel, wie er in Deutschland möglich ist, ändert sich nichts an der Struktur der Gesellschaft, nur die Rechtsform wird verändert. Insofern ist dieses kaum zu den Umstrukturierungsmaßnahmen zu zählen.

---

[536] Vgl. im einzelnen Schaumburg / Jesse, Nationale Holding, S. 551 - 552.
[537] Vgl. Wochinger / Dötsch, DB 1994, Beilage 14, S. 21.
[538] Vgl. Schaumburg / Jesse, Nationale Holding, S. 552.

In der Schweiz ist der Rechtsformwechsel eigentlich nicht relevant, da nur Kapitalgesellschaften und Genossenschaften als Holding privilegiert werden.[539] Holdings in der Rechtsform einer Personengesellschaft können diese Privilegien nicht beanspruchen.
An dieser Stelle könnte nun allerdings argumentiert werden, daß gerade wegen der fehlenden Privilegierung von Personengesellschaftsholdings in der Schweiz die Umwandlung in eine Kapitalgesellschaft attraktiv wäre. Allerdings liegt bei der Einkommensteuer der Personengesellschaft keine steuerliche Mehrfachbelastung vor, sondern nur die Einfachbelastung, was dieser Motivation widerspricht. Während bei einer Kapitalgesellschaft die Besteuerung sowohl auf Ebene der Gesellschaft als auch auf Ebene der Anteilseigner erfolgt, werden bei Personengesellschaften sämtliche Einkünfte aus der Unternehmung einmal bei den beteiligten natürlichen Personen mit der Einkommensteuer erfaßt.[540]
Insofern ist es logisch, daß die Möglichkeit eines Holdingprivilegs bzw. Beteiligungsabzuges nur für Kapitalgesellschaften existiert, da nur dort die doppelte Besteuerung vorliegt.
Die Umwandlung einer Personengesellschaft in eine Kapitalgesellschaft kann nur durch Auflösung des Personenunternehmens und die Übertragung seines Vermögens durch Singularsuksession nach Art. 181 OR auf eine Kapitalgesellschaft erfolgen. Obwohl es sich hierbei um einen steuerbaren Entnahmetatbestand handelt, kann dieser dann steuerneutral sein, wenn die folgenden Bedingungen erfüllt sind:

- Übertragung eines Geschäftsbetriebes,
- unveränderte Weiterführung des Geschäftsbetriebes,
- grundsätzlich gleichbleibende Beteiligungsverhältnisse,
- Einhaltung der Sperrfrist und
- fiskalische Verknüpfung.[541]

Aufgrund der nicht gegebenen fiskalischen Verknüpfung wegen der Steuerfreistellung durch das Holdingprivileg bei Übertragung der Anteile in eine Holdinggesellschaft dürfte dieser Vorgang m.E. nicht steuerneutral erfolgen.
Der Rechtsformwechsel gestaltet sich also in der Schweiz komplizierter als in Deutschland.

---

[539] Vgl. Cagianut / Höhn, Unternehmungssteuerrecht, S. 404.
[540] Vgl. Cagianut / Höhn, Unternehmungssteuerrecht, S. 93.
[541] Vgl. Reich, Unternehmensumstrukturierungen, Rz CH 514 - 547

7. Besteuerung der Umstrukturierung einer Holding

Die steuerliche Behandlung von Umstrukturierungen innerhalb des Konzerns ist wichtig, da man nicht von einem permanenten Bestehen der gegenwärtigen Situation ausgehen kann. Ein Holdingkonzern muß auf Änderungen seiner Umwelt oder der wirtschaftlichen, rechtlichen, politischen oder anderer Rahmenbedingungen flexibel reagieren können durch eine Umgestaltung seines Aufbaus.
Problematisch wird dieses, wenn eine Umstrukturierung steuerliche Konsequenzen hat. Dann werden Veränderungen, die betriebswirtschaftlich notwendig wären, nicht durchgeführt und schaden dem Unternehmen. So kann beispielsweise eine Veräußerungsgewinnbesteuerung bei einer Umhängung im Konzern, die unternehmerisch sinnvoll ist, eine schwere Beeinträchtigung sein.[542]

Ideal wäre also ein Standort, der derartige Vorgänge nicht der Besteuerung unterwirft oder die Besteuerung zumindest bis zur endgültigen Realisierung der stillen Reserven aus Sicht des Gesamtkonzerns aufschiebt.

7.1. Veräußerung von Beteiligungen

Eine Möglichkeit, einen Konzern umzustrukturieren, ist die Veräußerung von Beteiligungen. Diese können entweder innerhalb des Konzerns veräußert werden oder an jemanden außerhalb des Konzerns. Eine ausführliche Darstellung und ein Vergleich beider Länder erfolgte bereits in den Kapiteln III.3.5 und IV.1.5 dieser Arbeit.
An dieser Stelle wird nur das dort erarbeitete Ergebnis kurz zusammengefaßt. Die Besteuerung bei der Veräußerung von Beteiligungen ist in der Schweiz und in Deutschland verschieden geregelt.
In Deutschland werden in- und ausländischen Beteiligungsveräußerungsgewinnen aus steuerlicher Sicht unterschiedlich behandelt und können jeweils andere Steuererleichterungen in Anspruch nehmen.
In der Schweiz sind in- und ausländische Kapitalgewinne auf Beteiligungen bei Vorliegen eines Holdingprivilegs steuerfrei, ansonsten erfolgt die Besteuerung auf Bundes- und Kantonsebene.

[542] Vgl. Flick, DStR 1989, S. 557

7.2. Liquidation von Beteiligungen

Die Liquidationsbesteuerung einer Kapitalgesellschaft wird in Deutschland in § 11 KStG geregelt.
Der Liquidationsgewinn wird als die Differenz zwischen dem Abwicklungs-Endvermögen und dem Abwicklungs-Anfangsvermögen definiert, diese Differenz ist zu versteuern.[543]
Das Abwicklungs-Endvermögen ist das zur Verteilung kommende Vermögen,[544] das Abwicklungs-Anfangsvermögen „ist das Betriebsvermögen, das am Schluß des der Auflösung vorangegangenen Wirtschaftsjahr der Veranlagung zur Körperschaftsteuer zugrunde gelegt worden ist."[545] Die auf diesen Liquidationsgewinn erhobene Körperschaftsteuer ist natürlich wie auch bei Dividenden auf später erhobene Steuern anrechenbar.[546]
Der Liquidationsgewinn von ausländischen Beteiligungen kann jedoch in Deutschland auch steuerfrei bleiben, wenn die gleichen Voraussetzungen vorliegen, wie bei der Veräußerung von ausländischen Beteiligungen. Denn § 8b Abs. 2 KStG beinhaltet nicht nur die Steuerfreistellung für Veräußerungsgewinne ausländischer Beteiligungen, sondern auch die Steuerbefreiung für Gewinne, die aus der Auflösung ausländischer Gesellschaften, an denen Beteiligungen bestehen, stammen.

In beiden Ländern ist bei Liquidation tendenziell die Abrechnung über die stillen Reserven üblich. Es erfolgt eine Besteuerung auf der Ebene der Tochtergesellschaft.
Die Schweiz bietet jedoch Holdinggesellschaften für in- und ausländische Beteiligungen die Möglichkeit, diese entweder dem Beteiligungsabzug oder dem kantonalen Holdingprivileg zu unterstellen, da die Differenz zwischen Gewinnsteuerwert und Liquidationsüberschuß der Beteiligung als außerordentliche Gewinnausschüttung bzw. Beteiligungsertrag gilt.[547]
In Deutschland besteht die Möglichkeit der Steuerfreiheit nur dann, wenn es sich um eine ausländische Beteiligung handelt und die notwendigen Bedingungen in Anlehnung an die Steuerfreiheit von ausländischen Dividendenzahlungen erfüllt sind. Bei inländischen Beteiligungen sind gezahlte Körperschaftssteuern anrechenbar.
Erstaunlich ist, daß in der Schweiz Liquidationsgewinne von Beteiligungen steuerfrei vereinnahmt werden können, falls es sich um eine maßgebliche

543 Vgl. § 11 Abs. 2 KStG.
544 Vgl. § 11 Abs. 3 KStG.
545 § 11 Abs. 4 Satz 1 KStG.
546 Vgl. § 41 KStG in Verbindung mit § 20 Abs. 1 Nr. 2 EStG. Die Vorschriften der §§ 27 - 40 KStG gelten hier gleichermaßen.
547 Vgl. Cagianut / Höhn, Unternehmungssteuerrecht, S. 823.

Beteiligung handelt oder ein kantonales Holdingprivileg vorliegt, während Veräußerungsgewinne nicht dem Beteiligungsabzug unterliegen. Die Argumentation für die Steuerfreistellung ist hier wohl auch, daß die Mehrfachbesteuerung vermieden werden soll. Dieses erscheint auch einleuchtend. Allerdings ist dann kaum nachvollziehbar, warum die Veräußerungsgewinne nicht auch steuerfrei gestellt werden, wenn eine maßgebliche Beteiligung vorliegt.

7.3. Verlagerung von Beteiligungen

Beteiligungen können sowohl innerhalb als auch außerhalb Deutschlands verlagert werden.

Die Verlagerung von Beteiligungen innerhalb Deutschlands kann steuerneutral sowohl nach § 20 UmwStG als auch nach den Grundsätzen des Tauschgutachtens erfolgen.[548]

Die Erfüllung der Bedingungen des § 20 Abs. 1 Satz 2 UmwStG bezüglich der Stimmrechtsmehrheit sollte bei Verlagerungen innerhalb des Konzerns kein Problem sein.

Auch die Bedingungen des Tauschgutachtens hinsichtlich der Wert-, Art- und Funktionsgleichheit der Anteile sollte, bei einer sinnvollen Strukturierung des Konzerns, erfüllbar sein.[549]

Die Verlagerung ins Ausland kann in ein EU- oder in ein Nicht-EU-Land erfolgen.

⇒ in ein zur Europäischen Union gehörendes Land

Bei Verlagerung innerhalb der EU ist der steuerneutrale Anteilstausch nach § 23 UmwStG möglich, der sich nach § 20 UmwStG richtet.

So ist nach § 23 Abs. 4 UmwStG die steuerneutrale Verlagerung stiller Reserven ohne Realisierung innerhalb der EU möglich.

Es handelt sich hierbei um einen gesellschaftsrechtlichen Vorgang, d.h. Anteile einer EU-Gesellschaft werden gegen Anteile einer anderen EU-

---

548 Vgl. hierzu genauer Kap. IV.6.2 dieser Arbeit.

549 Probleme könnte es hinsichtlich der Funktionsgleichheit geben, je nachdem, welche Einflußmöglichkeit der Holding oder dem vorherigen Besitzer nach der Umstrukturierung noch bleibt. So soll die Einflußmöglichkeit des bisherigen Besitzers auf die übertragene Beteiligungsgesellschaft erhalten bleiben. Vgl. hierzu BFH v. 2.11.1965, BStBl III 1966, S. 127-128. Der BFH vertritt hier die Ansicht, daß es bereits für die Funktionsgleichheit spricht, wenn die getauschten Anteile der gleichen Branche angehören. Auch kann ohne Verletzung der Funktionsgleichheit eine Schachtelbeteiligung gegen eine geringere Beteiligung getauscht werden, wenn „nach dem Gesamtbild die Einflußnahme in der neuen Form dem sich aus der früheren Beteiligung ergebenden Einfluß vergleichbar ist." Ferner entscheidet der BFH in diesem Urteil, daß es zur Erfüllung der Gleichartigkeit nicht nötig ist, daß die getauschten Anteile an der gleichen Gesellschaft bestehen.

Gesellschaft getauscht, durch den Tausch muß eine Mehrheitsbeteiligung erreicht werden. Es gelten im übrigen § 20 Abs. 2 Satz 1 - 4 und 6 UmwStG für die Bewertung der Anteile, die die übernehmende Gesellschaft erhält und § 20 Abs. 4 Satz 1 UmwStG für die Bewertung der neuen Anteile.[550]
Als Sicherheitsvorschrift gilt § 26 Abs. 2 UmwStG, wonach die übernehmende Kapitalgesellschaft die erhaltenen Anteile innerhalb eines Zeitraums von 7 Jahren nicht weiterveräußern darf, es sei denn, „daß die erhaltenen Anteile Gegenstand einer weiteren Sacheinlage zu Buchwerten auf Grund von Rechtsvorschriften eines anderen Mitgliedsstaates der Europäischen Union sind, die § 23 Abs. 4 entsprechen."[551]
Die Veräußerung der erhaltenen Anteile an der übernehmenden Gesellschaft durch den einbringenden Gesellschafter ist jedoch unschädlich.[552]

⇒ in ein nicht zur Europäischen Union gehörendes Land
Hier kann eine Umstrukturierung steuerneutral nur auf Grund des Tauschgutachtens erfolgen.[553] Die Anteile dürfen 10 Jahre nicht veräußert werden, bezüglich der Funktionsgleichheit gilt, daß dem ehemaligen Eigentümer die gleiche Einflußmöglichkeit erhalten bleiben muß.[554]

Eine steuerneutrale Verlagerung ist in beiden Ländern möglich. Die hierfür zu erfüllenden Bedingungen sind jedoch unterschiedlich.
In der Schweiz muß der Steuerstatus erhalten bleiben, d.h. die Steuerpflicht muß in der Schweiz zu den gleichen Bedingungen wie vorher weiterbestehen. Eine Beteiligung, die voll steuerpflichtig ist, darf nicht in eine nur beschränkt steuerpflichtige Holding umstrukturiert werden. Allerdings besteht in diesem Zusammenhang mittlerweile in einigen Kantonen die Möglichkeit eines Steueraufschubes.
Es muß also den Schweizer Steuerbehörden weiterhin der Zugriff bei Realisierung der stillen Reserven möglich sein. Es darf auch keine Bilanzierung zu einem anderen Wert als dem Buchwert erfolgen.
In Deutschland kennt man die zwei dargestellten Möglichkeiten zur steuerneutralen Umstrukturierung, nämlich nach § 20 UmwStG und nach dem Tauschgutachten.
Die Vorschriften sind hier in Deutschland wesentlich differenzierter als in der Schweiz.

---

[550] Vgl. § 23 Abs. 4 Satz 1 UmwStG.
[551] § 26 Abs. 2 Satz 1 UmwStG. Näheres hierzu s. bei Grotherr, BB 1995, S. 1513 - 1514.
[552] Vgl. Herzig / Förster, DB 1992, S. 960.
[553] Vgl. hierzu die Übersicht über die Einbringung von Anteilen (Anteilstausch) bei Altheim, IStR 1993, S. 412.
[554] Vgl. Grotherr, BB 1995, S. 1514.

Auch eine Verlagerung ins Ausland wird in Deutschland differenzierter gesehen als in der Schweiz.
Bei Verlagerung ins Ausland erfolgt in der Schweiz in jedem Fall aus steuersystematischen Gründen eine Besteuerung. Allerdings wird hier momentan von einigen Seiten für einen Steueraufschub bei der Anhängung einer Beteiligung an eine ausländische Tochtergesellschaft plädiert.[555]
In Deutschland gibt es verschiedene Möglichkeiten. Innerhalb der EU wurde extra zur Umsetzung der Fusionsrichtlinie der § 23 UmwStG geschaffen. So wird ein Anteilstausch innerhalb der EU ermöglicht, der dem innerhalb Deutschlands entspricht. Die europäischen Grenzen stellen also kein Hindernis mehr dar. Aber auch eine Umstrukturierung außerhalb der EU ist möglich mithilfe des Tauschgutachtens.
Hier bestehen sehr große Unterschiede, die ausgesprochen nachteilig für die Schweiz sind.
Bei der Verlagerung von Beteiligungen einer Holding wird wieder deutlich, daß die Umstrukturierungsmöglichkeiten in der Schweiz momentan noch sehr begrenzt sind. Steuerneutral ist dieses nur innerhalb der Schweiz möglich. Als grundlegend gilt der Fortbestand der Steuerpflicht in der Schweiz und das Übernehmen der für die Gewinnsteuer maßgeblichen Werte.
Aber bereits bei der Verlagerung innerhalb der Schweiz kann es zu einer Besteuerung kommen, wenn die Beteiligung auf eine Holding übertragen wird. Die Lösung eines Steueraufschubes erscheint hier sinnvoll, da sachlich keine Realisation stattfindet, die eine Besteuerung rechtfertigen würde.
Bei der Umstrukturierung über die Grenze sind die derzeitigen Möglichkeiten der Schweiz als schlecht zu beurteilen. Hier erfolgt momentan eigentlich immer die Besteuerung bei der Umhängung einer Tochtergesellschaft. Die Flexibilität des Unternehmens und seine Fähigkeit, sich an veränderte Umweltbedingungen anzupassen, wird hierdurch sehr beeinträchtigt.

7.4. Fusion von Gesellschaften

Eine weitere Form, einen Konzern umzustrukturieren, ist die Verschmelzung von Gesellschaften, an denen Beteiligungen bestehen oder auch Zwischen- oder Spartenholdings.

---

[555] Vgl. Kapitel III.8.3.2 dieser Arbeit.

Die Verschmelzung wird in § 2 UmwG geregelt. Danach ist die Vermögensübertragung im Wege der Aufnahme oder Neugründung[556] gegen die Gewährung von Anteilen an die ehemaligen Anteilsinhaber der übertragenden Gesellschaft zu vollziehen.[557]
Steuerlich wird dieser Vorgang in §§ 11 - 13 UmwStG geregelt. Dieses kann steuerneutral erfolgen, sofern sichergestellt ist, daß die stillen Reserven weiterhin der Körperschaftsteuer unterliegen und die Gegenleistung nur in Gesellschaftsrechten besteht.[558]
Die Fusion innerhalb eines Konzerns kann sowohl nur auf einer Hierarchieebene durchgeführt werden als auch übereinanderliegende Hierarchiestufen umfassen.[559]
Nach § 19 UmwStG fällt keine Gewerbesteuer an. Umsatzsteuer fällt nicht an, Grunderwerbsteuer ist jedoch bei Übertragung von Grundstücken zu entrichten.[560]

Bei der Fusion über die Grenze sind auch die Vorschriften des UmwStG anwendbar, solange es sich bei den beteiligten Rechtsträgern um inländische handelt. Diese müssen unbeschränkt körperschaftsteuerpflichtig sein, um eine steuerneutrale Gestaltung zu erreichen.[561]
Bislang sind die in der Fusionsrichtlinie geregelten Tatbestände der grenzüberschreitenden Fusion und Spaltung handelsrechtlich nicht geregelt. Solange dieses nicht erfolgt ist, wird auch keine steuerrechtliche Regelung in Angriff genommen.[562] Zur Zeit sind nur grenzüberschreitende Umstrukturierungen möglich, die neue Beteiligungen oder Gesellschaften begründen. Bestehende Beteiligungen oder Gesellschaften können momentan nicht steuerneutral aufgelöst werden.[563]

In Bezug auf die Fusion von Beteiligungen ist die Situation in Deutschland und der Schweiz ähnlich. Es muß in beiden Ländern sichergestellt sein, daß die stillen Reserven weiterhin der Besteuerung unterliegen. Das Fortbestehen der Steuerpflicht wird sowohl von Art. 61 Abs. 1 DBG bzw.

---

556 Eine anschauliche bildliche Darstellung dieser beiden Formen geben Schaumburg / Rödder, Umwandlungsgesetz, S. 40.
557 Eine Betrachtung der Verschmelzung im neuen UmwG aus betriebswirtschaftlicher Sicht s. bei Ossadnik / Maus, DB 1995, S. 105 - 109.
558 Vgl. § 11 Abs. 1 UmwStG. Zur genauen Durchführung s. Wochinger / Dötsch, DB 1994, Beilage 14, S. 15 - 21.
559 So s. z.B. zur Verschmelzung einer Mutter auf ihre Tochter Dreissig, StBJB 1994/95, S. 209 - 223.
560 Vgl. Schaumburg / Jesse, Nationale Holding, S. 550.
561 Vgl. Schaumburg / Jesse, Internationale Holding, S. 628.
562 Vgl. Dötsch, Umwandlungssteuerrecht, S. 197
563 Vgl. Dötsch, Umwandlungssteuerrecht, S. 198. Die Möglichkeiten der Steuergestaltung im EU-Binnenmarkt sind in einer Graphik auf der gleichen Seite dargestellt.

Art. 24 Abs. 3 StHG als auch von § 11 Abs. 1 Satz 1 UmwStG als Bedingung genannt.
Auch die möglichen Fusionsformen sind in den beiden Ländern gleich. Es kann entweder ein Unternehmen ein anderes aufnehmen oder es können sich zwei zusammenschließen und ein neues Unternehmen gründen.
Die Fusion über die Grenze ist z.Zt. auch ähnlich geregelt. Dieses wird sich ändern, sobald die Fusionsrichtlinie bezüglich der Verschmelzung in deutsches Recht umgesetzt sein wird. Von dieser Entwicklung wird die Schweiz ausgeschlossen sein, da sie kein Mitglied der EU ist.
Hierdurch wird die Schweiz große Nachteile hinsichtlich der Flexibilität ihrer Unternehmen zu verzeichnen haben. Solange die Schweiz kein Mitglied der Europäischen Union ist, wird sie hieran nicht teilhaben können. Zwar könnte sie einseitig Änderungen vornehmen, jedoch ist fraglich, ob die Mitgliedsstaaten der EU in gleicher Weise reagieren würden.

7.5. Spaltung von Gesellschaften

Die in § 123 UmwG geregelten verschiedenen Formen der Spaltung sind eine weitere Möglichkeit, einen Konzern umzustrukturieren. Man unterscheidet die Aufspaltung, Abspaltung und Ausgliederung.[564]
Die Aufspaltung beinhaltet die Aufteilung des ganzen Vermögens auf andere bestehende oder neuzugründende Rechtsträger. Die ehemaligen Anteilsinhaber erhalten im Austausch Anteile an diesen neuen Rechtsträgern.[565]
Bei der Abspaltung überträgt ein Rechtsträger Teile seines Vermögens auf einen anderen, der entweder schon besteht oder neu gegründet wird. Auch hier erhalten die Anteilsinhaber im Austausch neue Anteile an den übernehmenden Gesellschaften.[566]
Die dritte Form ist die Ausgliederung. Hier gliedert ein Rechtsträger Teile seines Vermögens aus und überträgt diese auf eine andere Gesellschaft. Im Gegenzug erhält er selbst und nicht die Anteilsinhaber Anteile an der übernehmenden oder neu gegründeten Gesellschaft.[567]
In der Schweiz wird die gleiche Unterteilung der Spaltungsformen vorgenommen.

---

[564] Die Auf- und Abspaltung wird genauer in §§ 124 - 151 UmwG geregelt, die Ausgliederung in §§ 152 - 173 UmwG.
[565] Vgl. § 123 Abs. 1 UmwG.
[566] Vgl. § 123 Abs. 2 UmwG.
[567] Vgl. § 123 Abs. 3 UmwG. Eine bildliche Darstellung der verschiedenen Formen der Spaltung nach § 123 UmwG geben Schaumburg / Rödder, Umwandlungsgesetz, S. 204 - 206.

Diese Umstrukturierungen können auch steuerneutral vorgenommen werden.

Die Auf- und Abspaltung ist in den §§ 15 und 16 UmwStG geregelt, während sich die Ausgliederung nach § 20 Abs. 1 Satz 1 UmwStG richtet.[568]
Für die Auf- und Abspaltung gelten nach § 15 Abs. 1 Satz 1 UmwStG die gleichen Vorschriften wie für die Verschmelzung, die in §§ 11 - 13 UmwStG geregelt ist.[569] Voraussetzung ist allerdings, daß die Übertragung einen Teilbetrieb umfaßt und daß das zurückbleibende Vermögen ebenfalls ein Teilbetrieb ist. Ein Teilbetrieb ist auch die Beteiligung an einer Kapitalgesellschaft, die das gesamte Nennkapital der Gesellschaft umfaßt.[570]
Diese Regelungen finden sich auch in ähnlicher Form in der Schweiz.

Gewerbesteuer wird nach § 19 UmwStG nicht erhoben. Umsatzsteuer sollte eigentlich nicht anfallen, jedoch ist die Möglichkeit des Anfalls von Grunderwerbsteuer bei Übertragung von Grundstücken zu berücksichtigen.[571]

Die handelsrechtlichen Grundlagen für eine Spaltung über die Grenze wurden in Deutschland bislang noch nicht geschaffen, hier besteht noch Handlungsbedarf.[572]

Die Situation bezüglich der Spaltung von Unternehmen ist in beiden Ländern sehr ähnlich. Steuerneutral ist diese Umstrukturierung nur möglich, wenn gewährleistet ist, daß die stillen Reserven weiterhin besteuert werden können.
Eine Spaltung über die Grenze ist momentan in keinem der beiden Länder möglich.

---

568 Detailliert berichten über die neuen Vorschriften bezüglich der Spaltung von Unternehmen, die im UmwG und UmwStG vom 28.10.1994 geregelt sind, aus steuerrechtlicher Sicht Blumers, DB 1995, S. 496 - 500; Herzig / Momen, DB 1994, S. 2157 - 2162 und 2210 - 2214; Herzig / Förster, DB 1995, S. 338 - 349; Hörger, FR 1994, S. 765 - 770 und aus handelsrechtlicher Sicht Mayer, DB 1995, S. 861 - 866.
569 Eine genaue Darstellung der zu beachtenden Punkte geben Schaumburg / Jesse, Nationale Holding, S. 540 - 551.
570 Vgl. § 15 Abs. 1 UmwStG.
571 Vgl. hierzu genauer Schaumburg / Jesse, Nationale Holding, S. 548.
572 Vgl. Herzig / Momen, DB 1994, S. 2214.

8. Besteuerung der Beendigung und Auflösung einer Holding

Es gibt verschiedene Möglichkeiten, eine Holding aufzulösen. Sie kann verkauft oder liquidiert werden, in ein anderes Land ziehen oder steuerneutral durch Abspaltung beendet werden.

8.1. Verkauf der Holding

Wird die Holding verkauft, so fällt häufig ein Veräußerungsgewinn an, der die Differenz zwischen Veräußerungsgewinn abzüglich der Veräußerungskosten und den Anschaffungskosten darstellt.[573]
Befinden sich die Anteile im Betriebsvermögen des Steuerpflichtigen, so fällt er in Deutschland nach §§ 4, 5 EStG unter den Betriebsvermögensvergleich und wird insofern steuerlich berücksichtigt.
Gehören die Anteile an der Holding in das Privatvermögen des Steuerpflichtigen, so ist der Veräußerungsgewinn steuerfrei nach dem Grundsatz, daß Wertsteigerungen im Privatvermögen einkommensteuerfrei bleiben sollen.[574]
Eine Ausnahme hiervon bilden jedoch wesentliche Beteiligungen im Privatvermögen. Für deren Veräußerung gelten die Vorschriften des § 17 EStG. Eine wesentliche Beteiligung liegt vor, wenn der Veräußerer zu mehr als einem Viertel unmittelbar oder mittelbar beteiligt war.[575]
Außerdem muß der Veräußerer innerhalb der letzten 5 Jahre am Kapital der Gesellschaft wesentlich beteiligt gewesen sein.[576]
Sind diese Bedingungen erfüllt, so unterliegt der Veräußerungsgewinn der Einkommensteuer. Freibeträge sind in § 17 Abs. 3 EStG geregelt. Bis zu einem Betrag von DM 30 Mio. wird die Einkommensteuer nur zum halben Steuersatz bemessen, da es sich hierbei um außerordentliche Einkünfte nach § 34 Abs. 1 und 2 EStG handelt.

Die Situation ist in beiden Ländern ähnlich. Grundsätzlich werden Kapitalgewinne auf Beteiligungen im Geschäftsvermögen besteuert, im Privatvermögen jedoch von der Steuer freigestellt oder zumindest ermäßigt.

---

[573] Vgl. § 17 Abs. 2 Satz 1 EStG.
[574] Vgl. Knobbe-Keuk, Unternehmenssteuerrecht, S. 916.
[575] Vgl. § 17 Abs. 1 Satz 4 EStG.
[576] Vgl. § 17 Abs. 1 Satz 1 EStG.

So wird beispielsweise in der Schweiz der Verkauf auf kantonaler Ebene von der Steuer freigestellt, wenn die Besitzerin der Holding wiederum eine Holding war.
In Deutschland gibt es zwar auch die Unterscheidung zwischen Privat- und Geschäftsvermögen, allerdings sind Veräußerungsgewinne auf wesentliche Beteiligungen im Privatvermögen zu versteuern.
Auch in der Schweiz kann möglicherweise auf kantonaler Ebene eine Besteuerung erfolgen, wenn sich die Beteiligung im Privatvermögen befand. Das hängt von der jeweiligen kantonalen Regelung ab.

8.2. Wegzug der Holding ins Ausland

Verlegt eine Holding ihren Geschäftssitz ins Ausland, so greift der § 12 KStG ein. Die Sitzverlegung wird mit einer Liquidation gleichgesetzt und es gelten hierfür insofern auch die Vorschriften des § 11 KStG. Es erfolgt also die Besteuerung eines theoretischen Liquidationsgewinnes. Dieses ergibt sich besonders bei Gesellschaften mit hohen stillen Reserven.

Auch hier stimmen die Grundtendenzen der gesetzlichen Regelungen beider Länder überein.

8.3. Liquidation der Holding

Bei der Liquidation der Holding ist nach § 11 KStG über die Auflösung und Abwicklung von Kapitalgesellschaften vorzugehen. Der Liquidationsgewinn, der die Differenz zwischen Abwicklungs-End- und Abwicklungs-Anfangsvermögen darstellt, ist zu besteuern.[577]
Der Abwicklung nach § 11 KStG hat die Auflösung voranzugehen. Die Auflösung setzt das Vorliegen von entsprechenden Auflösungsgründen und gesellschaftsrechtlichen Beschlüssen oder Tatbeständen voraus.[578]
Bei einer inländischen Holding ist das Vermögen in Kapitalerträge[579] und Kapitalrückzahlung aufzuteilen. Kapitalerträge sind steuerpflichtig, es kann jedoch hierauf lastende, bereits entrichtete Körperschaftsteuer angerechnet werden. Die Behandlung des Veräußerungserfolges, also der Kapitalrückzahlung abzüglich der Anschaffungskosten, hängt davon ab,

577 Vgl. § 11 Abs. 2 KStG.
578 Vgl. Schaumburg / Jesse, Nationale Holding, S. 572.
579 Hiervon betroffen sind EK 56, EK 50, EK 45, EK 36, EK 30 und EK 01-03.

ob sich die Beteiligung an der Holding im Geschäfts- oder Privatvermögen befindet.[580]
Bei einer ausländischen Holding ermöglicht § 8b Abs. 2 KStG die Steuerfreistellung des Liquidationsgewinns in Deutschland, falls Dividendenausschüttungen der ausländischen Gesellschaft ebenfalls steuerfrei vereinnahmt werden können.

In beiden Ländern wird der inländische Liquidationsgewinn besteuert.
In Deutschland ist eine Sonderbehandlung von Liquidationsgewinnnen ausländischer Holdinggesellschaften nach § 8b Abs. 2 KStG möglich.
In der Schweiz kann für Liquidationsgewinne von maßgeblichen Beteiligungen der Beteiligungsabzug beansprucht werden.

8.4. Steuerneutrale Auflösung der Holding

Die Existenz einer Holding in der Form einer Kapitalgesellschaft kann auch dadurch beendet werden, daß ihre Beteiligungen steuerneutral nach § 15 UmwStG auf andere Kapitalgesellschaften abgespalten werden. Voraussetzung für die Steuerneutralität dieses Vorgangs ist, daß die Beteiligungen das gesamte Nennkapital der Gesellschaft umfaßt.[581]
Wenn Gesellschafterstämme so getrennt werden, muß deren Beteiligung an der Holding seit mindestens 5 Jahren vor der steuerneutralen Auflösung bestanden haben.[582] Ferner darf die Spaltung nicht die Veräußerung an außenstehende Personen vorbereiten.[583]

Auch hier sind sich Voraussetzung und Folgen in der Schweiz und in Deutschland ähnlich.

---

[580] Vgl. Baumgärtel / Perlet, Standortfragen, S. 721 - 722.
[581] Vgl. § 15 Abs. 1 Satz 3 UmwStG.
[582] Vgl. § 15 Abs. 3 Satz 5 UmwStG.
[583] Vgl. § 15 Abs. 3 Satz 2-4 UmwStG.

9. Zusammenfassung der wichtigsten Ergebnisse und Ausblick auf geplante Verbesserungen der Holdingbesteuerung in der Schweiz

9.1. Zusammenfassung

Die unterschiedlichen Körperschaftsteuersysteme haben eine sehr große Auswirkung auf die Ausgestaltung der Holdingbesteuerung. Die sogenannten Privilegien auf kantonaler Ebene und der Beteiligungsabzug auf Kantons- und Bundesebene in der Schweiz sind vor dem Hintergrund des klassischen Körperschaftsteuersystems zu sehen, welches eine Besteuerung auf allen Ebenen ohne Anrechnungsmöglichkeit vorsieht. In diesem Zusammenhang relativiert sich der Begriff „Privileg", solange die Steuerfreistellung der Vermeidung einer steuerlichen Mehrfachbelastung dient. Ohne die Steuerbefreiung auf Ebene der Holdinggesellschaft wäre diese Unternehmensform in der Schweiz unattraktiv, da sie nur eine weitere Steuerbelastungsstufe darstellen würde.
Allerdings beinhaltet die Ausgestaltung der kantonalen Privilegien für reine Holdinggesellschaften in der Schweiz gewisse Ungereimtheiten, wie die generelle Steuerfreistellung sämtlicher Erträge, die Unternehmen jedoch Vorteile bietet. Hierdurch werden auch andere Erträge befreit, bei denen keine steuerliche Mehrfachbelastung besteht.
Auch der Beteiligungsabzug auf Bundes- und Kantonsebene gibt Anlaß zur Kritik, da er nur für maßgebliche Beteiligungen gültig ist. Das Problem der steuerlichen Doppelbelastung besteht jedoch auch bei kleineren Beteiligungen.
Im internationalen Zusammenhang bemüht sich Deutschland, durch Freistellung der ausländischen Dividende und steuerfreie Weiterleitung an andere inländische Kapitalgesellschaften, attraktiver zu werden. Der Unterschied zum Schweizer Beteiligungsabzug bzw. Holdingprivileg ist im Ergebnis nicht groß. In beiden Fällen bleibt die Dividende auf dem ausländischen Steuerniveau. Allerdings erfolgt die steuerfreie Weiterausschüttung innerhalb Deutschlands an Kapitalgesellschaften unabhängig von der Beteiligungshöhe.
Bei der laufenden Besteuerung ist eine generelle Aussage insofern schwer vorzunehmen, da die Systeme zwar unterschiedlich, jedes für sich aber zweckmäßig ist. Festzustellen ist jedoch, daß sowohl die reine als auch die gemischte Holding in der Schweiz einer geringeren Steuerbelastung unterliegen.

Für eine abschließende Beurteilung des Holdingstandortes Schweiz unter ertragssteuerlichen Gesichtspunkten müßte auch die Steuerbelastung der Tochtergesellschaften berücksichtigt werden. Dieses ist jedoch nur für den Einzelfall möglich. Es ist aber festzuhalten, daß auch die Steuerbelastung der übrigen juristischen Personen tendenziell niedriger ist als in Deutschland.

Die Behandlung der Kapitalgewinne aus der Veräußerung von Beteiligungen in der Schweiz ist uneinheitlich. Für die reine Holdinggesellschaft wird eine Steuerbefreiung auch auf Bundesebene durch eine Gesetzesänderung angestrebt.
Bei der gemischten Holding werden diese Gewinne weiterhin sowohl auf kantonaler als auch auf Bundesebene besteuert. Eine Steuererleichterung bzw. -befreiung, die an gewisse Bedingungen geknüpft sein kann, könnte die Attraktivität der Schweiz als Standort aus deutscher Sicht erhöhen.
Deutschland hat hier im Standortsicherungsgesetz durch den § 8b Abs. 2 KStG eine Steuerfreiheit für Veräußerungsgewinne aus ausländischen Beteiligungen in Anlehnung an das Schachtelprivileg für ausländische Dividenden geschaffen.

Die fehlende Konsolidierungsmöglichkeit ist als negativ für den Holdingstandort Schweiz anzusehen.

Die Erhebung von Emissions- und Umsatzabgabe ist aus Sicht ausländischer Investoren ein Nachteil des Holdingstandortes Schweiz.

Das Netz der Doppelbesteuerungsabkommen der Schweiz ist kleiner als das deutsche Netz. Der Vorteil der durchschnittlich niedrigeren Steuersätze für Dividenden des Schweizer DBA-Netzes wird durch die Mutter-Tochter-Richtlinie beseitigt, da die Schweiz im Gegensatz zu Deutschland nicht von der Quellensteuerfreiheit im Raum der Europäischen Union profitiert.
Die Methode zur Beseitigung der Doppelbesteuerung bei Dividenden ist in der Schweiz i.d.R. die Steueranrechnung, während Deutschland sowohl die Anrechnungs- als auch die Freistellungsmethode verwendet.
Ansonsten wendet die Schweiz vorwiegend die Freistellungsmethode an, während Deutschland eher die Anrechnung vereinbart.

Im Bereich der Umstrukturierungen ist bei beiden Ländern ein gemeinsames Grundprinzip zu erkennen, das besagt, daß Strukturveränderungen

solange steuerneutral durchgeführt werden dürfen, wie das Steuersubstrat nicht der Steuerhoheit entzogen wird.
Deutschland hat dieses Prinzip allerdings im Zusammenhang mit der Europäischen Union teilweise durchbrochen, was diesen Standort aus Unternehmenssicht attraktiv macht, da so auch Umstrukturierungsmaßnahmen über die Grenze möglich werden. Auch das Tauschgutachten ermöglicht den steuerneutralen Anteilstausch über die Grenze.
Die Schweiz hat zwar im nationalen Bereich mittlerweile Verbesserungen vorgenommen, jedoch müßten hier aus Sicht der Unternehmen auch im internationalen Bereich noch einige vorteilhaftere Regelungen getroffen werden. Der Standort Schweiz ist durch die fehlende Mitgliedschaft in der Europäischen Union benachteiligt und aus Sicht international tätiger Unternehmen in diesem Punkt unattraktiv.

9.2. Ausblick

Der Holdingstandort Schweiz befindet sich derzeit in einer Krise. Die Gründe hierfür sind vielfältig und unterschiedlicher Natur.

Die Besteuerung kann für bestimmte Unternehmenstypen einen wichtigen Standortfaktor darstellen,[584] wie es bei der Holding der Fall ist.
Dieser Standortfaktor des jeweiligen Landes steht jedoch nicht isoliert da, sondern muß in der heutigen Zeit im internationalen Zusammenhang gesehen werden. Die Länder stehen hierbei im Wettbewerb.
Die Schweiz muß deshalb bei der Gestaltung ihrer Unternehmensbesteuerung die Entwicklung insbesondere in den anderen europäischen Staaten, aber auch in der übrigen Welt beachten.
Von den anderen Ländern Westeuropas unterscheidet sie sich gravierend dadurch, daß sie kein Mitglied in der Europäischen Union ist. Dadurch ist sie von Entwicklungen wie der Mutter-Tochter-Richtlinie oder der Fusions-Richtlinie ausgeschlossen und muß durch bilaterale Verhandlungen versuchen, die gleichen Ergebnisse zu erzielen. Diese Nichtmitgliedschaft in der EU wird oft als sehr nachteilig angesehen.[585]
Die Schweiz, die grundsätzlich international ausgerichtet ist, muß versuchen, sich diesen Veränderungen anzupassen bzw. zu nähern.[586]

Die Entwicklung der letzten Jahre zeigt, daß die Attraktivität des Holdingstandortes Schweiz für ausländische Unternehmen abnimmt. Seit Beginn der 90'er Jahre ist ein Negativtrend der ausländischen Direktinvestitionen in der Schweiz erkennbar. 1993 zogen erstmals ausländische Unternehmen mehr Kapital ab als sie neu investierten. Auch die Direktinvestitionen aus Deutschland, das der bedeutendste Handelspartner der Schweiz ist, nahmen ab, obwohl die deutschen Direktinvestitionen im Ausland steigende Tendenz haben. Dieser Trend setzt sich mittlerweile bis 1996 fort.[587] In den Jahren 1992 und 1993 haben vor allem Holding- und Handelsgesellschaften Kapital ins Ausland zurückgeführt.[588]
Auch Schweizer Unternehmen versuchen inzwischen teilweise den Holdingstandort Schweiz zu verlassen.[589]

---

[584] Vgl. hierzu beispielsweise Domeniconi, ST 1996, S. 346 - 347; Neuhaus, ST 1996, S. 301; Raggenbass, ST 1996, S. 405 und Waibel / Ginesta, ST 1996, S. 339.
[585] Vgl. Charmillot, ST 1996, S. 351; David, ST 1996, S. 355 - 356; Schmid, ST 1996, S. 318 - 320.
[586] Vgl. Carmillot, ST 1996, S. 351; Domeniconi, ST 1996, S. 347; Ebner, ST 1996, S. 325.
[587] Vgl. o.V., NZZ v. 11.4.1997, S. 10.
[588] Vgl. hierzu beispielsweise o.V. HB v. 12.1.1995, S.8.
[589] Vgl. Waldburger, ASA 1995/96, S. 42 - 43.

Grund für diese Entwicklung dürften auch die Änderungen im Steuerrecht der Europäischen Union sein, die durch Erlaß der Mutter-Tochter-Richtlinie und der Fusionsrichtlinie Gesellschaften mit internationalen Beteiligungen und Töchtern in der EU attraktive Bedingungen bietet.
Diesem Trend muß die Schweiz durch Änderung ihrer steuerlichen Nachteile entgegenwirken, was auch an den derzeitigen Reformbemühungen erkennbar ist.[590]

Aufgrund dieser Entwicklung ist in der letzten Zeit eine Diskussion über den Holdingstandort Schweiz und die hiermit zusammenhängende Besteuerung entbrannt.
Auch die Politik hat reagiert. Der schweizerische Bundesrat hat am 1.7.1996 verschiedene Vorschläge über die Reform der Unternehmensbesteuerung in die Vernehmlassung geschickt, die jedoch schnell auf Kritik gestoßen sind.[591] Diese Vorschläge beziehen sich nur auf die Bundesebene.
Diese Vorschläge unterteilten sich in zwei Maßnahmenpakete A und B, die verschiedene Vorgehensweisen beinhalteten.[592] Maßnahmenpaket A beinhaltet die Maßnahmen 2, 3 (mit Steuersatz der direkten Bundessteuer von 8,9 %), 4, 5 und 6; Paket B die Maßnahmen 1, 3 (mit Steuersatz der direkten Bundessteuer von 9,5 %), 4, 5 und 6.
Maßnahme 1 beabsichtigte die Ausdehnung des Beteiligungsabzuges für maßgebliche Beteiligungen auch auf die Veräußerungsgewinne.
Maßnahme 2 bezweckte den Aufschub der Besteuerung von stillen Reserven bei der grenzüberschreitenden Umstrukturierung, dieser Steueraufschub soll auf der Grundlage einer Rückstellungslösung gewährt werden.
Maßnahme 3 bedeutet den Ersatz des renditeabhängigen Dreistufentarifs durch eine proportionale Gewinnsteuer, deren Satz bei Pakt A 8,9 % und bei Pakt B 9,5 % betragen soll. Die Kapitalsteuer soll auf die Gewinnsteuer angerechnet werden.
Maßnahme 4 ist die Verlustverrechnung im Konzern bei inländischen Gesellschaften.

---

[590] Vgl. hierzu z.B. o.V., NZZ v. 7 12.1995, S. 27; Morf, FuW v. 20.1.1996, S. 21; Baumgartner, NZZ v. 15.2.1996, S. 11; Baumgartner, NZZ v. 23.7 1996, S. 11; o.V., NZZ v. 7.2.1997, S. 10 und in Heft Nr. 5 des ST 1996 die Vorschläge und Betrachtungen von Charmillot, ST 1996, S. 351 - 353; Clopath, ST 1996, S. 371 - 381; Constantin, ST 1996, S. 365 - 370; David, ST 1996, S. 355 - 359; Domeniconi, ST 1996, S. 346 - 350; Ebner, ST 1996, S. 325 - 330; Metzger, ST 1996, S. 335 - 338; Neuhaus, ST 1996, S. 301 - 316; Raggenbass, ST 1996, S. 405 - 406; Reimann / Meng, ST 1996, S. 407 - 412; Schmid, ST 1996, S. 317 - 323; Waibel / Ginesta, ST 1996, S. 339 - 345 sowie Camenzind, ASA 1996/97, S. 107 - 125.

[591] Vgl. Gehriger / Bettoja, IStR 1996, Beihefter S. 4.

[592] Vgl. genauer Gehriger / Bettoja, IStR 1996, Beihefter S. 4.

Maßnahme 5 ist die Erhöhung der Freigrenze bei der Emissionsabgabe von 250.000 auf 1 Mio. SFr, allerdings nur bei Gründungen und nicht bei Kapitalerhöhungen.
Maßnahme 6 betrifft die Verlängerung der Frist zur Weiterveräußerung eigener Aktien von zwei auf vier Jahre.
Mit diesen Maßnahmen ging die Politik auf einige Forderungen der Praxis ein.[593]

Allerdings weicht die im Sommer 1997 angestrebte Reform stark von diesen beiden Maßnahmenpaketen ab:[594]

- Für reine Holdinggesellschaften soll auf Bundesebene ein „Teil-Holdingprivileg" eingeführt werden, das neben den Beteiligungserträgen auch die Kapitalgewinne auf Beteiligungen von der Steuer befreit.
  Voraussetzung ist ein Anteil von 5 % am Stammkapital. Die Beteiligung muß 1 Jahr lang gehalten worden sein.
  Die alternative Qualifikation von SFr. 2 Mio. Beteiligungswert sollte ursprünglich abgeschafft werden. Dieser Vorschlag des Bundesrates wurde jedoch vom Nationalrat abgelehnt, da es sich hierbei um einen gewichtigen Standortvorteil handle.
  Für Beteiligungen, die bereits vor Inkrafttreten der Reform bestanden, die sog. „Altbeteiligungen", sollte die Steuerbefreiung erst bei der Haltedauer von 20 Jahren gelten. Auch dieser Vorschlag des Bundesrates wurde vom Nationalrat abgelehnt, da dadurch alle derzeit gehaltenen Beteiligungen zu stark benachteiligt würden. Statt dessen wird für alle am 1.Januar 1997 gehaltenen Beteiligungen eine Sperrfrist bis Anfang 2007 eingeführt. Erst dann kommen diese Beteiligungen in den Genuß der Steuerbefreiung.
- Bei Umstrukturierungen innerhalb des Konzerns über die Grenze sind die stillen Reserven auf der Beteiligung zu realisieren. Der erzielte Gewinn wird aber mithilfe eine Rückstellung in derselben Höhe neutralisiert. Diese Rückstellung ist bei Veräußerung der Beteiligung im Ausland erfolgswirksam aufzulösen.
- Die Gewinnsteuer soll proportional mit einem Satz von 8,5 % ausgestaltet werden.
- Die Kapitalsteuer soll abgeschafft werden.

---

[593] Vgl. zu den Forderungen Camenzind, ASA 1996/97, S. 122 - 125; Domeniconi, ST 1996, S. 348 - 350; Ebner, ST 1996, S. 328 - 330; Neuhaus, ST 1996, S. 309 - 315; Schmid, ST 1996, S. 320 - 321; Waibel / Ginesta, ST 1996, S. 339 - 345.

[594] Vgl. Cavadini, NZZ v. 31.5./1.6.1997, S. 12; Landolf, ST 1997, S. 141 - 144 und o.V., NZZ v. 7.2.1997, S. 10.

- Die Emissionsabgabe wird auf 1 % abgesenkt, die Freigrenze bleibt bei SFr. 250.000.
- Eine Verlustverrechnung im Konzern soll nicht eingeführt werden.[595]

Als mögliche weitere Verbesserungen wurden in diesem Zusammenhang vorgeschlagen:[596]

- die Halteperiode für Altbeteiligungen sollte maximal 5 Jahre betragen,
- der Steueraufschub über die Grenze sollte nur Altbeteiligungen betreffen, ansonsten wird Ertragssteuerfreiheit gefordert,
- die Freigrenze der Emissionsabgabe sollte auf SFr. 1 Mio. erhöht werden,
- die baldige Schaffung der Möglichkeit einer konsolidierten Besteuerung und
- die Beseitigung der Sockelsteuern auf Dividenden aus dem Raum der Europäischen Union durch bilaterale Verhandlungen.

Das Bundesgesetz über die Reform der Unternehmensbesteuerung 1997 wurde durch die eidgenössischen Räte am 10. Oktober 1997 verabschiedet.[597] Die wesentlichen Änderungen für Holdinggesellschaften sind:

- der Beteiligungsabzug kann auf Bundesebene auch für Gewinne beansprucht werden, die bei der Veräußerung einer Beteiligung von mind. 20 % am Kapital einer anderen Gesellschaft entstehen; Verluste, die bei der Veräußerung von Beteiligungen entstanden sind, können auch weiterhin vom steuerbaren Gewinn abgezogen werden;
- für Beteiligungen, die vor dem 1. Januar 1997 im Besitz von Holdinggesellschaften waren, kann für vor dem 1. Januar 2007 erzielte Kapitalgewinne nicht der Beteiligungsabzug beansprucht werden,
- bei Übertragung von vor dem 1. Januar 1997 erworbenen Beteiligungen an eine ausländische Konzerngesellschaft kann für die Differenz zwischen Gewinnsteuerwert und Verkehrswert eine unbesteuerte Reserve gebildet werden,
- die proportionale Gewinnsteuer wird mit einem Satz von 8,5 % eingeführt,
- die Kapitalsteuer wird auf Bundesebene abgeschafft und
- die Emissionsabgabe wird auf 1 % herabgesetzt.

Die Referendumsfrist läuft bis zum 29. Januar 1998. Es wird mit einem Inkrafttreten der Gesetzesänderungen zum 1. Januar 1998 gerechnet.

---

[595] Diese ist z.Zt. (1.10.1997) allerdings wieder in der Diskussion; vgl. NZZ v. 1.10.1997, S. 25.
[596] Vgl. Landolf, ST 1997, S. 143 - 144.
[597] Vgl. Eidgenössische Steuerverwaltung, ST 1997, S. 1069.

Im Zusammenhang mit dieser Arbeit stellt sich die Frage, inwieweit sich die angestrebte Reform positiv auf Holdinggesellschaften deutscher Konzerne in der Schweiz auswirkt.
Diese profitieren auch von der Umsetzung dieser Vorschläge und insofern ist diese zu begrüßen.
Allerdings ändert sich hierdurch nichts an den wenig flexiblen Strukturen der deutschen Holdinggesellschaften in der Schweiz, die durch das Doppelbesteuerungsabkommen in Verbindung mit dem Außensteuergesetz bedingt sind. Diese Problematik wird im folgenden Kapitel V dieser Arbeit behandelt.
Insofern könnten - je nach Fall und Situation - die rigiden Vorschriften der deutschen Gesetzgebung das größere Hindernis als die Schweizer Vorschriften bei Errichtung einer Holding in der Schweiz sein. Hieran ist jedoch durch den Schweizer Gesetzgeber wenig zu ändern und auf deutscher Seite besteht an einer Änderung natürlich kein Interesse.

V. Steuerlich attraktive Holdingkonstruktionen für deutsche internationale Konzerne in der Schweiz

1. Überblick über die relevanten Rechtsgrundlagen

Im folgenden Kapitel soll untersucht werden, welche Aspekte bei der Gründung einer Holding in der Schweiz durch einen der deutschen Steuerhoheit unterstehenden Anteilseigner beachtet werden müssen. Es wird hierbei ausgegangen von einem deutschen internationalen Konzern, der die Rechtsform einer Kapitalgesellschaft hat.

Für den deutschen Gründer einer Holdinggesellschaft in der Schweiz gibt es zwei wichtige Aspekte: einerseits die Thesaurierung von Gewinnen bei der Holding in der Schweiz und andererseits die Ausschüttung der Gewinne an den Anteilseigner in Deutschland.

Hierbei sind durch einen deutschen Investor verschiedene Gesetze bzw. Abkommen zu beachten. Berücksichtigt werden muß die deutsche Gesetzgebung, das zwischen Deutschland und der Schweiz abgeschlossene Doppelbesteuerungsabkommen und schließlich auch die Schweizer Gesetzgebung.

Grundlegend für die Behandlung von im Ausland erzielter Gewinne sind die Bestimmungen des deutschen Außensteuergesetzes (AStG).
Deutschland gilt allgemein als Hochsteuerland. Deshalb ist auch die Versuchung für die Steuerpflichtigen groß, sich durch Verlagerung von Einkommen und Vermögen in niedriger besteuernde Ländern eine Steuererleichterung zu verschaffen. So werden z.B. Kapitalgesellschaften nach internationalen Besteuerungsprinzipien als eigenständige Steuersubjekte betrachtet. Eine deutschbeherrschte Gesellschaft im Ausland würde dann so lange nicht von der deutschen Steuer erfaßt, wie ihre Gewinne nicht nach Deutschland ausgeschüttet werden. Auch kann durch geschickte Standortwahl in Ländern mit einem Doppelbesteuerungsabkommen mit Deutschland erreicht werden, daß selbst ausgeschüttete Gewinne nicht mit deutschen Steuern belastet werden.
In Deutschland wurde jedoch 1965 mit dem sogenannten Oasenerlaß versucht, die unerwünschte Verlagerung von Einkünften und Vermögen in Steueroasenländer zu verhindern. Da dieser jedoch nicht seinen Zweck

erfüllte, wurde 1972 das Außensteuergesetz geschaffen.[598] In diesem Gesetz wird in den §§ 7 - 14 AStG die Hinzurechnungsbesteuerung geregelt.
Die Hinzurechnungsbesteuerung war zunächst als vorweggenommene Dividendenbesteuerung gestaltet.[599] Bis heute wurden die gesetzlichen Vorschriften mehrfach verändert und verschärft.[600]
Ziel der Hinzurechnungsbesteuerung ist die Begrenzung der mißbräuchlichen Abschirmwirkung ausländischer Kapitalgesellschaften bei den inländischen Anteilseignern.

Eine wesentliche Rolle bei der Entscheidung eines Investors, ob er eine Holding in der Schweiz errichten soll oder nicht, spielt auch das zwischen den beiden Staaten abgeschlossene Doppelbesteuerungsabkommen.
Dieses entstand 1971 zur gleichen Zeit wie das Außensteuergesetz und verfolgt aus deutscher Sicht auch die Absicht, die Gründung von Gesellschaften in niedriger besteuernden Ländern nur aufgrund einer fiskalischen Motivation zu verhindern. Das Doppelbesteuerungsabkommen mit der Schweiz wurde seitdem dreimal teilweise abgeändert, nämlich 1978, 1989 und 1993.
Hauptziel des DBA ist, die Doppelbesteuerung durch die beiden Staaten so weit wie möglich einzuschränken bzw. auszuschließen.
Der Begriff der Doppelbesteuerung kann definitorisch unter verschiedenen Aspekten betrachtet werden.[601]

- Die juristische Doppelbesteuerung

Unter der juristischen Doppelbesteuerung wird die Erhebung vergleichbarer Steuern in zwei oder mehreren Staaten von demselben Steuerpflichtigen, für denselben Steuergegenstand und denselben Zeitraum verstanden.[602]

- Die wirtschaftliche Doppelbesteuerung

Hiervon spricht man, wenn derselbe Wirtschaftsvorgang oder Vermögenswert in zwei oder mehreren Staaten in demselben Zeitraum

[598] Zu der Problematik der Steueroasen s.z.B. Farnschläder, Steueroasenländer, S. 138 - 170.
[599] Vgl. zu der Entwicklung und den vorgenommenen Umgestaltungen in den Jahren 1972 - 1994 Baumgärtel / Perlet, Hinzurechnungsbesteuerung, S. 176 - 182.
[600] Mersch, Hinzurechnungsbesteuerung und Schleuder, Hinzurechnungsbesteuerung analysieren die §§ 7 - 14 AStG in ihren Dissertationen ausführlich entsprechend der Rechtssituation Mitte der 80er Jahre. Beide beurteilen diese kritisch und zeigen Ungereimtheiten und unnötige Erschwernisse für die Steuerpflichtigen auf; vgl. zum Ergebnis ihrer Darstellung: Mersch, Hinzurechnungsbesteuerung, S. 145 - 150 und Schleuder, Hinzurechnungsbesteuerung, S. 390 - 393.
[601] In Anlehnung an Salvi, Doppelbesteuerungsabkommen, S. 2 - 3.
[602] Vgl. Vogel, DBA, Einl. Rz 01.

besteuert wird, jedoch nicht bei demselben Steuerpflichtigen, d.h. die Subjektidentität ist nicht gegeben.[603]

Möglich sind auch noch die folgenden Unterscheidungen:

- Die effektive Doppelbesteuerung

Diese liegt dann vor, wenn die tatsächliche Steuerbelastung aufgrund der Tatsache, daß in zwei Staaten Steuern gezahlt werden müssen, tatsächlich größer als bei ausschließlicher Steuerpflicht im Staat mit der höheren Steuerbelastung ist.[604]

- Die virtuelle Doppelbesteuerung

Diese liegt vor, wenn zwar die Steuersysteme zweier Staaten kollidieren, der eine jedoch seinen Steueranspruch nicht geltend macht.[605]

Das Verhältnis zwischen den Vorschriften des Außensteuergesetzes und des Doppelbesteuerungsabkommens mit der Schweiz ist so ausgestaltet, daß die Bestimmungen des Außensteuergesetzes nur insoweit gelten, wie sie nicht durch die des Doppelbesteuerungsabkommens eingeschränkt werden.

Grundlage ist hier § 2 AO, der besagt: „Verträge mit anderen Staaten im Sinne des Artikels 59 Abs. 2 Satz 1 des Grundgesetzes über die Besteuerung gehen, soweit sie unmittelbar anwendbares innerstaatliches Recht geworden sind, den Steuergesetzen vor."[606]

In Deutschland werden die DBA durch das Zustimmungsgesetz gemäß Art. 59 Abs. 2 GG innerstaatlich anwendbar. Sie gelten zwar als leges speciales gegenüber dem nationalen Recht, „die Tatbestandvoraussetzungen der Verteilungsnormen treten jedoch,..., als zusätzliche Voraussetzung der Steuerpflicht neben die des innerstaatlichen Rechts."[607]

In der Schweiz werden die Staatsverträge des Bundes auf der Grundlage der Inkorporationstheorie mit der Ratifizierung Bestandteile des Bundesrechts und bedürfen keiner Transformation in formelles Bundesrecht.[608]

Diese Verträge sind also Bundesrecht und gehen insofern dem kantonalen Steuerrecht vor.

Die bundesrechtlichen Steuervorschriften, die bereits bei Vertragsabschluß bestanden oder aber erst später geschaffen wurden, sind nur unter dem Vorbehalt anwendbar, daß sie dem Doppelbesteuerungsabkommen nicht widersprechen.[609]

---

[603] Vgl. Vogel, DBA, Einl. Rz 03.
[604] Vgl. Salvi, Doppelbesteuerungsabkommen, S. 3.
[605] Vgl. Salvi, Doppelbesteuerungsabkommen, S. 3; s. auch Vogel, DBA, Einl. Rz 46a.
[606] § 2 AO.
[607] Vogel, DBA, Einl. Rz 56.
[608] Vgl. Höhn, Internationales Steuerrecht, S. 85 - 86.
[609] Vgl. Höhn, Internationales Steuerrecht, S. 85 - 86.

Auch gibt es einen Schweizer Bundesgerichtsentscheid, in dem zu dem Verhältnis von innerstaatlichem und Völkerrecht Stellung genommen wird. Hier heißt es, „dass der Bundesgesetzgeber gültig abgeschlossene Staatsverträge gelten lassen will, sofern er nicht ausdrücklich in Kauf nimmt, dass völkerrechtswidriges Landesrecht zustande komme. Im Zweifel muss innerstaatliches Recht völkerrechtskonform ausgelegt werden; d.h. so, dass ein Widerspruch mit dem Völkerrecht nicht besteht. Diese Auslegungsregel erlaubt es, Konflikte zwischen den beiden Rechtsordnungen meistens zu vermeiden“.[610]

Wie bereits erwähnt, war der Anlaß für die Neufassung des DBA-CH und für die Schaffung des Außensteuergesetzes die Steuervermeidung, die sich von Deutschland in die Schweiz vollzog. Grundlage für das DBA-CH war das Musterabkommen zur Vermeidung der Doppelbesteuerung der OECD von 1963. Bei Abweichung von diesem Musterabkommen wurde entweder dem deutschen Wunsch nach Bekämpfung der Steuervermeidung Rechnung getragen oder es wurden besondere, auf das Verhältnis Deutschland-Schweiz zugeschnittene Vorschriften des alten Abkommens übernommen.[611]
Nach in der Literatur vertretener Ansicht ist das DBA zwischen Deutschland und der Schweiz das wichtigste aller Abkommen. Das beruht einerseits auf der Intensität des gegenseitigen Wirtschaftsverkehrs und andererseits auf dem zwischen den beiden Ländern bestehenden Steuergefälle.[612]

Ein grundlegender Unterschied ist bei der Wahl der Methoden zur Ausschaltung der Doppelbesteuerung unter dem Aspekt der Steuervermeidung festzustellen.
In dem vorherigen Abkommen war für beide Länder die Freistellungsmethode vorgesehen. Die Schweiz hat dieses auch im jetzigen Abkommen weitestgehend beibehalten. Deutschland hat jedoch unter dem Aspekt der Bekämpfung der Steuervermeidung die Anrechnungsmethode gewählt. Eine Freistellung erfolgt nur noch bei Einkünften und den dazugehörigen Vermögenswerten aus gewerblicher, freiberuflicher oder unselbständiger Tätigkeit in der Schweiz, die aus aktiver Teilnahme am Wirtschaftsverkehr in der Schweiz erzielt wird, sowie bei Schachteldividenden aktiver Schweizer Tochtergesellschaften.[613]

---

[610] BGE, 94 I, S. 678.
[611] Vgl. Salvi, Doppelbesteuerungsabkommen, S. 12.
[612] Vgl. Flick / Wassermeyer / Wingert / Kempermann, DBA D-CH Vorwort.
[613] Vgl. Salvi, Doppelbesteuerungsabkommen, S. 92 - 93; vgl. auch Korn / Debatin, Schweiz, S. 8.

Auch in der Schweiz gibt es Mißbrauchsbestimmungen in der Form eines Bundesratsbeschlusses betreffend Maßnahmen gegen die ungerechtfertigte Inanspruchnahme von Doppelbesteuerungsabkommen des Bundes von 1962. Da der sogenannte Mißbrauchsbeschluß sich jedoch auf den speziellen Fall bezieht, daß eine in der Schweiz ansässige und durch Ausländer beherrschte Gesellschaft Einkünfte aus dem Ausland bezieht und da für eine deutsche Gesellschaft das Außensteuergesetz wesentlich restriktivere Vorschriften hat, kommt dem Beschluß in diesem Zusammenhang eine geringere Bedeutung zu.

2. Die Behandlung von in der Schweiz bei der Holding thesaurierten Gewinnen

Bei der Thesaurierung von Gewinnen bei einer Gesellschaft im Ausland ist vorrangig das Außensteuergesetz zu beachten. Das Eingreifen der in diesem Gesetz geregelten Hinzurechnungsbesteuerung ist möglich. Das zwischen Deutschland und der Schweiz abgeschlossene DBA hat nur vergleichsweise untergeordneten Einfluß auf diesen Sachverhalt.

Die Hinzurechnungsbesteuerung beinhaltet die Besteuerung fiktiver Dividendenerträge, d.h. Erträge, die zwar bei der ausländischen Tochtergesellschaft erzielt, jedoch nicht ausgeschüttet wurden.
Die grundsätzlichen Voraussetzungen für das Eingreifen der Hinzurechnungsbesteuerung sind, daß die Einkünfte ausländischer Tochtergesellschaften

- aus passivem Erwerb, d.h. nicht aus einer der in § 8 Abs. 1 AStG aufgeführten Tätigkeiten stammen und
- niedrig besteuert sind, d.h. nicht einem Ertragssteuersatz von 30 % oder mehr unterliegen.[614]

Die Steuerpflicht wird in § 7 AStG festgelegt. Danach sind unbeschränkt Steuerpflichtige, die zu mehr als 50 % an einer Gesellschaft beteiligt sind, mit dem Teil der Einkünfte steuerpflichtig, der auf die ihnen zuzurechnende Beteiligung am Nennkapital entfällt.[615]
Die Verfahrensweise mit diesen Einkünften wird in § 10 AStG näher aufgezeigt. Danach sind sie nach Abzug von bereits erhobenen Steuern bei dem Steuerpflichtigen als Ertrag anzusetzen, dieses ist der sogenannte Hinzurechnungsbetrag.[616] Der Hinzurechnungsbetrag gehört zu den Einkünften aus Kapitalvermögen nach § 20 Abs. 1 Ziff. 1 EStG.[617]
Die Höhe des beim Steuerinländer anzusetzenden Hinzurechnungsbetrages wird in § 10 Abs. 3 AStG geregelt.[618] Zur Ermittlung des Betrages sollen die Vorschriften des deutschen Steuerrechts entsprechend angewendet werden.[619] In § 10 Abs. 3 Satz 2 AStG wird auf die Gewinnermittlung nach § 4 und 5 EStG verwiesen.

---

[614] Vgl. § 8 Abs. 3 AStG.
[615] Vgl. § 7 Abs. 1 AStG.
[616] Vgl. § 10 Abs. 1 Satz 1 AStG. Anstelle des Abzugs der bereits erhobenen Steuern ist auch die Steueranrechnung nach § 12 AStG möglich.
[617] Vgl. § 10 Abs. 2 Satz 1 AStG.
[618] Vgl. genauer Flick / Wassermeyer / Becker, Außensteuerrecht, § 10 Anm. 59 - 167a.
[619] Vgl. § 10 Abs. 3 Satz 1 AStG.

Falls die Zwischengesellschaft in einem passiven Tätigkeitsbereich Gewinn erzielt, in einem anderen passiven Bereich jedoch Verluste erwirtschaftet, so können die Gewinne und Verluste verrechnet werden.[620] Gemäß der Voraussetzungen wird die Hinzurechnungsbesteuerung nicht bei aktiven Tochtergesellschaften angewendet.

Die aktive Tätigkeit richtet sich nach § 8 Abs. 1 Nr. 1 - 6 AStG und beinhaltet zusammengefaßt:

- die Land- und Forstwirtschaft,
- die Herstellung, Bearbeitung, Verarbeitung oder Montage von Sachen, die Erzeugung von Energie, das Aufsuchen und Gewinnen von Bodenschätzen,
- der Betrieb von Kreditinstituten oder Versicherungsunternehmen,
- der Handel mit Gütern und Waren,
- Dienstleistungen,
- die Vermietung und Verpachtung.[621]

Die Einkünfte aus passiver Tätigkeit sind im Gesetz nicht definiert. Sie ergeben sich aus einem Umkehrschluß der oben aufgeführten Einkünfte aus aktiver Tätigkeit. Im Zusammenhang mit dieser Arbeit ist besonders wichtig, daß Dividenden, Zinsen und Lizenzgebühren zu den passiven Einkünften zählen.
Da die Erträge einer Holding hauptsächlich aus Beteiligungen stammen, bezieht sie vorwiegend Einkünfte aus passiver Tätigkeit. Dieses würde nun bedeuten, daß sie voll der Hinzurechnungsbesteuerung unterliegt.

Es wird jedoch eine Ausnahme bei Landes- und Funktionsholdings gemacht. Dieses sind Zwischengesellschaften, die zu mindestens 25 % am Nennkapital anderer ausländischer Gesellschaften beteiligt sind. Die Beteiligung muß seit mindestens 12 Monaten bestehen.[622]
Eine Landesholding hält die Beteiligung an anderen Gesellschaften im gleichen Land. Diese Gesellschaften müssen aktiv sein, d.h. einer der unter § 8 Abs. 1 Nr. 1 - 6 AStG definierten Tätigkeiten nachgehen.[623]
Eine Funktionsholding ist selber wirtschaftlich aktiv, hält aber auch Beteiligungen, die in wirtschaftlichem Zusammenhang mit ihrer eigenen Tätigkeit stehen.[624]

---

620 Vgl. § 10 Abs. 3 Satz 5 AStG. Ein genaues Schema zur Ermittlung des Hinzurechnungsbetrages findet sich in dem Anwendungsschreiben des BMF zum AStG vom 2.12.1994 - IV C 7 - S 1340 - 20/94 = BStBl I 1995, Sondernummer I, s. auch Flick / Wassermeyer / Becker, Außensteuerrecht, § 10 Verwaltungsanweisung Nr. 10.

621 Vgl. genauer § 8 Abs. 1 Nr. 1 - 6 AStG. In § 8 AStG werden einige Einschränkungen aufgezählt, die dort nachgelesen werden können.

622 Vgl. § 8 Abs. 2 AStG.

623 Vgl. § 8 Abs. 2 Nr. 1 AStG.

Die Einkünfte dieser beiden Formen der Holdinggesellschaft unterliegen nicht der Hinzurechnungsbesteuerung. Sie werden so vom Gesetz gleichsam als aktiv qualifiziert.
Begünstigt durch diese Regelung werden jedoch nur dreistufige Konzerne, deren unterste Stufe aktiv tätig sein muß.

Wenn es sich nicht um eine derartige Holding handelt, sind Dividenden und Gewinne aus der Veräußerung von Anteilen voll der Hinzurechnungsbesteuerung unterworfen, wenn sie niedrig besteuert sind, d.h. der Steuersatz liegt unter 30 %.
Im Einführungserlaß des BdF zum AStG vom 11.7.1974 wurden die Länder aufgeführt, bei denen der Steuersatz für juristische Personen unter 30 % liegt bzw. liegen kann. Hier ist auch die Schweiz aufgeführt, wobei auf die unterschiedlichen Steuern von Kantonen und Gemeinden hingewiesen wird. Bezüglich der Gesamtsteuerbelastung heißt es jedoch, daß diese im allgemeinen unter 30 % liegt, wobei einige Kantone als mögliche Ausnahmen genannt werden. Gesellschaften mit kantonalen Steuerprivilegien gelten ausdrücklich als niedrig besteuert.[625]

Eine weitere Ausnahme sind Schachteldividenden nach § 13 AStG. Danach sind diese von der Hinzurechnung auszunehmen, wenn
- sie ihre Bruttoerträge aus einer unter § 8 Abs. 1 Nr. 1 - 6 AStG fallenden Tätigkeit beziehen und wenn
- die Gewinnanteile steuerbefreit sind, hätte sie der Steuerpflichtige unmittelbar von der ausschüttenden Gesellschaft bezogen.

Dieses gilt für Körperschaft- und Gewerbesteuer.[626]

Neben der eben dargestellten normalen gibt es noch die verschärfte Hinzurechnungsbesteuerung, die den steuerlichen Gestaltungsspielraum weiter einschränkt. Diese gilt für ausländische Zwischengesellschaften, die ihre Einkünfte aus Kapitalanlagen beziehen. Kapitalanlageeinkünfte stammen aus dem Halten, Verwalten, der Werterhaltung oder Werterhöhung von Zahlungsmitteln, Forderungen, Wertpapieren, Beteiligungen oder ähnlichen Vermögenswerten.[627]
Grundsätzlich sind nach § 10 Abs. 5 AStG auf den ermittelten Hinzurechnungsbetrag die Bestimmungen der abgeschlossenen DBA so anzuwenden, als ob der Hinzurechnungsbetrag als Dividende an den Steuerpflich-

---

624 Vgl. § 8 Abs. 2 Nr. 2 AStG.
625 Vgl. BdF-Schreiben vom 11.7 1974 - IV C 1 - S 1340 - 32/74 = BStBl I, S. 442. Die Aufzählung der betroffenen Länder ist nicht abschließend.
626 Vgl. § 13 Abs. 1 Satz 1 AStG.
627 Vgl. § 10 Abs. 6 Satz 2 AStG.

tigen ausgeschüttet worden wäre. Es soll also eine Gleichbehandlung der fiktiven und der tatsächlich ausgeschütteten Dividende erfolgen.

§ 10 Abs. 6 AStG schließt die Gültigkeit der DBA für Kapitalanlageeinkünfte aus. Die sonst übliche Vorrangigkeit der DBA gegenüber dem nationalen Recht wird hier außer Kraft gesetzt. Dieses wird von der Literatur als völkerrechtswidrig angesehen und als „treaty override" bezeichnet.[628]

Diese verschärfte Hinzurechnungsbesteuerung findet bereits dann Anwendung, wenn

- die den Zwischeneinkünften mit Kapitalanlagecharakter zugrundeliegenden Bruttoerträge mehr als 10 % der den gesamten Zwischeneinkünften zugrunde liegenden Bruttoerträge entsprechen oder
- die bei einer Zwischengesellschaft oder einem Steuerpflichtigen hiernach außer Ansatz zu lassenden Beträge mehr als 120.000 DM übersteigen.[629]

Diese Bedingungen gelten alternativ, es muß also sowohl die relative als auch die absolute Grenze geprüft werden.[630]

Von der verschärften Hinzurechnungsbesteuerung, für die die Bestimmungen der DBA nicht gelten, gibt es wiederum Ausnahmen. Für diese Ausnahmen sind die Regelungen der Doppelbesteuerungsabkommen gültig. Es handelt sich hierbei um drei Formen der Kapitalanlageeinkünfte, von denen in Zusammenhang mit dieser Arbeit die unter § 10 Abs. 6 Satz 2 Nr. 2 AStG aufgeführte wichtig ist. Hierbei handelt es sich um eine sogenannte Holdingklausel.

Wenn die Kapitalanlageeinkünfte aus Gesellschaften stammen, an denen die ausländische Zwischengesellschaft zu mindestens 10 % beteiligt ist, so wird der hieraus erzielte Hinzurechnungsbetrag, also die fiktive Dividende, so behandelt, als wäre sie nach den Bestimmungen des DBA tatsächlich ausgeschüttet worden.

Um diese Holdingklausel anwenden zu können, muß man nun das Schweizer DBA betrachten. Hier ist jedoch in Art. 24 Abs. 1 Nr. 1b DBA-CH festgelegt, daß Dividenden dann von der deutschen Besteuerung freigestellt werden, wenn

- die in Deutschland ansässige Gesellschaft über mindestens 20 % der die Dividenden ausschüttenden Gesellschaft verfügt und wenn
- die in der Schweiz ansässige Gesellschaft in dem Wirtschaftsjahr, für das sie die Ausschüttung vornimmt, ihre Bruttoerträge ausschließlich

[628] Vgl. u.a. Knobbe-Keuk, Unternehmenssteuerrecht, S. 332; Vogel, DBA Art. 23 Rz. 115.
[629] Vgl. § 10 Abs. 6 Satz 1 AStG.
[630] Vgl. Bogenschütz / Kraft, IStR 1994, S. 155.

oder fast ausschließlich aus Tätigkeiten bezieht, die unter § 8 Abs. 1 Nr. 1 - 6 und § 8 Abs. 2 AStG fallen.
Das DBA übernimmt hier die Einteilung des Außensteuergesetzes in aktive und passive Tätigkeit. Es enthält einen sogenannten Aktivitätsvorbehalt bezüglich der Einkünfte der ausländischen Gesellschaft.
Da nun Kapitalanlageeinkünfte eindeutig passiven Charakter haben, entfällt für Schweizer Holdinggesellschaften deutscher Anteilseigner die Möglichkeit, die Holdingklausel des § 10 Abs. 6 Satz 2 Nr. 2 AStG in Anspruch zu nehmen.
Wenn im DBA kein Aktivitätsvorbehalt festgelegt wäre, dann dürften die thesaurierten Einkünfte der Holding auch Zwischeneinkünfte mit Kapitalanlagecharakter sein, ohne daß die Hinzurechnungsbesteuerung greifen würde.[631] Gesellschaften in den Niederlanden, Luxemburg, Belgien, Österreich und Irland profitieren von der Holdingklausel des § 10 Abs. 6 AStG, da in diesen DBA kein Aktivitätsvorbehalt enthalten ist.

Abschließend ist zur Hinzurechnungsbesteuerung noch festzustellen, daß ihre Komplexität vielfach kritisch beurteilt wird.[632] Teilweise wird sogar angedeutet, daß sie längst den Rahmen der sachlichen Rechtfertigung verlassen hat.[633]

Durch Festlegung des Aktivitätsvorbehalts im Schweizer DBA in Verbindung mit der Ausnahmeregelung des § 8 Abs. 2 AStG werden die deutschen Holdingkonstruktionen in der Schweiz auf zwei Stufen, nämlich auf die Holdinggesellschaft und ihre aktiven Tochtergesellschaften beschränkt.
Aus diesen Ausführungen ergibt sich, daß nur die zwei im Außensteuergesetz unter § 8 Abs. 2 AStG erwähnten Holdingformen, nämlich die Landes- und Funktionsholding, nicht der Hinzurechnungsbesteuerung unterliegen. Die Einkünfte dieser beiden Holdinggesellschaften aus Ausschüttungen aktiver Tochtergesellschaften werden vom Gesetz quasi als aktiv qualifiziert. Insofern hat die verschärfte Hinzurechnungsbesteuerung für sie keine Relevanz.

---

[631] Vgl. § 10 Abs. 6 Satz 2 Nr. 2 AStG.
[632] Vgl. z.B. Baumgärtel / Perlet, Hinzurechnungsbesteuerung, S. 182, 268; Bogenschütz / Kraft, IStR 1994, S. 153 - 154, 157, 159; Wassermeyer, Hinzurechnungsbesteuerung, S. 70.
[633] Vgl. Wassermeyer, Hinzurechnungsbesteuerung, S. 70.

Die zwischengeschaltete Holdinggesellschaft darf sich also als

- Landesholding an Gesellschaften beteiligen, die den Sitz im gleichen Staat haben und ihre Bruttoerträge ausschließlich oder fast ausschließlich aus aktiver Tätigkeit nach § 8 Abs. 1 Nr. 1 - 6 AStG bezieht oder als
- Funktionsholding an Gesellschaften beteiligen, die sie im Zusammenhang mit eigener aktiver Tätigkeit nach § 8 Abs. 1 Nr. 1 - 6 AStG hält und die ebenfalls ihre Einkünfte ausschließlich oder fast ausschließlich aus solchen Tätigkeiten ziehen.[634]

Die Beteiligung der Holdinggesellschaft an der Tochtergesellschaft muß 25 % betragen und seit 12 Monaten bestehen.

2.1. Die Landesholding

Die Landesholding kann als eine reine oder gemischte Holding nach Schweizer Recht ausgestaltet sein.

Graphisch dargestellt sieht diese Konstruktion folgendermaßen aus:

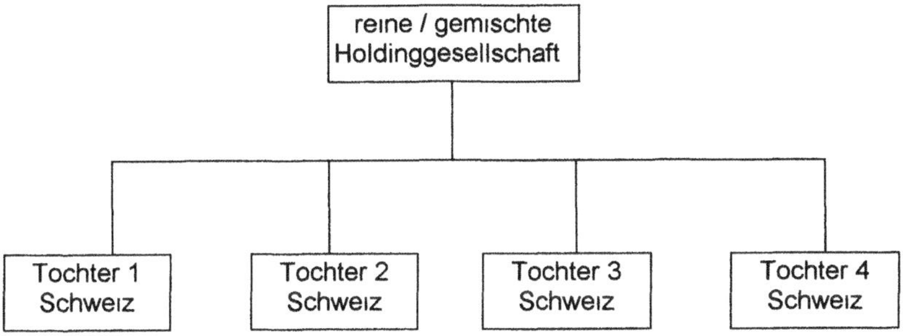

Abbildung 1: Landesholding in der Schweiz

[634] Vgl. § 8 Abs. 2 Nr. 1 und 2 AStG.

Als reine Holding besteht die Haupttätigkeit der Muttergesellschaft im Halten und Verwalten von Beteiligungen. Sie hat Anspruch auf

- das Holdingprivileg auf kantonaler Ebene und
- den Beteiligungsabzug für maßgebliche Beteiligungen auf Bundesebene.

Als gemischte Holding hat die Landesholding Anspruch auf

- den Beteiligungsabzug für maßgebliche Beteiligungen auf kantonaler Ebene und
- den Beteiligungsabzug für maßgebliche Beteiligungen auf Bundesebene.

Nach deutschem Recht ist die Landesholding in der Zusammensetzung ihrer Tätigkeiten nicht festgelegt.[635] Sie ist nicht verpflichtet, sich nur auf das Halten und Verwalten von Beteiligungen zu beschränken, sondern darf auch anderen Tätigkeiten nachgehen.
Entscheidend ist, daß sich Mutter- und Tochtergesellschaften im gleichen Land befinden, also in dem Falle in der Schweiz.

In der Schweiz bietet es sich aber bei einer Holdingkonstruktion an, diese als reine Holdinggesellschaft auszugestalten, wenn einige der Beteiligungen nicht maßgeblich sind und insofern nicht den Beteiligungsabzug beanspruchen können. So kann mithilfe der speziellen Holdingprivilegien zumindest die Besteuerung auf kantonaler Ebene vermieden werden.

Die gemischte Holding ist im Vergleich zu der reinen Holdinggesellschaft flexibler in der Unternehmensstruktur, da sie zur Beanspruchung der Steuerbefreiung nicht auf einen festen Beteiligungsanteil in der Bilanz bzw. in der Erfolgsrechnung angewiesen ist. Allerdings müssen Erträge aus kleineren, also nicht maßgeblichen Beteiligungen, sowohl auf kantonaler wie auch auf Bundesebene versteuert werden.

Entscheidend ist aus Sicht des deutschen Steuerrechts auch, daß die ausschüttenden Tochtergesellschaften der Schweizer Holdinggesellschaft ihre Bruttoerträge[636] ausschließlich oder fast ausschließlich aus aktiver Tätigkeit beziehen.

---

[635] Vgl. Flick / Wassermeyer / Becker, Außensteuerrecht, § 8 Anm. 101; Brosig, Basisgesellschaften, S. 243.

[636] Zur Diskussion des Begriffes der Bruttoerträge s. Brosig, Basisgesellschaften, S. 243 - 247; Flick / Wassermeyer / Becker, Außensteuerrecht, § 8 Anm. 104 - 104n.

Flick / Wassermeyer / Becker verstehen unter „Bruttoertrag“ jeden steuerlich relevanten und in Geld zu bewertenden Vermögenszugang einer Rechnungsperiode.[637]
Mit der Bezeichnung „fast ausschließlich“ ist gemeint, daß die hierin enthaltenen passiven Bruttoerträge nicht 10 % der gesamten Bruttoerträge übersteigen dürfen bzw. nicht den Betrag von DM 120.000.[638]
Wichtig ist, daß der aktive Charakter der Erträge der Tochtergesellschaften nicht verloren geht. Falls die passiven Bruttoerträge mehr als 10 % betragen, gelten die gesamten Erträge der Tochtergesellschaft als passiv.

Die Tochtergesellschaften müssen also
- aktiv tätig sein und dürfen
- nur in der Schweiz angesiedelt sein.

Die Holding ist in ihren Tätigkeiten nicht festgelegt, sie kann also sowohl aktiv als auch passiv tätig im Sinne des § 8 Abs. 1 und 2 AStG sein. Das geforderte Kriterium der fast ausschließlichen aktiven Tätigkeit bezieht sich nur auf die Tochtergesellschaften.[639]

Im Jahr der Einnahme der Dividendeneinkünfte fällt keine Hinzurechnungsbesteuerung für die Muttergesellschaft an. Die Landesholding kann die Dividenden nur mit Schweizer Steuern belastet vereinnahmen.
Eine Kapitalanlage der von den Tochtergesellschaften erhaltenen Dividenden auf der Ebene der Schweizer Holdinggesellschaft ist ohne Anfall von Hinzurechnungsbesteuerung in den nachfolgenden Jahren nicht möglich. Denn bei der Kapitalanlage entstehen Einkünfte, die passiven Charakter haben, da sie nicht unter § 8 Abs. 1 Nr. 1 - 6 AStG fallen. Eine Ausnahme kann allerdings die Investition in Beteiligungen an aktiven inländischen Tochtergesellschaften bedeuten, da die hieraus erzielten Dividenden nicht der Hinzurechnungsbesteuerung unterliegen, wenn die Beteiligungshöhe 25 % beträgt und das Beteiligungsverhältnis seit 12 Monaten besteht.
Bei der reinen Holding können Zinsen, die aus der Kapitalanlage der Dividendeneinkünfte in den Folgejahren erzielt werden, in der Schweiz auf Kantonsebene zwar steuerfrei vereinnahmt werden. Da sie jedoch nicht

---

[637] Vgl. Flick / Wassermeyer / Becker, Außensteuerrecht, § 8 Anm. 104d.
[638] Vgl. zur Argumentation Flick, Wassermeyer / Becker, Außensteuerrecht, § 8 Anm. 107e - 107h; Flick / Wassermeyer / Wingert / Kempermann, DBA D-CH Art. 24 Anm. 124.
[639] Vgl. zum Vorgehen bei einer Landes- und Funktionsholding, die sowohl aktiv als auch passiv tätig ist, das Anwendungsschreiben des BMF zum AStG vom 2.12.1994 - IV C 7 - S 1340 - 20/94 = BStBl I 1995, Sondernummer I.

aus aktiver Tätigkeit stammen, erfolgt die Hinzurechnungsbesteuerung gemäß § 10 Abs. 2 AStG. Der Hinzurechnungsbetrag ist mit den übrigen Einkünften in Deutschland zu versteuern.

Falls die Zinsen an eine gemischte Holding fließen, so unterliegen diese zwar der Besteuerung in der Schweiz, bei Anwendung der Hinzurechnungsbesteuerung werden diese Steuern jedoch nach § 10 Abs. 1 AStG abgezogen bzw. können nach § 12 AStG angerechnet werden.[640]
Insofern bedeutet die Anlage der thesaurierten Gewinne in der Schweiz aus steuerlicher Sicht keinen Vorteil, wenn man berücksichtigt, daß in den Folgejahren die Hinzurechnungsbesteuerung eingreift.

2.2. Die Funktionsholding

Die Funktionsholding ist eine gemischte Holding, d.h. ihre Tätigkeit besteht sowohl aus dem Halten und Verwalten von Beteiligungen als auch aus einer aktiven Tätigkeit im Sinne des § 8 Abs. 1 Nr. 1 - 6 AStG.

Graphisch dargestellt sieht diese Konstruktion folgendermaßen aus:

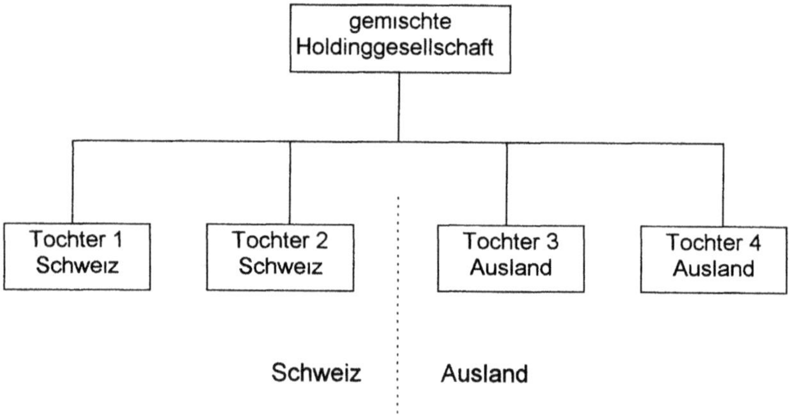

Abbildung 2: Funktionsholding in der Schweiz

640 Vgl. auch Baumgärtel / Perlet, Hinzurechnungsbesteuerung, S. 211 und S. 214 zu der Wahl zwischen Steuerabzug oder Steueranrechnung.

Die Muttergesellschaft hat als gemischte Holding Anspruch auf
- den Beteiligungsabzug auf kantonaler Ebene und
- den Beteiligungsabzug auf Bundesebene.

Außerdem muß sie noch einer aktiven Tätigkeit im Sinne des Außensteuergesetzes nachgehen.

Für die Funktionsholding gelten ebenfalls die Bestimmungen bezüglich der Ertragszusammensetzung und aktiven Tätigkeit der Tochtergesellschaften, die bereits bei der Landesholding dargestellt wurden.
Die Tochtergesellschaften müssen also
- aktiv tätig sein und dürfen
- sowohl in der Schweiz als auch im Ausland angesiedelt sein.

Die Möglichkeit der Ansiedlung der Tochtergesellschaften im In- und Ausland ist vorteilhaft im Vergleich zu der Landesholding.

Nachteilig ist, daß die Funktionsholding nur in Form einer gemischten Holdinggesellschaft nach Schweizer Recht möglich ist und insofern Beteiligungen, die nicht maßgeblich sind, nicht den Beteiligungsabzug beanspruchen dürfen und sowohl auf kantonaler wie auch auf Bundesebene der Mehrfachbesteuerung unterliegen.

Problematisch könnte es theoretisch für die Erträge der Funktionsholding werden, die aus dem Ausland stammen, wenn in dem Doppelbesteuerungsabkommen mit dem Herkunftsland der Erträge eine ähnliche Klausel wie Art. 23 Abs. 2 DBA-CH bestehen würde.[641] Diese Klausel besagt, daß eine in der Schweiz ansässige Gesellschaft, an der nicht in der Schweiz ansässige Personen überwiegend, unmittelbar oder mittelbar beteiligt sind, die Entlastung von den Steuern auf Zinsen, Lizenzgebühren und Veräußerungsgewinnen nur beanspruchen kann, wenn diese in dem Kanton, in dem die Gesellschaft ihren Sitz hat, der kantonalen Besteuerung unterliegen. Dieses ist jedoch für die Funktions- bzw. gemischte Holding insofern nicht relevant, da sie den Steuerabzug sowieso nur für die Dividenden erhält und die übrigen Erträge voll besteuern muß. Diese Klausel hätte nur für die reine Landesholding Bedeutung, die jedoch auf-

[641] Die Schweiz hat ähnlich wie mit Deutschland auch in die Doppelbesteuerungsabkommen mit Italien, Belgien und Frankreich Mißbrauchsklauseln aufgenommen, die sich an dem BRB 62 orientieren. Aufgrund dieser Klausel können unter bestimmten Voraussetzungen Abkommensvorteile verweigert werden, wenn die ausländisch beherrschten Gesellschaften in der Schweiz Steuerprivilegien genießen. Auch die Abkommen zwischen der Schweiz und Großbritannien, den Niederlanden und den USA enthalten Mißbrauchsklauseln, die jedoch anders ausgestaltet sind. Vgl. Oechslin-Saupper, Kapitalgesellschaften, S. 8.

grund des DBA zwischen Deutschland und der Schweiz nur innerhalb der Schweiz aktiv sein darf. Infolgedessen ist diese Bestimmung für die Schweizer Holding deutscher Anteilseigner nicht relevant.

Aus Sicht des deutschen Anteilseigners stellt sich wiederum die Frage, inwieweit die Errichtung einer Holding in der Schweiz steuerliche Vorteile bietet.
Durch die Funktionsholding besteht die Möglichkeit, auch die Erträge von nicht in der Schweiz ansässigen Tochtergesellschaften in der Schweiz zu vereinnahmen, ohne daß die Hinzurechnungsbesteuerung anfällt.
Wesentlich für den deutschen Anteilseigner ist eine genaue Aufgliederung der Tätigkeiten, die eine Funktionsholding ausüben darf.
§ 8 Abs. 2 Nr. 2 AStG schreibt für die Funktionsholding vor, daß die Tätigkeiten der Tochtergesellschaften mit ihren eigenen Tätigkeiten in wirtschaftlichem Zusammenhang stehen muß. Die möglichen Tätigkeiten sind in § 8 Abs. 1 Nr. 1 - 6 AStG aufgeführt.
Die Frage ist nun, was unter „wirtschaftlichem Zusammenhang" zu verstehen ist.
Flick / Wassermeyer / Becker vertreten die Ansicht, daß ein mittelbarer wirtschaftlicher Zusammenhang ausreichen muß.[642] Das Wort wirtschaftlich drückt ihrer Meinung die „Planmäßigkeit der Tätigkeiten zur Erreichung eines bestimmten Zieles aus."[643] Zufällige oder gelegentliche Zusammenhänge sind also nicht ausreichend.
Die wirtschaftliche Zusammengehörigkeit kann sich ergeben durch verwandte Branchen, Geschäftsbeziehungen, nach Produktions- und Vertriebsgesichtspunkten, nach der Belieferung mit Rohstoffen und anderes mehr.[644]
Es ist also zu erkennen, daß die Variationsmöglichkeiten bezüglich der Tätigkeiten sehr groß sind. Entscheidend ist jedoch die Planmäßigkeit der Tätigkeiten. Die wirtschaftliche Zusammengehörigkeit darf nicht zufällig oder nur gelegentlich gegeben sein.

Für die Tochtergesellschaften der Funktionsholding gilt wie für die der Landesholding, daß die Bruttoerträge ausschließlich oder fast ausschließlich aus aktiver Tätigkeit stammen müssen.
Über die Zusammensetzung der Tätigkeiten bei der Funktionsholding selber trifft das Gesetz keine Aussage.[645] Die Formulierung „fast aus-

[642] Vgl. zur Argumentation Flick / Wassermeyer / Becker, Außensteuerrecht, § 8 Anm. 110.
[643] Flick / Wassermeyer / Becker, Außensteuerrecht, § 8 Anm. 110c.
[644] Vgl. Flick / Wassermeyer / Becker, Außensteuerrecht, § 8 Anm. 110c.
[645] Vgl. Flick / Wassermeyer / Becker, Außensteuerrecht, § 8 Anm. 109.

schließlich" bezieht sich nur auf die Untergesellschaften. Die Funktionsholding darf also genau wie die Landesholding sowohl aktive als auch passive Erträge erzielen.
Die durch die Holding zu erfüllenden Bedingungen sind nur das Ausüben einer aktiven Tätigkeit und der wirtschaftliche Zusammenhang mit der Tätigkeit der Tochtergesellschaft, die ihre Erträge an die Mutter ausschüttet.
Das bedeutet aber umgekehrt, daß Erträge aus Beteiligungen, die zwar aktiv tätig sind, bei denen jedoch der wirtschaftliche Zusammenhang mit der aktiven Tätigkeit der Muttergesellschaft nicht gegeben ist, durchaus zu Zwischeneinkünften werden und insofern nach § 7 Abs. 1 AStG der Besteuerung unterliegen. Hier ist also sehr auf den Einzelfall zu achten.[646]
Das beinhaltet auch, daß die Möglichkeit, steuergünstig Zinsen und Lizenzgebühren bei der Schweizer Funktionsholding zu thesaurieren, nicht gegeben ist, da diese nicht aus aktiver Tätigkeit stammen. Auf Ebene der Tochtergesellschaften dürfen bekanntlich 10 % bzw. DM 120.000 der Bruttoerträge aus passivem Erwerb stammen.
Innerhalb der aktiven Tätigkeiten sind die Variationsmöglichkeiten relativ groß, es besteht jedoch nicht die Möglichkeit, Erträge aus passiver Tätigkeit bzw. aktiver Tätigkeit, die keinen wirtschaftlichen Zusammenhang mit der Tätigkeit der Muttergesellschaft aufweist, steuergünstig zu thesaurieren.

[646] Vgl. auch Flick / Wassermeyer / Becker, Außensteuerrecht, § 8 Anm. 109.

3. Die Behandlung von nach Deutschland ausgeschütteten Gewinnen nach dem Doppelbesteuerungsabkommen Deutschland - Schweiz

Die Ausschüttung von einer in der Schweiz ansässigen Gesellschaft an den Anteilseigner in Deutschland sollte möglichst steuergünstig erfolgen. Da das Steuerniveau in der Schweiz niedriger ist, sollte die Hochschleusung auf das deutsche Niveau verhindert werden.
Grundsätzlich ist jedoch wichtig, daß eine Doppelbesteuerung vermieden wird. Deshalb sind in dem vorliegenden Zusammenhang die Regelungen des Doppelbesteuerungsabkommen zwischen Deutschland und der Schweiz besonders wichtig.

Im Zusammenhang mit der Holdingbesteuerung in der Schweiz und in Deutschland sind folgende Artikel des DBA von besonderem Interesse:
- Art. 10 über die Dividenden,
- Art. 11 über die Zinsen,
- Art. 12 über die Lizenzgebühren,
- Art. 23 über die Quellenstaatsbesteuerung für bestimmte Gesellschaften und Sitftungen,
- Art. 24 über die Vermeidung der Doppelbesteuerung,
- Art. 9 über die verbundenen Unternehmen und[647]
- Art. 27 über den Informationsaustausch[648].

Nach Art. 10 Abs. 1 DBA-CH steht das Besteuerungsrecht dem Ansässigkeitsstaat des Anteilseigners zu. Der Quellenstaat ist jedoch auch zur Erhebung einer Quellensteuer berechtigt, die bei Dividenden auf 15 % begrenzt wird.[649]
Eine Ausnahme bilden Schachteldividenden. Wenn ein Anteilseigner über mindestens 20 % des Kapitals der ausschüttenden Gesellschaft verfügt,

---

[647] Dieser findet Anwendung bei wirtschaftlich verbundenen, rechtlich jedoch selbständigen Unternehmen und enthält als Maßstab der Gewinnkorrektur den Drittvergleich, der sich nach dem arm's-length-Prinzip richtet. Die Vorschrift des Art. 9 schafft jedoch selbst nicht die Rechtsgrundlage für eine Gewinnkorrektur, sondern setzt voraus, daß eine innerstaatliche Vorschrift existiert. Vgl. hierzu Wingert / Krause, Handkommentar, S. 683.

[648] Es gilt die kleine Auskunftsklausel nach Art. 27 Abs. 1 DBA-Schweiz, wonach nur Auskünfte ausgetauscht werden dürfen, die für die richtige Durchführung des Abkommens erforderlich sind. Auch der Geheimnisschutz des Abkommens wird hier geregelt. So dürfen nach Art. 27 Abs. 1 Satz 3 DBA-CH beispielsweise Auskünfte, die ein Handels- oder Bank-, gewerbliches oder Berufsgeheimnis oder ein Geschäftsverfahren offenlegen würden, nicht ausgetauscht werden.

[649] Vgl. Art. 10 Abs. 2d DBA-CH.

so wird die Quellensteuer des Sitzstaates des ausschüttenden Unternehmens auf 5 % gesenkt.[650]
Außerdem unterliegen die aus Deutschland stammenden Dividenden solange einer Quellensteuer von nur 10 % statt 15 %, wie die bereits durch eine deutsche Gesellschaft entrichtete Körperschaftsteuer bei den deutschen Anteilseignern, die die Ausschüttung erhalten, auf deren eigene Steuerschuld anrechenbar ist.[651]
Die von dem Quellenstaat erhobene Quellensteuer wird bei der Steuererhebung des Ansässigkeitsstaates durch Anrechnung berücksichtigt. Die Verfahren hierbei sind in Deutschland und der Schweiz unterschiedlich. Geregelt wird dieses in Art. 24 DBA-CH, der noch im weiteren Verlauf ausführlich behandelt werden wird.

Bei Zinsen und Lizenzgebühren besteht eine andere Regelung. In Art. 11 über die Zinsen und Art. 12 über die Lizenzgebühren des DBA-CH ist festgelegt, daß der Quellenstaat hierauf keine Quellensteuer erheben darf. Das Besteuerungsrecht liegt also nur bei dem Ansässigkeitsstaat.

Neben der Behandlung von Zahlungen von Tochtergesellschaften in der Schweiz an den Anteilseigner in Deutschland ist auch die grundsätzliche Behandlung von Beteiligungsgesellschaften wichtig, die in Art. 23 DBA-CH geregelt ist.
Der Artikel 23 schließt bestimmte Gesellschaften von der Entlastung von der Quellenstaatsbesteuerung aus. Ziel dieses Artikels ist zu verhindern, daß Abkommensvorteile Personen zugute kommen, denen sie nicht zugedacht sind.[652] Es sollen Mißbräuche von Gesellschaften verhindert werden, die unter ausländischem Einfluß stehen.
Die Wirkung der einzelnen Absätze ist teilweise einseitig, teilweise zweiseitig.
Die Wirkung des Absatz 1 ist zweiseitig, d.h. er gilt sowohl für deutsche als auch für schweizerische Gesellschaften. Dieser Artikel versagt die Quellensteuerentlastung bei unangemessenem Geschäftsgebaren. Bei den verschiedenen inhaltlichen Punkten wird zurückgegriffen auf die Bedingungen des schweizerischen Mißbrauchsbeschlusses und des hiermit verbundenen Kreisschreibens.[653]
„Zielgegenstand der Regelung des Abs. 1 ist die Versagung der Quellensteuerentlastung für bestimmte Erträge, wenn die Gesellschaft einmal wegen ihrer Beeinflußbarkeit durch Interessenten außerhalb ihres Ver-

[650] Vgl. Art. 10 Abs. 2b DBA-CH.
[651] Vgl. Art. 10 Abs. 3 DBA-CH.
[652] Vgl. Korn / Debatin, Schweiz, S. 666.
[653] Vgl. Kapitel III.3.5 dieser Arbeit.

tragsstaats und zum anderen im Hinblick auf ihre Finanzierungsgestaltung oder die Art der Verwendung der Erträge aus dem Quellenstaat besorgen läßt, daß die Erleichterungen Personen zugute kommen, denen sie nicht zugedacht sind."[654]

Zwar ist die Wirkung zweiseitig, jedoch war bei Aushandlung des Doppelbesteuerungsabkommens das Hauptziel die Erfassung von Basisgesellschaften in der Schweiz, die unter nicht-schweizerischem Einfluß standen.[655]

Wesentlich im Zusammenhang mit Holdinggesellschaften ist auch Art. 23 Abs. 2 DBA-CH, der sich mit steuerprivilegierten Gesellschaften befaßt.

Dieser Absatz hat nur einseitige Wirkung, d.h. er betrifft nur schweizerische Gesellschaften. Diese sollen, falls sie in der Schweiz eine Steuerprivilegierung erhalten, die nicht mit dem Ziel der Vermeidung der mehrfachen Steuerbelastung gewährt wird, keine Quellensteuerentlastung erhalten für Erträge, die aus Deutschland stammen. Dieses gilt für Schweizer Gesellschaften, die dem Einfluß von nicht in der Schweiz Ansässigen unterliegen.

Die hiervon betroffenen Erträge sind Zinsen, Lizenzgebühren und Veräußerungsgewinne, nicht jedoch Dividenden.

Dividenden werden deshalb anders als die übrigen Erträge behandelt, da sie aufgrund des Körperschaftsteuersystems in der Schweiz einer Mehrfachbesteuerung unterliegen und die Holdingprivilegierung der teilweisen Vermeidung dieser Besteuerung dient. Dieses wird als wirtschaftliche Rechtfertigung angesehen und gilt als traditionelles Charakteristikum der schweizerischen kantonalen Steuerordnungen.[656]

Zinsen, Lizenzgebühren und Veräußerungsgewinne, die eine in der Schweiz ansässige Gesellschaft erhält, die unter Einfluß ausländischer Personen steht, können von der deutschen Quellensteuer nur dann entlastet werden, wenn sie in der Schweiz einer ordentlichen kantonalen Besteuerung unterliegen. Ziel dieser Bestimmung ist die Verhinderung des Mißbrauchs der Wohnsitzstaatbesteuerung, die bezüglich dieser Erträge zwischen Deutschland und der Schweiz vereinbart wurde.

Art. 24 des DBA-CH über die Vermeidung der Doppelbesteuerung ist im Zusammenhang mit Holdingkonstruktionen insofern wichtig, da er die Besteuerung im Wohnsitzstaat im Verhältnis beider Staaten zueinander regelt. Für einen deutschen Investor in der Schweiz ist dieses ausschlaggebend bei der Standortentscheidung.

---

654 Korn / Debatin, Schweiz, S. 670.

655 Näheres zu Inhalt und Auslegung des Art. 23 Abs. 1 DBA-CH s. bei Korn / Debatin, Schweiz, S. 670 - 688.

656 Vgl. Korn / Debatin, Schweiz, S. 690.

In dem Artikel wird geregelt, wie die Doppelbesteuerung in Bezug auf bestimmte Einkünfte und Vermögenswerte vermieden werden soll. Hier wird sehr deutlich, daß Deutschland verstärkt auf Steueranrechnung anstelle der Steuerfreistellung setzt. Dieses ist auf das von Deutschland bei der Abkommensaushandlung verfolgte Ziel zurückzuführen, zu verhindern, daß jemand unangemessene Steuervorteile aus den der Vermeidung der Doppelbesteuerung zugedachten Erleichterungsmaßnahmen zieht.[657]

Die Maßnahmen zur Vermeidung der Doppelbesteuerung gelten natürlich nur für die Fälle, wo neben der Wohnsitzstaatbesteuerung auch eine Quellenstaatbesteuerung vorliegt. Denn wenn der Quellenstaat keine Besteuerung vornimmt, dann liegt demzufolge auch keine Doppelbesteuerung vor und Maßnahmen gegen eine solche sind insofern sinnlos.

Es gibt verschiedene Fälle, wo eine ausschließliche Wohnsitzstaatbesteuerung vorliegt. Die für den hier erörterten Zusammenhang relevanten sind die folgenden:[658]

- Art. 11: Zinsen,
- Art. 12: Lizenzgebühren,
- Art. 13: Veräußerungsgewinne, die
    - „keiner Betriebsstätte oder freiberuflicher Tätigkeit dienenden festen Einrichtung im Quellenstaat zuzurechnen sind,
    - nicht aus der Veräußerung unbeweglichen Vermögens im Quellenstaat oder von Seeschiffen, Luftfahrzeugen und Binnenschiffen eines Unternehmens mit Geschäftsleitung im Quellenstaat stammen,
    - und auch nicht aus der ganzen oder teilweisen Veräußerung einer wesentlichen Beteiligung von einer Person erzielt sind, die im Laufe der vorangegangenen 5 Jahre im Quellenstaat ansässig war und in ihrem nunmehrigen Wohnsitzstaat mit dem Gewinn keiner Steuer unterliegt“.[659]

    Veräußerungsgewinne aus Beteiligungen unterliegen also nach Art. 13 Abs. 3 DBA-CH nur der Wohnsitzstaatbesteuerung.

Die für den hier erörterten Zusammenhang relevanten Fälle, in denen sowohl eine Quellenstaatbesteuerung als auch eine Wohnsitzstaatbesteuerung vorgenommen wird, also eine Doppelbesteuerung vorliegt, sind die folgenden:

- Art. 10: Dividenden,

---

[657] Vgl. Korn / Debatin, Schweiz, S. 707

[658] Eine vollständige Aufzählung s. bei Korn / Debatin, Schweiz, S. 712 - 714.

[659] Korn / Debatin, Schweiz, S. 712 - 713.

- Art. 13: „Gewinne aus der Veräußerung
  - im anderen Staat belegenen unbeweglichen Vermögens,
  - von Vermögen einer Betriebsstätte oder freiberuflicher Tätigkeit dienenden Einrichtung oder freiberuflicher Tätigkeit dienenden Einrichtung im anderen Staat,
  - ganz oder teilweise, einer wesentlichen Beteiligung an einer Gesellschaft des anderen Staates, außer wenn der Steuerpflichtige nicht im Laufe der davorliegenden 5 Jahre in diesem Staat ansässig war oder die Gewinne in seinem nunmehrigen Wohnsitzstaat der Steuer zu unterwerfen hat",[660]
- Art. 23: Zinsen, Lizenzgebühren, Veräußerungsgewinne, Dividenden, wenn die Erträge bestimmten Gesellschaften, nämlich z.B. steuerprivilegierten, zufließen und diese durch nicht in der Schweiz ansässige Personen beherrscht werden.

Für Holdinggesellschaften, die durch einen in Deutschland ansässigen Investor in der Schweiz gegründet werden, ist Art. 24 Abs. 1 Nr. 1b DBA-CH besonders wichtig. Hier geht es um die Steuerbefreiung für Schachteldividenden. Auch im Verhältnis zur Schweiz wird das sog. „internationale Schachtelprivileg" gewährt.
Deutsche Muttergesellschaften werden bei Dividenden, die sie aus wesentlichen Beteiligungen an aktiv tätigen Tochtergesellschaften in der Schweiz beziehen, von der deutschen Körperschaft- und Gewerbesteuer befreit. Bei Unternehmensverflechtungen, die sich aktiv am Schweizer Markt beteiligen, soll die Besteuerung der Schweiz überlassen werden und die deutsche Besteuerung zurücktreten.
Der Inhalt des internationalen Schachtelprivilegs ist, daß die begünstigten Dividenden von der Bemessungsgrundlage der deutschen Steuer ausgenommen werden.

Voraussetzung zur Inanspruchnahme des Schachtelprivilegs ist, daß
- die Beteiligung 20 % des Kapitals der ausschüttenden Gesellschaft in der Schweiz umfaßt,[661]
- die Bruttoerträge, aus denen die Schweizer Gesellschaft die Ausschüttung vornimmt, aus unter § 8 Abs. 1 Nr. 1 - 6 AStG fallenden Tätigkeiten oder aus unter § 8 Abs. 2 AStG fallenden Beteiligungen stammen.

---

[660] Korn / Debatin, Schweiz, S. 714.

[661] § 8b Abs. 5 KStG dehnt das Schachtelprivileg aus deutscher Sicht auch auf die Beteiligungen aus, die mindestens 10 % betragen. Vgl. auch Streck, KStG, § 8b Anm. 15.

Diese Bruttoerträge müssen in dem gleichen Wirtschaftsjahr erzielt worden sein, für das die Ausschüttung vorgenommen wird.[662]

Außerdem muß der Anteilseigner in Deutschland, der die Ausschüttung erhält, ebenfalls eine Gesellschaft, also eine juristische Person sein.

Art. 24 Abs. 1 Nr. 1b DBA-CH hat also eine eigene Schachtelbegünstigung zum Inhalt. Der Verweis auf § 8 Abs. 1 Nr. 1-6 und Abs. 2 AStG erfolgt wegen der dort aufgeführten aktiven Tätigkeiten, die somit auch eine direkte Relevanz für das Doppelbesteuerungsabkommen erhalten.[663]

Für die Inanspruchnahme des Schachtelprivilegs ist keine Mindesbesitzzeit erforderlich.[664] Falls die oben genannten Bedingungen nicht erfüllt sind, kann nur die Steueranrechnung nach Art. 24 Abs. 1 Nr. 2 DBA-CH beansprucht werden, womit die Hochschleusung auf das deutsche Steuerniveau stattfindet.

Nach § 8b Abs. 5 KStG wird das Schachtelprivileg auch auf Beteiligungen ausgedehnt, die mindestens 10 % betragen.[665]

Durch den Verweis auf § 8 AStG bedient sich das DBA-CH der Systematik des Außensteuergesetzes, unter einengenden Voraussetzungen wird das Wertesystem dieses Gesetzes übernommen.[666]

In dem hier relevanten Zusammenhang folgt durch den Verweis auf § 8 Abs. 2 AStG, daß sowohl die Ausschüttungen der Landes- als auch die der Funktionsholding von der deutschen Steuer befreit sind. Allerdings müssen die hieran angehängten Tochtergesellschaften einer aktiven Tätigkeit nachgehen. Es werden also nur dreistufige Konzerne mit der Mutter in Deutschland, der Holdinggesellschaft in der Schweiz und den darunter angehängten Tochtergesellschaften begünstigt.

3.1. Die Landesholding

Es stellt sich die Frage, inwieweit die Errichtung einer reinen oder gemischten Landesholding, die nur Tochtergesellschaften in der Schweiz haben darf, steuerlich günstigere Ausschüttungen für den deutschen Investor bedeuten.

---

662 Vgl. Art. 24 Abs. 1 Nr. 1b DBA-CH. Bis zu dem Änderungsprotokoll vom 17 10.1989 bezog sich dieser Teil des DBA auf das deutsche Steuerrecht, nämlich § 26 KStG. Ziel der heutigen Fassung war die Loslösung des DBA-CH vom deutschen Steuerrecht, so daß dieses ohne Rücksichtnahme auf das DBA geändert werden kann. Vgl. Flick / Wassermeyer / Wingert / Kempermann, DBA D-CH Art. 24 Anm. 117

663 Vgl. Flick / Wassermeyer / Wingert / Kempermann, DBA D-CH Art. 24 Anm. 117

664 Vgl. Flick / Wassermeyer / Wingert / Kempermann, DBA D-CH Art. 24 Anm. 121.

665 Vgl. auch Streck, KStG, § 8b Anm. 15.

666 Vgl. Flick / Wassermeyer / Wingert / Kempermann, DBA D-CH Art. 24 Anm. 122.

Theoretisch könnte er die Erträge der einzelnen Tochtergesellschaften auch ohne Zwischenschaltung einer Holdinggesellschaft ohne Anfall von Hinzurechnungsbesteuerung oder Hochschleusung auf das deutsche Steuerniveau nach Deutschland ausschütten, falls der Beteiligungsanteil an der Gesellschaft 20 % bzw. 10 % nach § 8b Abs. 5 KStG beträgt. Diese Ausschüttung wird dann nach Art. 24 Abs. 1 Nr. 1b DBA-CH von der Bemessungsgrundlage der deutschen Steuer ausgenommen. Die Errichtung der Holding stellt also so betrachtet keine Steuerersparnis dar. Allerdings bietet sie die Möglichkeit, sämtliche Aktivitäten und Erträge in der Schweiz an einer zentralen Stelle zu bündeln. So werden zwar keine Steuern gespart, es kann jedoch der Anfall von gleichen Kosten bei den verschiedenen Tochtergesellschaften verhindert werden, indem man z.B. bestimmte Funktionen auf die Ebene der Muttergesellschaft verlagert. Eine Abstimmung zwischen den einzelnen Bestandteilen des Konzerns ist so besser möglich.[667]

3.2. Die Funktionsholding

Die Funktionsholding darf bekanntlich auch Beteiligungen an Tochtergesellschaften außerhalb der Schweiz halten, deren Tätigkeit in wirtschaftlichem Zusammenhang mit ihrer eigenen Tätigkeit steht.
Wenn es sich um ausländische, also nicht in der Schweiz ansässige Tochtergesellschaften handelt, so ist der Weg über die Schweizer Holding oft nachteiliger als der direkte Weg.
Denn auf der Dividende lastet i.d.R. bereits eine ausländische Quellensteuer des Drittlandes.
In der Schweiz erfolgt bei der Holdinggesellschaft keine Besteuerung, jedoch bei Weiterleitung nach Deutschland fällt zusätzlich noch die reduzierte Schweizer Quellensteuer an. Zwar können diese Gewinne aufgrund des internationalen Schachtelprivilegs auf dem Steuerniveau des Herkunftslandes der Dividende gehalten werden, allerdings sind sie jetzt mit zwei Sockelsteuern belastet.
Insofern wäre der Weg über die Schweiz nur dann günstig, wenn Deutschland mit dem Drittland kein Doppelbesteuerungsabkommen abgeschlossen hätte oder wenn das der Schweiz um mindestens die 5 % Quellensteuer, die zwischen der Schweiz und Deutschland anfallen, günstiger wäre.

[667] Vgl. ansonsten zu den Gründen, eine Holding zu errichten, Kapitel II.2 dieser Arbeit.

Bei Ausschüttung einer Tochtergesellschaft mit Ansässigkeit in der Europäischen Union ist der Weg über die Schweizer Holding nachteilig, da diese in Deutschland quellensteuerfrei vereinnahmt werden können aufgrund der Mutter-Tochter-Richtlinie.
Zwar bestehen zwischen der Schweiz und allen derzeit 15 EU-Mitgliedern Doppelbesteuerungsabkommen, von denen 6 Abkommen eine Quellensteuer von 0 % für Schachtelbeteiligungen vorsehen, jedoch wird zumindest immer die Sockelsteuer zwischen Deutschland und der Schweiz von 5 % anfallen.
In diesem Zusammenhang ist wichtig, inwieweit andere Steuererleichterungen wie das Schachtelprivileg des § 13 AStG oder die Steueranrechnung nach § 26 KStG in Anspruch genommen werden können.
Für die Anwendung von § 8 Abs. 2 Nr. 2 AStG und § 13 Abs. 1 AStG gilt, daß der erstgenannte Paragraph die speziellere Norm ist und insofern vorgeht, wenn sich die Anwendungsbereiche überschneiden.[668] Das bedeutet, daß bei Inanspruchnahme von § 8 Abs. 2 Nr. 2 AStG, wie das bei der Funktionsholding der Fall ist, § 13 Abs. Abs. 1 AStG nicht mehr anwendbar ist. Wenn jedoch Einkünfte nicht nach § 8 Abs. 2 Nr. 2 AStG befreit werden, dann ist § 13 Abs. 1 AStG durchaus anwendbar. Allerdings werden nach § 8 Abs. 2 AStG alle Beteiligungserträge freigestellt und nach § 13 AStG nur Gewinnanteile, zu denen beispielsweise keine Veräußerungsgewinne zählen. Außerdem betrifft § 13 AStG nur tatsächlich vorgenommene Ausschüttungen.
Für die Anwendung von § 26 KStG in Zusammenhang mit den Dividenden aus der Europäischen Union gilt, daß bei Inanspruchnahme eines Schachtelprivilegs nach DBA die Steueranrechnung nach § 26 Abs. 2 - 3 und 5 KStG nicht anwendbar ist.[669]
Das bedeutet also, daß bei Inanspruchnahme des Schachtelprivilegs nach Art. 24 Abs. 1 Nr. 1b DBA-CH und des § 8 Abs. 2 Nr. 2 AStG andere Möglichkeiten in Deutschland nicht zur Verfügung stehen.
Im Zusammenhang mit Ausschüttungen aus der Europäischen Union ist das Durchleiten der Dividenden über die Schweiz aus steuerlicher Sicht nicht sinnvoll.

---

[668] Vgl. Flick / Wassermeyer / Becker, Außensteuerrecht, § 13 Anm. 22.
[669] Vgl. Abschn. 76 Abs. 3 Satz 1 KStR 1995.

4. Maßnahmen gegen treaty shopping

Wie bereits in Kap. III.3.5 ausgeführt wurde, bestehen in der Schweiz Bestimmungen gegen die mißbräuchliche Inanspruchnahme der durch die Schweiz abgeschlossenen Doppelbesteuerungsabkommen durch Ausländer. Hierdurch werden unilateral zusätzliche Voraussetzungen für die Rückerstattung ausländischer Quellensteuern geschaffen. Bemerkenswert ist, daß die Schweiz sich selbst Beschränkungen auferlegt. Ausgelöst wurde dieses durch heftige Kritik aus dem Ausland, wo die Schweiz den Ruf einer Steueroase hatte.
Die bereits ausführlich dargestellten Mißbrauchsbestimmungen wurden auch in das DBA der Schweiz mit Deutschland übernommen.
So wird in Art. 23 Abs. 1 DBA D-CH für Beteiligungsgesellschaften folgendes geregelt: Diese können die „Entlastungen von den Steuern, die auf den aus dem anderen Staat stammenden Dividenden, Zinsen und Lizenzgebühren erhoben werden, nur beanspruchen, wenn

a) die auf nicht im ersten Staat ansässige Personen lautenden verzinslichen Schuldkonten nicht mehr als das Sechsfache des Grund- oder Stammkapitals und der offenen Reserven ausmachen; [...]
b) die gegenüber den gleichen Personen eingegangenen Schulden nicht zu einem den normalen Satz übersteigenden Zinssatz verzinst werden; [...]
c) höchstens 50 vom Hundert der in Rede stehenden und aus dem anderen Vertragsstaat stammenden Einkünfte zur Erfüllung von Ansprüchen [...] von nicht im ersten Staat ansässigen Personen verwendet werden;
d) Aufwendungen, die mit den in Rede stehenden und aus dem anderen Vertragsstaat stammenden Einkünfte zusammenhängen, ausschließlich aus diesen Einkünften gedeckt werden; und
e) die Gesellschaft mindestens 25 vom Hundert der in Rede stehenden und aus dem anderen Vertragsstaat stammenden Einkünfte ausschüttet."[670]

Bei einem Vergleich der Mißbrauchsbestimmungen Deutschlands und der Schweiz fällt auf, daß Vorschriften gegen die mißbräuchliche Beanspruchung von Steuerprivilegien und Doppelbesteuerungsabkommen in beiden Ländern erlassen wurden, die Stoßrichtung dieser Bestimmungen jedoch völlig verschieden ist. Hieran ist die unterschiedliche Positionierung beider Länder gut erkennbar.

---

[670] Art. 23 Abs. 1 DBA-CH.

Während die Schweiz als Niedrigsteuerland besonders in den 50´er und 60´er Jahren ausländische Unternehmen anzog, ist Deutschland ein Hochsteuerland, dessen Firmen und Bürger besonders angezogen werden sollten bzw. tatsächlich angezogen wurden. So ist auch der gegensätzliche Schwerpunkt der Mißbrauchsbestimmungen zu verstehen.
Deutschland versucht durch Bestimmungen im AStG, seine Bürger davon abzuhalten, durch geschickte Standortwahl und Ausnützung von Doppelbesteuerungsabkommen dem Staat Steuern nicht zu zahlen.
Die Schweiz versucht, durch ihre Mißbrauchsregelung gegen ihren Ruf als Steueroase anzugehen und ihre besonderen Vorteile nur denjenigen zugute kommen zu lassen, die sie aufgrund einer wirtschaftlich sinnvollen und gerechtfertigten Unternehmenskonstruktion beanspruchen.
Die unterschiedliche Situation beider Länder wird auch in der kurz dargestellten Ausgestaltung des DBA Deutschland-Schweiz deutlich. Es wird hier ebenfalls versucht, Mißbrauchsbestrebungen besonders von deutscher Seite zu verhindern.

In Art. 23 Abs. 2 des Doppelbesteuerungsabkommen Deutschland - Schweiz wird ferner festgelegt, daß Steuern auf Zinsen, Lizenzgebühren und Veräußerungsgewinne, die aus Deutschland stammen und an eine Schweizer Gesellschaft gehen, die von Ausländern beherrscht wird, nur dann nach DBA entlastet werden dürfen, wenn diese dafür in der Schweiz voll besteuert werden. Hierdurch soll die mißbräuchliche Inanspruchnahme der Steuerentlastung des DBA und des kantonalen Holdingprivilegs für aus Deutschland stammende Erträge verhindert werden, die nicht Dividenden sind. Für Dividenden gilt dieses nicht, da die Motivation der Steuerfreistellung hier in der Vermeidung der wirtschaftlichen Doppelbesteuerung von Mutter und Tochter gesehen wird.[671]

Eine Holdinggesellschaft in der Schweiz, deren Anteilseigner in Deutschland ansässig sind, ist eindeutig eine von Ausländern beherrschte Kapitalgesellschaft, die dem Bundesratsbeschluß betreffend Maßnahmen gegen die ungerechtfertigte Inanspruchnahme von Doppelbesteuerungsabkommen des Bundes von 1962 („Mißbrauchsbeschluß" bzw. BRB 62) unterliegt.
Sowohl der Mißbrauchsbeschluß als auch das jeweilige DBA ist zu beachten, wenn die Holdinggesellschaft Dividenden, Zinsen, Lizenzeinkünfte oder Veräußerungsgewinne durch eine ausländische Tochtergesellschaft erhält.

---

[671] Vgl. Salvi, Doppelbesteuerungsabkommen, S. 132.

4.1. Beteiligungserträge ausländischer Tochtergesellschaften

Möchte die Schweizer Holdinggesellschaft die Dividenden ausländischer Tochtergesellschaften mit der Möglichkeit auf Rückerstattung von ausländischen Quellensteuern vereinnahmen, so sind nach BRB 62 und dem dazugehörigen Kreisschreiben folgende Punkte zu beachten:

- Abkommensberechtigung,
- Weiterleitung der Einkünfte (nicht mehr als 50 % der Einkünfte),
- Finanzierung der Gesellschaft (das Fremdkapital soll nicht mehr als das 6-fache des Eigenkapitals betragen und der Zinssatz sollte nicht höher als gewöhnlich sein),
- Speicherung DBA-begünstigter Einkünfte (mindestens 25 % der abkommensberechtigten Einkünfte sind auszuschütten).

Dieses wurde auch in Art. 23 Abs. 1 DBA-CH festgelegt und gilt insofern ebenfalls für die in Deutschland ansässigen Tochtergesellschaften.
Nur wenn die Schweizer Gesellschaft die Bedingungen des Mißbrauchsbeschlusses und der eventuell vorhandenen Mißbrauchsklausel des jeweiligen DBA erfüllt, dann hat sie Anspruch auf die Pauschale Steueranrechnung.[672] (Vorbehalten bleiben hier die besonderen Bestimmungen im Zusammenhang von Pauschaler Steueranrechnung und Beteiligungsabzug[673].)

4.2. Zinsen und Lizenzgebühren aus dem Ausland

Erhält die Holdinggesellschaft derartige Erträge und sind diese mit einer ausländischen Quellensteuer belastet, so gelten die unter V.4.1 aufgeführten Punkte hier ebenfalls.
Zwar wurde mit Deutschland die Wohnsitzstaatbesteuerung bezüglich dieser Einkünfte vereinbart, jedoch bestehen mit anderen Ländern andere Regelungen.[674]
Ebenso wie bei Dividenden gelten bei aus Deutschland stammenden Zinsen und Lizenzgebühren auch die Bestimmungen des Art. 23 Abs. 1 DBA-CH. Diese sind nur von der deutschen Quellensteuer befreit, wenn die Bestimmungen des BRB und DBA erfüllt sind.
Das DBA-CH hat hierüber hinausgehend eine spezielle Klausel für Zinsen und Lizenzgebühren, den Art. 23 Abs. 2 DBA-CH. Hiernach sind diese

---

[672] Vgl. Oechslin-Saupper, Kapitalgesellschaften, S. 138.
[673] Vgl. hierzu genauer Kap. III.3.3 dieser Arbeit.
[674] Vgl. hierzu Tabelle 4 „DBA-Netz der Schweiz“ im Anhang.

Einkünfte in dem Fall, daß die Gesellschaft ausländisch beherrscht ist, nur dann von der Quellenbesteuerung durch Deutschland befreit, wenn die Einkünfte in der Schweiz der ordentlichen kantonalen Besteuerung wie auf Bundesebene unterliegen. Kann die Schweizer Gesellschaft ein kantonales Holdingprivileg beanspruchen, so unterliegen Zinsen und Lizenzeinkünfte der Besteuerung ihres Quellenstaates, also Deutschlands.
Stammen die Zinsen und Lizenzgebühren aus anderen Ländern, so gelten die Bestimmungen des BRB 62 auf jeden Fall. Darüber hinausgehende Vorschriften hängen von den jeweiligen DBA ab.[675]

4.3. Veräußerungsgewinne aus ausländischen Beteiligungen

Veräußerungsgewinne aus Beteiligungen sind in der Schweiz i.d.R. zu versteuern. Durch den Beteiligungsabzug werden sie nicht von der Steuer befreit. Sie können nur steuerfrei vereinnahmt werden, wenn die Holdinggesellschaft ein kantonales Holdingprivileg in Anspruch nehmen kann. Sie werden steuerlich also ähnlich wie Zinsen und Lizenzgebühren behandelt.
Der BRB bezieht sich nur auf Einkünfte, für die eine Entlastung von der Quellensteuer des anderen Staates beansprucht wird. Hiervon sind zwar vorwiegend Dividenden, Zinsen und Lizenzgebühren betroffen, dieses kann sich jedoch auch auf andere Einkünfte beziehen, wenn diese eine Entlastung von ausländischen Quellensteuern beantragen.[676]
Für Veräußerungsgewinne aus Beteiligungen gilt im Verhältnis zu Deutschland:
Wie auch bei Zinsen und Lizenzgebühren erfolgt hier nur die Wohnsitzstaatbesteuerung. Die Veräußerungsgewinne können also von der Schweizer Gesellschaft unbelastet vereinnahmt werden und sind durch sie zu versteuern.
Die Mißbrauchsbestimmungen des Art. 23 Abs. 1 und 2 DBA-CH gelten für Veräußerungsgewinne auf Beteiligungen in gleicher Weise wie für Zinsen und Lizenzgebühren.
Für Veräußerungsgewinne auf Beteiligungen in Drittstaaten sind - wie auch bei den Zinsen und Lizenzgebühren - die Bestimmungen des mit dem jeweiligen Land abgeschlossenen DBA zu berücksichtigen.

[675] Die DBA mit Belgien, Frankreich und Italien enthalten ähnliche Bestimmungen wie das mit Deutschland abgeschlossene Abkommen. Vgl. hierzu Oechslin-Saupper, Kapitalgesellschaften, S. 133 - 136.
[676] Vgl. Lüthi, Internationales Steuerrecht, S. 384.

5. Zusammenfassung der wichtigsten Ergebnisse

Die Wahlmöglichkeiten eines deutschen Investors in der Form eines internationalen Konzerns sind bei der Errichtung einer Holdinggesellschaft in der Schweiz bezüglich der Strukturierung gering, wenn diese Konstruktion steuerlich vorteilhaft sein soll.

Die Einschränkungen durch das deutsch-schweizerische Doppelbesteuerungsabkommen und durch das deutsche Außensteuergesetz sind so groß, daß nur zwei Holdingstrukturen möglich sind, die auch steuerliche Vorteile bieten. Dieses sind die Landes- und die Funktionsholding. Der Aufbau beschränkt sich auf zwei Ebenen, nämlich einerseits auf die der Holdinggesellschaft und andererseits auf die der Tochtergesellschaften, welche aktiv tätig i.S. des § 8 Abs. 1 Nr. 1 - 6 AStG sein müssen.
Diese sehr eingeschränkten Wahlmöglichkeiten resultieren aus dem Zusammenspiel von Außensteuergesetz und dem Doppelbesteuerungsabkommen zwischen Deutschland und der Schweiz, welches die Gestaltungsmöglichkeiten eines deutschen Investors in der Schweiz im Vergleich zu anderen Ländern wie den Niederlanden oder Irland stärker einschränkt. Durch den im DBA vereinbarten Aktivitätsvorbehalt kann die Holdingklausel des § 10 Abs. 6 Satz 2 Nr. 2 AStG nicht in Anspruch genommen werden.

Es ist zwar als positiv anzusehen, daß sich für wirtschaftlich sinnvolle Konstruktionen auch steuergünstige Gestaltungsmöglichkeiten bieten, jedoch stellt sich die Frage, ob die in der Schweiz gebotenen Möglichkeiten ausreichend sind, damit dieser Standort für deutsche Investoren interessant ist
Denn schließlich sind die einzigen Erträge, die von der deutschen Besteuerung freigestellt sind, die Erträge, die aus aktiver Tätigkeit stammen. Alle anderen Erträge unterliegen der deutschen Besteuerung.
Für die Holding bedeutet dieses, daß es zwar Konstruktionen gibt, bei denen die Hinzurechnungsbesteuerung nicht eingreift, jedoch liegt der Grund hierfür bei den aktiven Tätigkeiten, aus denen die Erträge erzielt werden und nicht bei der Holdingtätigkeit.
Die Aktivitätsmöglichkeiten sind für die Holdinggesellschaft sehr eingeschränkt. Bestimmte Tätigkeiten, wie z.B. das Poolen und Anlegen der Gewinne durch die Muttergesellschaft und die steuergünstige Vereinnahmung der Zinsen mithilfe der kantonalen Holdingprivilegien, sind für die

deutschbeherrschte Holding nicht steuerlich sinnvoll durchführbar, da das deutsche Außensteuergesetz eingreift.
Auch besteht gerade bei ausländischen Beteiligungen die Gefahr, daß das Durchleiten der Gewinne über die Schweiz steuerliche Nachteile einbringt.

Insofern ist die Errichtung einer Holding in der Schweiz aus Sicht eines deutschen Investoren sehr gut zu überlegen. Bei wirtschaftlich aktiver Tätigkeit besteht zwar die Möglichkeit, vom Schweizer Steuerniveau zu profitieren, jedoch alle Aktivitäten die darüber hinausgehen, versprechen stererlich keine Vorteile.[677]
Das bedeutet aber auch, daß die Standortenscheidung für die Errichtung einer Holding in der Schweiz sicherlich nicht von steuerlichen Überlegungen dominiert wird. Ausschlaggebend werden andere wirtschaftliche Beweggründe sein.
Bei Errichtung der Holdinggesellschaft wird die Wahl der möglichen Struktur sicherlich von steuerlichen Überlegungen beeinflußt. Es ist allerdings fraglich, inwieweit die sehr eingeschränkte Wahlmöglichkeit den betriebswirtschaftlichen Erfordernissen gerecht werden kann, da die Strukturgestaltung wenig flexibel ist. Auch ist zu bedenken, daß der deutsche Investor auf die zwei Konstruktionen der Landes- und Funktionsholding festgelegt ist, wenn er am niedrigeren Schweizer Steuerniveau teilhaben möchte.
Eine Reaktion auf betriebswirtschaftliche Notwendigkeiten in Form einer Veränderung der Unternehmensstruktur wird i.d.R. nicht möglich sein.
Für den Holdingstandort Schweiz wirkt sich dieses aus deutscher Sicht negativ aus.

Bei Errichtung einer Holdinggesellschaft in der Schweiz sind auch die Schweizer Mißbrauchsvorschriften zu beachten, die in das Doppelbesteuerungsabkommen zwischen Deutschland und der Schweiz übernommen wurden.
Im Vergleich zu der durchschlagenden Wirkung des deutschen Außensteuerrechts haben diese jedoch eine geringere negative Auswirkung auf die Attraktivität des Holdingstandortes Schweiz.
Wenn jedoch Einkünfte von der Holdinggesellschaft erzielt werden, die eine Entlastung von der ausländischen Quellensteuer durch ein Doppelbesteuerungsabkommen beanspruchen können, so ist es für den ausländischen Anteilseigner einer Schweizer Gesellschaft wichtig, diese zu beachten.

---

[677] Vgl. auch Hangarter, Schweizer Holding und Safarik / Wingert, ST 1988, S. 134 - 138.

VI. Zusammenfassung der wesentlichen Ergebnisse

Die Schweiz ist ein Staat mit einem föderalistisch aufgebautem Steuersystem. Es gibt drei Steuerhoheiten, die berechtigt sind, eine Besteuerung vorzunehmen, nämlich den Bund, die Kantone und die Gemeinden.
Das Körperschaftsteuersystem ist das klassische System, bei dem eine Steuerbelastung ausgeschütteter Beteiligungserträge bei allen Anteilseignern vorgenommen wird, ohne das eine Anrechnung bereits entrichteter Ertragssteuern möglich wäre.

Der Standort Schweiz steht immer noch in dem Ruf, für Holdinggesellschaften besonders günstige Steuersparmöglichkeiten zu bieten. Die Privilegierung von Holdings muß jedoch vor dem Hintergrund des bestehenden Körperschaftsteuersystems gesehen werden.
Es ist aus deutscher Sicht festzustellen, daß zu entrichtende Steuern i.a. einen geringeren Steuersatz haben. Die Beteiligungsabzüge auf Bundes- und kantonaler Ebene und die Holdingprivilege der Kantone sind durch die steuerliche Mehrfachbelastung begründet, da eine Besteuerung erzielter Erträge auf allen Ebenen vorgenommen wird.
In diesem Zusammenhang rechtfertigen sich spezielle Steuerprivilegien, da die Holdinggesellschaft eine zwischengeschaltete weitere Steuerstufe für ausgeschüttete Beteiligungserträge darstellt.
Allerdings ist die Ausgestaltung des Beteiligungsabzuges und der Holdingprivilegien in sich nicht ganz schlüssig, da das Argument der Vermeidung der Doppelbelastung bei beiden durchbrochen wird:

- Der Beteiligungsabzug kann nur für maßgebliche Beteiligungen beansprucht werden (d.h. der Anteil an der Gesellschaft beträgt 20 % des Kapitals oder 2 Mio. Verkehrswert nach DBG und StHG). Bei kleineren Beteiligungen liegt jedoch auch eine Mehrfachbesteuerung vor.
- Das kantonale Holdingprivileg stellt sämtliche Erträge von der Besteuerung frei. So können auch Erträge steuerfrei vereinnahmt werden, die keiner Doppel- oder Mehrfachbelastung unterliegen, sondern im Gegenteil bereits als Aufwand steuerlich abzugsfähig waren.

Deutschland hingegen wendet das Anrechnungssystem an, bei dem es nicht zu einer Mehrfachbesteuerung wie in der Schweiz kommt.
Im internationalen Zusammenhang wendet Deutschland i.d.R. für Beteiligungsausschüttungen das internationale Schachtelprivileg an, welches meistens im Doppelbesteuerungsabkommen vereinbart wird. Dieses wird innerhalb Deutschlands durch die steuerfreie Weiterausschüttung an

inländische Kapitalgesellschaften nach § 8b KStG ergänzt. Wie beim Schweizer Beteiligungsabzug bzw. Holdingprivileg bleibt hierbei die Steuerbelastung der Dividende auf ausländischem Niveau. Diese kann allerdings mit einer ausländischen Sockelsteuer belastet sein.

Bei Gewinnen aus der Veräußerung ausländischer Beteiligungen ist in Anlehnung an die Behandlung ausländischer Dividenden nach § 8b KStG ebenfalls eine steuerfreie Weiterleitung innerhalb Deutschlands möglich. Die Regelungen in der Schweiz bezüglich der steuerfreien Vereinnahmung von Veräußerungsgewinnen sind uneinheitlich. Diese können nur dann steuerfrei vereinnahmt werden, wenn die Holding ein kantonales Holdingprivileg beanspruchen kann. Der Beteiligungsabzug auf Bundes- und Kantonsebene stellt die Veräußerungsgewinne nicht von der Besteuerung frei. Dieses soll durch die Unternehmenssteuerreform zumindest für reine Holdinggesellschaften auf Bundesebene geändert werden. Die Maßnahme ist als positiv für den Holdingstandort Schweiz zu bewerten. Für die gemischte Holding sollte diese Möglichkeit jedoch ebenfalls bestehen.

Auch ist festzustellen, daß die Kapitalverkehrssteuern und die fehlende steuerliche Konsolidierungsmöglichkeit sich negativ für die Schweiz auswirken.

Die Grundprinzipien im Bereich der Umstrukturierung sind in der Schweiz und Deutschland gleich. Allerdings profitiert Deutschland von den Regelungen der Mutter-Tochter-Richtlinie durch seine Mitgliedschaft in der EU.

Die abschließende Frage ist die Attraktivität des Holdingstandortes Schweiz für deutsche Investoren. Es stehen nur zwei Konstruktionen zur Verfügung, bei denen die Steuerbelastung auf dem Schweizer Niveau bleibt. Relevant sind für deutsche Anteilseigner einer Schweizer Holding einerseits die Thesaurierung und andererseits die Ausschüttung der erhaltenen Beteiligungserträge. Durch die restriktiven Regelungen des Außensteuergesetzes in Verbindung mit dem Doppelbesteuerungsabkommen zwischen Deutschland und der Schweiz werden die möglichen Holdingkonstruktionen auf zwei im Gesetz festgelegte Formen reduziert, die steuerliche Vorteile bieten. Hierbei handelt es sich um die Landes- und Funktionsholding nach § 8 Abs. 2 AStG. Diese können jedoch nur die Erträge, die aus aktiver Tätigkeit nach § 8 Abs. 1 Nr. 1 - 6 AStG stammen, ohne Eingreifen der Hinzurechnungsbesteuerung vereinnahmen.

Die Flexibilität dieser Holdingformen ist allerdings eingeschränkt. Dieses resultiert wiederum aus den Regelungen des Außensteuergesetzes und des Doppelbesteuerungsabkommen zwischen Deutschland und der Schweiz, die die steuerlich vorteilhaften Gestaltungsmöglichkeiten sehr begrenzen.

Abschließend läßt sich sagen, daß die Schweiz aufgrund ihrer niedrigen Steuersätze aus deutscher Sicht immer noch interessant ist. Die steuerlich vorteilhaften Holdingkonstruktionen unterliegen jedoch derart vielen gesetzlichen Restriktionen, daß fraglich ist, inwieweit man betriebswirtschaftlichen Bedürfnissen gerecht werden kann.
Auch sind die Folgen, die aus der fehlenden Mitgliedschaft der Schweiz in der Europäischen Union resultieren, bei der Standortentscheidung zu berücksichtigen.
Bei aktiver Tätigkeit in der Schweiz stellt die dort angesiedelte Holdinggesellschaft sicherlich eine sinnvolle Lösung zur Bündelung von Beteiligungen dar, die die Anforderungen des § 8 Abs. 1 Nr. 1 - 6 AStG erfüllen. Für darüberhinausgehende Tätigkeiten ist dieses jedoch fraglich.

Die Resultate, die durch die z.Zt. (Sommer 1997) diskutierte Unternehmenssteuerreform entstehen, sind sicherlich auch für eine Holding deutscher Anteilseigner vorteilhaft, jedoch werden diese nicht die Restriktionen des Außensteuergesetzes in Verbindung mit dem Doppelbesteuerungsabkommen zwischen Deutschland und der Schweiz aufwiegen können.
Insofern ist -aus deutscher Sicht- fraglich, inwieweit sich der Holdingstandort Schweiz durch die Reform aus seinen Schwierigkeiten befreien kann.

Anhang

Tabelle 1: Besteuerung der reinen Holdinggesellschaft in den verschiedenen Kantonen (Stand: Juli 1996)[678]

	Aargau	Appenzell A.Rh.	Appenzell I.Rh.	Bern
Voraussetzungen für Holdingprivileg:				
- Beteiligungsquote ermittelt nach a)	70 % VW	65 % VW	66,66 % VW	50 % VW
- Beteiligungsertrags-quote	70 %	65 %	66,66 %	50 %
- kumulative oder alternative Erfüllung	alternativ	alternativ	alternativ	alternativ
- Anforderung an die einzelne Beteiligung	ja	nein	nein	ja
- in Prozent vom	20 % Kapital			20 % Kapital
- absolut zum	SFr. 2 Mio. VW			SFr. 2 Mio. VW
Steuern				
Ertragsteuer	nein	nein	nein	nein
Kapitalsteuer	ja	ja	ja	ja
- Steuerbares Kapital:				
-Nominalkapital	--	--	--	--
-eingezahltes Kapital	ja	ja	ja	ja
-offene Reserven	ja	ja	ja	ja
-versteuerte stille Reserven	ja	ja	ja	ja
- Steuersatz	0,6 ‰	0,5 ‰	0,5 ‰	0,5 ‰
- Mindeststeuer	SFr 300,-	SFr 300,-	SFr. 300,-	SFr. 150,-
Qualifizierung von Darlehen als Beteiligung	nein	nein	nein	nein
Umsetzung des StHG bis	2001	2001	2001	2001

[678] Quelle: Eigene Erhebung bei den kantonalen Steuerverwaltungen, Stand: Juli 1996; ergänzend wurden hinzugezogen: Baumann, Holdinggesellschaft, S. 103 - 110; Beilstein, IWB 1995, S. 456 - 457 und 461 - 462; Beilstein, StR 1995, S. 576 - 578.

	Basel-Land	Basel-Stadt	Freiburg	Genf	Glarus
Voraussetzung für Holdingprivileg:					
- Beteiligungsquote	60 %	66,66 %	66,66 %	66,66 %	66,66 %
ermittelt nach	BW	BW	VW	VW	VW
- Beteiligungsertrags-quote	60 %	66,66 %	66,66 %	66,66 %	66,66 %
- kumulative oder alternative Erfüllung	alternativ	alternativ	alternativ	alternativ	alternativ
- Anforderung an die einzelne Beteiligung	ja	nein	ja	k. A.	ja
- in Prozent	10 %		51 %		20 %
vom	Kapital		Kapital		Kapital
- absolut	SFr.250.000		--		Sfr. 2 Mio.
zum	VW		--		NW
Steuern					
Ertragsteuer	nein	nein	nein	nein	nein
Kapitalsteuer	ja	ja	ja	ja	
- Steuerbares Kapital:					
-Nominalkapital	--	--	ja	--	ja
-eingezahltes Kapital	ja	ja	--	ja	--
-offene Reserven	ja	ja	ja	ja	--
-versteuerte stille Reserven	--	ja	ja	ja	--
-.Steuersatz	0,5 %o	0,5 %o	0,75 - 3,5 %o	0,3 %o	1 %o
- Mindeststeuer	nein	nein	SFr. 300,-	nein	SFr. 200,-
Qualifizierung von Darlehen als Beteiligung	langfristige an Tochter-gesell-schaften ja	nein	nein	nein	langfristige ja
Umsetzung des StHG bis	2001	nicht vor 1999	2001	k. A.	2001

	Graubünden	Jura	Luzern	Neuenburg
Voraussetzungen für Holdingprivileg:				
- Beteiligungsquote	70 %	75 %	70 %	66,66 %
ermittelt nach	VW	BW	BW	BW oder VW
- Beteiligungsertrags-quote	70 %	75 %	70 %	66,66 %
- kumulative oder alternative Erfüllung	alternativ	kumulativ	alternativ	alternativ
- Anforderung an die einzelne Beteiligung	nein	ja	nein	ja
- in Prozent vom		20 % Kapital		20 % Kapital
- absolut zum		SFr. 2 Mio. VW		SFr. 2 Mio. VW
Steuern				
Ertragsteuer	nein	nein	nein	nein
Kapitalsteuer	ja			
- Steuerbares Kapital:				
-Nominalkapital	--	--	ja	--
-eingezahltes Kapital	ja	ja	--	ja
-offene Reserven	--	ja	ja	ja
-versteuerte stille Reserven	--	ja	ja	ja
- Steuersatz	0,5 %o	0,42 %o	1 %o	0,5 %o
- Mindeststeuer	SFr. 300,-	SFr. 100,-	nein	nein
Qualifizierung von Darlehen als Beteiligung	nein	an Tochter-gesellschaften ja	nein	nein
Umsetzung des StHG bis	k. A.	1999 oder 2000	2001	2001

	Nidwalden	Obwalden	Schaffhausen	Schwyz
Voraussetzungen für Holdingprivileg:				
- Beteiligungsquote	51 %	60 %	70 %	66,66 %
ermittelt nach	BW oder VW	VW	VW	VW
- Beteiligungsertrags-quote	51 %	60 %	70 %	66,66 %
- kumulative oder alternative Erfüllung	alternativ	alternativ	alternativ	alternativ
- Anforderung an die einzelne Beteiligung	ja	nein	ja	nein
- in Prozent	20 %		20 %	
vom	Kapital		Kapital	
- absolut	SFr. 1 Mio.		SFr. 2 Mio.	
zum	VW		VW	
Steuern				
Ertragsteuer	nein	nein	nein	nein
Kapitalsteuer	ja	ja	ja	ja
- Steuerbares Kapital:				
-Nominalkapital	--	--	--	--
-eingezahltes Kapital	ja	ja	ja	ja
-offene Reserven	ja	ja	--	ja
-versteuerte stille Reserven	--	ja	--	ja
- Steuersatz	0,5 %o	0,4 %o	0,2 %o	0,3 - 1 %o
- Mindeststeuer	SFr 500,-	SFr 300,-	SFr. 100,-	SFr. 300,-
Qualifizierung von Darlehen als Beteiligung	nein	nein	langfristige Darlehen an nahestehende ausländische Gesellschaften	langfristige Darlehen an ausländische Töchter ab 0,5 Mio. SFr.
Umsetzung des StHG bis	2001	2001	2001	2001

	Solothurn	St. Gallen	Tessin	Thurgau	Uri
Voraussetzungen für Holdingprivileg:					
- Beteiligungsquote	60 %	70 %	66,67 %	66,67 %	51 %
ermittelt nach	VW	BW	BW	VW	VW
- Beteiligungsertrags-quote	60 %	70 %	66,67 %	66,67 %	51 %
- kumulative oder alternative Erfüllung	alternativ	alternativ	alternativ	alternativ	alternativ
- Anforderung an die einzelne Beteiligung	ja	nein	ja	ja	nein
- in Prozent	20 %		20 %	20 %	
vom	Kapital		Kapital	Kapital	
- absolut	SFr. 2 Mio.		SFr. 2 Mio.	SFr. 1 Mio.	
zum	VW		BW	VW	
Steuern					
Ertragsteuer	nein	nein	nein	nein	nein
Kapitalsteuer	ja	ja	ja	ja	ja
- Steuerbares Kapital:					
-Nominalkapital	--	--	ja	ja	--
-eingezahltes Kapital	ja	ja	--	--	ja
-offene Reserven	ja	ja	--	--	ja
-versteuerte stille Reserven	--	ja	--	--	ja
- Steuersatz	0,3 %o	0,3 %o	0,75 %o	0,2 %o	0,5 %o
- Mindeststeuer	SFr. 200,-	SFr. 300,-	SFr. 1000,-	SFr. 150,-	SFr. 500,-
Qualifizierung von Darlehen als Beteiligung	nein, ausländische Darlehen jedoch teilweise	nein	nein	nein	nein
Umsetzung des StHG bis	2001	1999, spätestens 2001	2001	1999	2001

	Waadt	Wallis	Zug	Zürich	StHG
<u>Voraussetzungen für Holdingprivileg:</u>	Die Beteiligungen müssen dauerhaften Charakter haben, ein bestimmtes Verhältnis ist nicht festgelegt b)				
- Beteiligungsquote ermittelt nach		66,67 % NW	50 % BW o. VW	66,66 % VW	66,66 % unklar
- Beteiligungsertragsquote		66,67 %	--	66,66 %	66,66 %
- kumulative oder alternative Erfüllung		alternativ	kumulativ	alternativ	alternativ
- Anforderung an die einzelne Beteiligung				keine	unklar
- in Prozent vom		20 % Kapital	20 % Kapital		
- absolut zum		SFr. 2 Mio. NW	SFr. 2 Mio. VW		
<u>Steuern</u>					
Ertragsteuer	nein	nein	nein	nein	nein
Kapitalsteuer	ja	ja	ja	ja	ja
- Steuerbares Kapital:					
-Nominalkapital	--	--	--	--	--
-eingezahltes Kapital	ja	ja	ja	ja	ja
-offene Reserven	ja	ja	--	ja	ja
-versteuerte stille Reserven	ja	ja	--	ja	ja
- Steuersatz	2 ‰	0,3 ‰	1-1,5 ‰	0,3 ‰	
- Mindeststeuer	nein	nein	SFr. 300	nein	
<u>Qualifizierung</u> von Darlehen als Beteiligung	langfristige an Töchter ja	mittel- und langfristige an verbundene Unternehmen ja	nein	nein	
<u>Umsetzung</u> des StHG bis	2001	2001	2001	1999	

Anmerkungen:

a) VW = Verkehrswert
BW = Buchwert
NW = Nominalwert
k.A. = keine Angaben

b) Es wird die effektive Tätigkeit der Holding betrachtet. Diese muß mindestens eine Beteiligung halten und darf keine Handels- oder Wirtschaftsaktivität ausüben. Auch Immobilienverwaltung ist untersagt außer für den eigenen Bedarf.

Zur besseren Einschätzung der verschiedenen Kriterien in den einzelnen Kantonen dient folgende Tabelle:

	schlecht	gut	StHG
I. Quote für Gewinnsteuer-Privileg (= Anteil der Beteiligungserträge und / oder Beteiligung am Gesamtertrag bzw.an Gesamtaktiven)			
- Höhe der Quote (%)	hoch	tief	66 2/3 %
- kumulative oder alternative Quote für Beteiligungsertrag und Beteiligungen	kumulativ	alternativ	alternativ
- Maßstab für Quote bei Beteiligungen	Ertragssteuerwert der Aktiven	Verkehswert der Aktiven	(nicht im Gesetz)
- Saldierung von interdependenten Aktiven und Passiven	nein	ja	(nicht im Gesetz)
- Karenzfrist für Beibehaltung des Privilegs bei Unterschreitung der Quote	keine bzw. kurz	lang	ja
II. Kapitalsteuer			
- steuerbares Kapital	inkl. offene Reserven inkl. stille Reserven	nur Grundkapital	inkl. offene und z.T.stille Reserven
- Steuersatz	hoch	tief	(kantonale Kompetenz)
- Steuerfuß	ja	keiner	(kantonale Kompetenz)

Tabelle 2: Beurteilungskriterien für Standortwahl[679]

[679] Vgl. Höhn, Steuerplanung, S. 348.

Tabelle 3: Besteuerung der gemischten Holdinggesellschaft in den verschiedenen Kantonen (Stand: Juli 1996)[680]

	Voraussetzungen für den Beteiligungsabzug			Berechnungsmethode	Ertragssteuer kantonal b)	Kapitalsteuer kantonal	Reingewinn- und Kapitalbelastung insgesamt in Prozent des Reingewinns c)
	Kapital-anteil	Wert in SFr.	zum a)				
Aargau	20 %	2 Mio.	VW	Reinertrag	7-13 %	0,25 %	20,04-27,70
Appenzell - Ausserrhoden	20 %	1 Mio.	VW	Reinertrag	2,6 %	0,07 %	23,43-31,03
Appenzell - Innerrhoden	20 %	2 Mio.	VW	Reinertrag	7 %	0,15 %	16,44-35,36
Bern	20 %	2 Mio.	VW	Reinertrag	2-5 %	0,06-0,1%	16,93-25,06
Basel-Stadt	10 %	0,25 Mio.	BW	Reinertrag	9-24,5 %	0,55 %	23,14-28,36
Basel-Land	20 %	2 Mio.	VW	Reinertrag	6,5-20 %	0,2 %	22,94-33,88
Freiburg	51 %	--	--	Reinertrag	4,4-13,2 %	0,23 %	19,76-27,53
Genf	20 %	k.A.	--	k.A.	k.A.	k.A.	19,58-32,07
Glarus	20 %	2 Mio.	NW	Reinertrag	9-20 %	0,3-0,7%	24,03-30,81
Graubünden	20 %	1 Mio.	k.A.	Reinertrag	k.A.	k.A.	16,98-31,59
Jura	20 %	2 Mio.	VW	Reinertrag	9,2 %	0,23 %	23,95-31,33
Luzern	20 %	2 Mio.	VW	Reinertrag	4 %	0,1 %	21,41-26,71
Neuenburg	20 %	2 Mio.	VW	Reinertrag	6-18,5 %	0,025 %	19,64-33,07
Nidwalden	20 %	1 Mio.	VW	Reinertrag	3,2 %	0,035 %	15,84-23,73
Obwalden	20 %	2 Mio.	VW	Reinertrag	5,25 %	0,1 %	22,75-27,04
Schaffhausen	20 %	2 Mio.	VW	Reinertrag	5-12 %	0,05-0,15%	19,32-26,86
Schwyz	20 %	2 Mio.	VW	Reinertrag	2,7-4,5%	0,1 %	21,02-25,53
Solothurn	20 %	2 Mio.	VW	Reinertrag	3-7 %	0,03 %	22,81-28,14
St. Gallen	20 %	1 Mio.	NW	Reinertrag	3-9 %	0,125 %	21,05-25,72
Tessin	20 %	2 Mio.	BW	Rohertrag	13 %	0,3 %	25,14-32,42

680 Quelle: Eigene Erhebung bei den kantonalen Steuerverwaltungen, Stand: Juli 1996; die Reingewinn- und Kapitalbelastung wurde entnommen aus: Eidgenössische Steuerverwaltung, Steuerbelastung, Kantonshauptorte, 1995.

	Voraussetzungen für den Beteiligungsabzug			Berechnungsmethode	Ertragssteuer kantonal	Kapitalsteuer kantonal	Reingewinn- und Kapitalbelastung insgesamt in Prozent des Reingewinns
	Kapital anteil	Wert in SFr.	zum				
Thurgau	20 %	1 Mio.	VW	Reinertrag	3-8 %	0,15 %	19,84-25,22
Uri	20 %	2 Mio.	VW	Reinertrag	4,5-13 %	0,15 %	23,25-29,82
Waadt	--	--	--	Reinertrag	4-14 %	0,02 %	17,86-29,65
Wallis	20 %	2 Mio.	NW	Reinertrag	4-13,5 %	0,3 %	23,97-28,30
Zug	20 %	2 Mio.	VW	Reinertrag	3,5-7 %	0,15 %	13,81-18,80
Zürich	20 %	2 Mio.	VW	Reinertrag	4-12 %	0,15 %	22,00-29,12
StHG	20 %	2 Mio.	VW	Reinertrag	--	--	--

Anmerkungen:

a) VW = Verkehrswert
NW = Nominalwert
BW = Buchwert
k.A. = keine Angaben

b) Auf den kantonalen Satz werden i.d.R. noch kommunale Steuerfüsse aufgeschlagen oder multipliziert, so daß der hier aufgeführte Steuersatz noch nicht endgültig ist. Die Hebesätze variieren sehr stark je nach Kanton und Gemeinde.

c) Die prozentuale Steuerbelastung bezieht sich auf den jeweiligen Kantonshauptort. Sie betrifft nur Aktiengesellschaften, die keine Beteiligungen halten. Bei Aktiengesellschaften, die Beteiligungen halten, würde je nach Anteil der Beteiligungserträge am Gesamtertrag ein entsprechender Beteiligungsabzug vorgenommen werden. Hierdurch wird die Reingewinnbelastung gesenkt.

Der Steuertarif ist progressiv und richtet sich nach der erzielten Rendite, d.h. dem Verhältnis von Gewinn und Kapital. Die diesen Zahlen zugrundeliegenden Renditen wurden zwischen 4 % und 50 % angenommen.

Das der Berechnung zugrundeliegende Kapital wurde zwischen SFr. 100.000 und SFr. 2 Mio. angenommen.

In der Steuerbelastung sind die Kantons-, Gemeinde- und Kirchensteuern sowie die direkte Bundessteuer in Prozenten des Reingewinns enthalten.

Tabelle 4: DBA-Netz der Schweiz - zulässige Steuersätze der Quellenstaaten gemäß der Doppelbesteuerungsabkommen der Schweiz[681] Aa)

Quellenstaat	Dividenden				Zinsen	Lizenzgebühren	private Pensionen	Entlastung in der Schwe
	Regel	Tochtergesellschaft		Sonderfälle				
			Beteiligung (in %)					
Ägypten	0	0		Ac)	15 Ac)	12,5	0	Ad)Ar) Az)
Australien	15	15		Ac)	10	10	0	Ad)
Belgien	15	10	25		10 Ac)	0	0	Ad)
Bulgarien	15	5	25		10 Ac)	0	0	Ad)
China	10	10			10 Ac)	10	0	Ad)Ar)
Dänemark	0	0			0	0	0	
Deutschland	10	5	20	Af)	0	0	0	Ad)Ai)
Ecuador	15	15		Ac)	10 Ac)	10	0	Ad)
Elfenbeinküste	15	15		Ay)	15 Ac)	10	0	Ad)Az)
Finnland	5	0	20		0	0	0	Ad)
Frankreich	15	5	20	Ah)	10 Ac)	5	0	Ad)
Griechenland	35	35		Ac)	10	5	0	Ad)Ap) Ar)
Großbritannien	15	5	10	Ak)	0	0	0	Ad)
Indien	15	15			15 Bc)	20/15 Bd)	0	Ad)Az)
Indonesien	15	10	25		10	12.5 Ax)	0	Ad)Az)
Irland	15	Am)	25	Am)	0	0	0	Ad)
Island	15	5/15 Al)	25		0	0	0	Ad)
Italien	15	15			12,5	5	0	Ad)
Jamaika	15	10	10		10 Ag)	10 Be)	0	Ad)
Japan	15	10	25		10 Ac)	10	0	Ad)

[681] Quelle: Eidgenössische Steuerverwaltung, Steuerentlastung auf Grund von Doppelbesteuerungsabkommen, Stand: Januar 1997

Quellenstaat	Dividenden				Zinsen	Lizenzgebühren	private Pensionen	Entlastung in der Schweiz
	Regel	Tochtergesellschaft		Sonderfälle				
			Beteiligung (in %)					
Kanada	15	15			15 Ac)	10	15 Ao)	Ad)Ao)
Korea (Süd)	15	10	25		10 Ac)	10	0	Ad)Ar)
Liechtenstein	--	--	--		0 Bn)	--	--	
Luxemburg	15	0 Ba)	25		10 Aw)	0	0	Ad)
Malaysia	15	5	25	Ap)	10 Aq)	10 Aq)	0	Ad)Ap) Ar)
Marokko	15	7	25		10	10	0	Ad)Ap)
Mexiko	15	5	25	Ap)	15 Bb)	10	0	Ad)Ap)
Neuseeland	15	15			10	10	0	Ad)
Niederlande	15	0	25	As)	5 Ac)	0	0	Ad)
Norwegen	15	5	25		0	0	0	Ad)
Österreich	5	5			5	5	0	Ad)
Pakistan	-	10/20	33 1/3	At)	30/0 Au)	0	0	Au)
Polen	15	5	25		10	0	0	Ad)
Portugal	15	10	25		10	5	0	Ad)Ar)
Rumänien	10	10			10 Ac)	0	0	Ad)
Rußland	--	--			--	0	0	
Rußland (neu) Ab)	15	5	20	Bf)	10 Bg)	0	0	Ad)
Schweden	15	0	25		5 Aw)	0	0	Ad)
Singapur	15	10	25	Ap)	10 Aq)	5 Aq)	0	Ad)Ap) Ar)
Slowenien Ab)	15	5	25		5	5	0	Ad)
Spanien	15	10	25		10 Ac)	5	0	Ad)Ar)
Sri Lanka	15	10	25		10/5 An)	10 Ax)	0	Ad)
Südafrika	7,5	7,5		Ac)	10 Ac)	0	0	Ad)
Thailand	15	10	10		15/10 Bl)Ac)	15/10/ 5 Bm)	0	Ad)Ar)
Trinidad & Tob.	20	10	10		10	10 Ax)	0	Ad)Ar)

Quellenstaat	Dividenden				Zinsen	Lizenz gebühren	private Pensionen	Entlastung in der Schw
	Regel	Tochter-gesellschaft		Sonder-fälle				
			Beteiligung (in %)					
Tschechische Rep.	15	5	25		0	5 Bh)	0	Ad)
Tunesien	10	10		Ae)	10	10	0	Ad)
Ungarn	10 Av)	10 Av)			10	0	0	Ad)
USA	15	5	95	As)	5	0	0	
USA (neu) Ab)	15	5	10	Bi)	0 Bj)	0	0 Bk)	Ad)
Venezuela Ab)	10	0	25	Ap)	5	5	0	Ad)
Vietnam Ab)	15	10/7	25/50		10 Ac)	10	0	Ad)Ar

Anmerkungen:

Aa Die Begrenzungen gelten in gleicher Weise auch für die schweizerische Verrechnungssteuer.

Ab Noch nicht in Kraft.

Ac In bestimmten Fällen sind Zinsen im Quellenstaat steuerbefreit.

Ad Die Schweiz gewährt für die im Quellenstaat erhobene Steuer die pauschale Steueranrechnung.

Ae Ägypten, Ecuador, Griechenland, Südafrika und Tunesien erheben keine Quellensteuer. Australien erhebt keine Quellensteuer, wenn die Gewinne bei der australischen Gesellschaft voll besteuert worden sind.

Af 5 % für Dividenden von Grenzkraftwerken und 30 % (zur Zeit effektiv 25 %) für Einkünfte aus Gewinnobligationen, stillen Beteiligungen und partiarischen Darlehen. 25 % für nach dem 31.12. 1989 zugeflossene Erträge aus Genußrechten, 15 % für Erträge aus Genußrechten, die vor dem 19.5.1989 begründet wurden und vor dem 31.12.1992 zufließen.

Ag Zinsen auf Bankdarlehen 5 %.

Ah 15 % bei überwiegenden ausländischen Interessen an Muttergesellschaft (Beteiligung 20 %) und wenn Aktien der Mutter- und Tochtergesellschaft weder kotiert sind noch ausserbörslich gehandelt werden.
Natürliche Personen und Gesellschaften mit Beteiligung von weniger als 20 % erhalten die Steuergutschrift („avoir fiscal“, 50 % der Bruttodividende) unter Abzug von 15 %. Der Abzug wird vom Betrag der ausgeschütteten Dividende und der Steuergutschrift berechnet.

Ai Anrechnung für 15 % der Dividenden an natürliche Personen oder an juristische Personen bei Beteiligungen von weniger als 20 %.

Ak Großbritannien erhebt keine Quellensteuer. Natürliche Personen und Gesellschaften mit Beteiligung von weniger als 10 % erhalten die Steuergutschrift unter Abzug von 15 %, andere Gesellschaften erhalten die halbe Steuergutschrift unter Abzug von 5 %.

Der Abzug wird vom Betrag der ausgeschütteten Dividende und der ganzen oder halben Steuergutschrift berechnet.

Al Auf dem vom Reingewinn der ausschüttenden Gesellschaft abgezogenen Dividendenbetrag beträgt die nichtrückforderbare Steuer 15 %, in den übrigen Fällen 5 %.

Am Irland erhebt keine Quellensteuer. Gewährung der Steuergutschrift an natürliche Personen und Gesellschaften mit Beteiligung von weniger als 25 % unter Abzug von 15 %. Der Abzug wird vom Betrag der ausgeschütteten Dividende und der Steuergutschrift berechnet.

An Zinsen von Bankdarlehen 5 %, Sri Lanka erhebt zur Zeit keine Quellensteuer auf Zinsen von Darlehen in ausländischer Währung.

Ao Kanada kann eine Quellensteuer von 15 % erheben. Entlastung in der Schweiz durch Abzug eines Drittels des Nettobetrags.

Ap Malaysia, Mexiko, Singapur und Venezuela erheben keine Quellensteuer. Die Schweiz gewährt Anrechnung für 10 % der Nettodividende (im Falle von Mexiko: 10 % der Bruttodividende).

Aq Zinsen von genehmigten Darlehen sowie genehmigte Lizenzgebühren sind von der malaiischen bzw. singapurischen Steuer befreit.

Ar Anrechnung für 10 % der Zinsen (Ägypten, China, Südkorea, Malaysia, Marokko und Singapur: auch Lizenzgebühren; Trinidad und Tobago: auch Dividenden an natürliche Personen; Thailand und Vietnam: auch für Dividenden, soweit diese nicht aufgrund des Holdingprivilegs befreit sind), auch wenn die Steuer niedriger ist oder weg fällt (unter gewissen Voraussetzungen).

As Befreiung (NL) oder Reduktion auf 5 % (US) nur, wenn die Verbindung zwischen beiden Gesellschaften nicht in erster Linie in der Absicht hergestellt oder unterhalten wird, um diesen zusätzlichen Vorteil zu erhalten.

At 10 % für Beteiligungen an Industrieunternehmen; 20 % für andere Beteiligungen.

Au Für genehmigte Kredite: keine pakistanische Steuer und Begrenzung der schweizerischen Steuern auf 10 % des Bruttobetrags der Zinsen.

Av Ungarn erhebt keine Quellensteuer auf Dividenden (die an eine juristische Person bezahlt werden).

Aw Luxemburg und Schweden erheben keine Quellensteuer auf Zinsen.

Ax Dienstleistungsvergütung 5 %.

Ay Quellensteuer von 18 %, wenn Gewinne der Gesellschaft in der Elfenbeinküste steuerbefreit; keine pauschale Steueranrechnung in der Schweiz.

Az Anrechnung für 10 % der Zinsen (Elfenbeinküste, Indien) und Lizenzgebühren (Ägypten, Indien, Indonesien), und Leasinggebühren (Indien); Anrechnung für 5 % der Dienstleistungsentschädigung im Zusammenhang mit der Zurverfügungstellung von technischen Kenntnissen (Indien). Die Anrechnung wird auf dem um die nicht anrechenbare Quellensteuer reduzierten Betrag berechnet.

Ba 5 %, wenn eine Beteiligung von wenigstens 25 % nicht während eines ununterbrochenen Zeitraums von mindestens 2 Jahren gehalten wird.

Bb 10 % der an eine Bank gezahlten Zinsen, nach Ablauf der ersten 5 Jahre der Anwendbarkeit des Abkommen.

Bc 10 % bei Zinsen auf Bankdarlehen und bei Zinsen auf Darlehen zwischen verbundenen Unternehmen (Beteiligung mindestens 20 %). Steuerbefreiung im Quellenstaat für Zinsen auf Darlehen, die von einer öffentlichen Körperschaft eines Vertragsstaats bewilligt, garantiert oder versichert sind, sowie für von den indischen Behörden genehmigte Darlehen und für Guthaben, die von im internationalen Verkehr tätigen Luftfahrtabkommen gehalten werden.

Bd Lizenzgebühren und Dienstleistungsentschädigungen im Zusammenhang mit Lizenzverträgen: 20 % während der ersten 5 Jahren der Anwendbarkeit des Abkommens; später 15 %. Auf Lizenzgebühren, die von öffentlich-rechtlichen Körperschaften bezahlt werden, generell 15 %.
Leasinggebühren und Dienstleistungsentschädigungen im Zusammenhang mit Leasing: Generell 10 %.
Entschädigungen für Dienstleistungen, die im Zusammenhang mit der Zurverfügungstellung von technischen Kenntnissen erbracht werden: 20 % während der ersten 5 Jahre der Anwendbarkeit des Abkommens; später 15 %. Auf Entschädigungen, die von öffentlich-rechtlichen Körperschaften bezahlt werden, generell 15 %.

Be Dienstleistungsvergütungen 5 %, Leasinggebühren 6 %.

Bf Beteiligung 20 % und mindestens SFr. 200.000 oder deren Gegenwert in anderer Währung.

Bg 5 % bei Bankdarlehen; 0 % bei Kreditverkäufen von Waren und Ausrüstungen.

Bh 1 % bei Finanzierungsleasing (Mietkauf).

Bi Keine Herabsetzung auf 5 % für Dividenden einer amerikanischen Regulated Investment Company; Dividenden eines amerikanischen Real Estate Investment Trust unterliegen einer Quellensteuer von 15 %, wenn der Empfänger eine natürliche Person ist und am Trust weniger als 10 % beteiligt ist (andernfalls keine Entlastung und keine pauschale Steueranrechnung).

Bj Keine Entlastung und keine pauschale Steueranrechnung für gewisse Zinsen, die vom Gewinn des Schuldners oder ähnlichen Faktoren abhängen, sowie für Zinsen, die von einem amerikanischen Real Estate Mortgage Investment Conduit gezahlt werden.

Bk 15 % für amerikanische Sozialversicherungsrenten. Entlastung in der Schweiz durch Abzug eines Drittels des Nettobetrags.

Bl 10 % für Zinsen, die an Finanzierungsinstitute (inkl. Versicherungsgesellschaften) gezahlt werden.

Bm 10 % für Lizenzgebühren auf Patenten, Marken, Mustern, Modellen, Plänen und Know-how. 5 % für Lizenzgebühren auf Urheberrechten an literarischen, künstlerischen und wissenschaftlichen Werken.

Bn Gilt nur für Zinsen aus Grundpfandforderungen.

Tabelle 5: DBA-Netz Deutschlands - zulässige Steuersätze der Quellenstaaten gemäß der Doppelbesteuerungsabkommen Deutschlands[682]

Quellenstaat	Dividenden			Zinsen b) (Ausnahmesätze in Klammern)	Lizenzgebühren b)
	Regel	Tochtergesellschaft			
			Beteiligung (in %)		
Ägypten	15	15		15 (0)	15 (25)
Argentinien	15	15		15 (10)	unbegrenzt (15)
Australien	15	15		10	10
Bangladesch	15	15		10	10
Belgien	15	15		15	0
Bolivien D:	10	10		15 (0)	15
a) V:	15	15			
Brasilien	15	15		15 (10)	15 (25)
Bulgarien	15	15		0	5
China	10	10		10 (0)	10 (7)
Côte d'Ivoire D:	15	15		15 (0)	10
V:	15 / 18	15 / 18			
Dänemark	15	0	10	0	0
Ecuador	15	15		15 (10 o. 0)	15
Finnland	15	10	25	0	5
Frankreich	0 / 15	5 / 0	10	0	0
Griechenland	25	25		10 (0)	0
Indien	10	10		10 (15 o. 0)	unbegrenzt (20)
Indonesien	15	10	25	10	15 (10; 7,5)
Iran	20	15	25	15 (0)	10
Irland	15	15		0	0
Island	15	5	25	0	0
Israel	25	25		15 (0)	0 (5)
Italien D:	15	15		10	5 (0)
V:	15	10	25		
Jamaika D:	15	10	25	12,5 (10 o. 0)	10
V:	15	10/22,5	25		

[682] Quelle: BStBl I 1997, S. 94 - 95; s. auch Vogel, DBA, S. 796 - 815, 945 - 948, 1007 - 1009. Für die Mitgliedstaaten der Europäischen Union gilt unabhängig von den abgeschlossenen DBA eine Quellensteuer von 0 % für Dividenden von Tochtergesellschaften, an denen die Muttergesellschaft 25 % hält, aufgrund der Mutter-Tochter-Richtlinie.

Quellenstaat		Dividenden			Zinsen (Ausnahme-sätze in Klammern)	Lizenz-gebühren
		Regel	Tochtergesellschaft			
				Beteiligung (in %)		
Japan	D:	15	15		10 (0)	10
	V:	15	10	25		
Jugoslawien	c)	15	15		0	10
Kanada		15	15		15	0 (10)
Kenia		15	15		15 (0)	15
Korea, Republik		15	10	25	15 (0 o.10)	15 (10)
Kuwait		15	15		0	10
Liberia		15	10	25	20 (0 o. 10)	10 (20)
Luxemburg		15	10	25	0	0 (5)
Malaysia	D:	15	5	25	15 (0)	10 (0)
	V:	0	0			
Malta	D:	15	5	25	10 (0)	10 (0)
	V:	0	0			
Marokko		15	5	25	10 (0)	10
Mauritius	D:	15	5	25	unbegrenzt	15
	V:	unbe-grenzt	unbe-grenzt			
Mexiko		15	5	10	15 (10)	10
Mongolei		10	5	10	10 (0)	10
Namibia		15	10	10	0	10
Neuseeland		15	15		10 (0)	10
Niederlande	D:	15	15	25	0	0
	V:	15	10	25		
Norwegen	D:	15	5	25	0	0
	V:	15	0	25		
Österreich		15	5	10	0	0
Pakistan		15	10	20	20 (10/0)	10
Philippinen		15	10	25	10 (15 o. 0)	15 (10)
Polen		15	5	25	0	0
Portugal		15	15		15 (0 o. 10)	10
Rumänien		15	10	25	10	10
Sambia		15	5	25	10 (0)	10
Schweden	D:	15	5	10	0	0
	V:	15	0	10		
Schweiz	D:	10	5	20	0	0
	V:	15	5	20		

Quellenstaat	Dividenden			Zinsen (Ausnahmesätze in Klammern)	Lizenzgebühren
	Regel	Tochtergesellschaft			
			Beteiligung (in %)		
Simbabwe	20	10	25	10 (0)	7,5
Singapur D:	15	10	25	10 (0)	unbegrenzt
V:	0	0			
Spanien D:	15	15	25	10 (0)	5
V:	15	10			
Sri Lanka	15	15		10 (0)	10
Südafrika D:	15	15	25	10	0
V:	15	7,5			
Thailand D:	20	15	25	25 (10 o. 0)	15 (5)
V:	20	15 / 20	25		
Trinidad und Tobago	20	10	25	15 (0 o. 10)	10 (0)
Tschechoslowakei c)	15	5	25	0	0 (5)
Türkei	20	15	10	15 (0)	10
Tunesien	15	10	25	10 (0)	15 (10)
UdSSR c)	15	15		5 (0)	0
Ukraine	10	5	20	5 (2)	5
Ungarn	15	5	25	0	0
Uruguay	15	15		15 (0)	15 (10)
Venezuela	15	5	15	5 (0)	5
Ver. Arabische Emirate	15	5	10	0	0
Vereinigtes Königreich	15	15		0	0
Vereinigte Staaten D:	10	5	10	0	0
V:	15	5	10		
Vietnam	15	5/10	70/25	10 (0)	10
Zypern	15	10	25	10 (0)	0 (5)

Anmerkungen:

a) D = durch Deutschland erhobene Quellensteuer
V = durch den Vertragsstaat erhobene Quellensteuer

b) Die Ausnahmesätze gelten für Sachverhalte, für die Sonderregelungen vereinbart worden sind.

c) Die Konditionen gelten auch für die Nachfolgestaaten, soweit diese kein eigenes Abkommen abgeschlossen haben.

Literaturverzeichnis

Agner, Peter / Jung, Beat / Steinmann, Gotthard [Direkte Bundessteuer]:
Kommentar zum Gesetz über die direkte Bundessteuer,
Zürich: Schulhess Polygraphischer Verlag, 1995

Ahrens, Thomas [Holding]:
Die Holding in der Gemeindewirtschaft,
Dissertation Münster 1984

Altheim, Michael [IStR 1993]:
Beratung der mittelständischen Wirtschaft bei Beteiligungen, Fusionen und Spaltungen im Binnenmarkt, Teil I und II,
in: Internationales Steuerrecht, Heft 8, 1993, S. 353 - 359 und 406 - 413

Anesini, Silvio [Holding]:
Die Holding als Instrument der Führung in konzernierten Unternehmen,
Dissertation St.Gallen 1991

Athanas, Peter / Bauer-Balmelli, Maya [ST 1993]:
Besteuerung der Unternehmung - ausgewählte Probleme,
in: Der Schweizer Treuhänder, Heft 9, 1993, S. 569 - 578

Bader, Axel [Steuerliche Strategien]:
Steuerliche Strategien bei der Finanzierung von Tochtergesellschaften in der EG
in: Massbaum, Michael (Hrsg.), Die deutsche Unternehmensbesteuerung im europäischen Binnenmarkt: Besteuerungsgrundlagen und grenzüberschreitende Steuerplanung in Deutschland,
Neuwied; Kriftel; Berlin: Luchterhand, 1994, S. 275 - 336

Bauer-Balmelli, Maja / Scherrer, Bruno [ST 1996]:
Wenig attraktive Ausgestaltung des Beteiligungsabzuges,
in: Der Schweizer Treuhänder, Heft 3, 1996, S. 169 - 175

Baumann, Stephan [Holdinggesellschaft]:
Steuersensitive Finanzierung der Holdinggesellschaft - eine betriebswirtschaftliche Analyse des Standortes Schweiz aus Sicht der Unternehmen,
Dissertation Zürich 1994

Baumgärtel, Martina / Perlet, Helmut [Schachtelprivileg]:
Das Schachtelprivileg bei der Beteiligung an ausländischen Gesellschaften,
in: Massbaum, Michael (Hrsg.), Die deutsche Unternehmensbesteuerung im europäischen Binnenmarkt: Besteuerungsgrundlagen und grenzüberschreitende Steuerplanung in Deutschland,
Neuwied; Kriftel; Berlin: Luchterhand, 1994, S. 853 - 937

Baumgärtel, Martina / Perlet, Helmut [Hinzurechnungsbesteuerung]:
Die Hinzurechnungsbesteuerung,
in: Massbaum, Michael (Hrsg.), Die deutsche Unternehmensbesteuerung im europäischen Binnenmarkt: Besteuerungsgrundlagen und grenzüberschreitende Steuerplanung in Deutschland,
Neuwied; Kriftel; Berlin: Luchterhand, 1994, S. 171 - 274

Baumgärtel, Martina / Perlet, Helmut [Standortfragen]:
Standortfragen bei der Bildung von Holdinggesellschaften,
in: Massbaum, Michael (Hrsg.): Die deutsche Unternehmensbesteuerung im europäischen Binnenmarkt: Besteuerungsgrundlagen und grenzüberschreitende Steuerplanung in Deutschland,
Neuwied; Kriftel; Berlin: Luchterhand 1994, S. 691 - 781

Baumgartner, Peter [NZZ v. 15.2.1996]:
Die Steuerbelastung der Unternehmen - ein Standortfaktor, Umbau der Holding-Besteuerung als erster Reformschritt,
in: Neue Zürcher Zeitung, Internationale Ausgabe, Nr. 38 vom 15.2.1996, S. 11

Baumgartner, Peter [NZZ v. 23.7 1996]:
Halbherzige Unternehmenssteuer-Reform?
in: Neue Zürcher Zeitung, Internationale Ausgabe, Nr. 169 vom 23.7 1996, S. 11

Beck'scher Bilanzkommentar:
Beck'scher Bilanzkommentar: der Jahresabschluß nach Handels- und Steuerrecht; Konzernabschluß, Prüfung, Offenlegung; §§ 238 und 339 HGB / bearb. von Wolfgang Dieter Budde - 3., neubearb. Auflage,
München: Beck, 1995

Beilstein, Werner [IWB 1995]:
Holding-, Domizil, Hilfs- und Verwaltungsgesellschaften in der Schweiz,
in: Internationale Wirtschaftsbriefe, Fach 5, Gruppe 2, S. 447 - 462

Beilstein, Werner [StR 1995]:
Holding-, Domizil, Hilfs- und Verwaltungsgesellschaften unter dem Steuerharmonisierungsgesetz,
in: Steuerrevue, Heft 12, 1995, S. 565 - 581

Blumers, Wolfgang [DB 1995]:
Ausgliederung und Spaltung und wesentliche Betriebsgrundlagen, in: Der Betrieb, Heft 10, 1995, S. 496 - 500

Blumers, Wolfgang / Siegels, Jörg [DB 1996]:
Ausgliederung und Spaltung und Zuordnung von Wirtschaftsgütern, in: Der Betrieb, Heft 1, 1996, S. 7 - 11

Böckli, Peter [StR 1983]:
Elf steuerliche Postulate zur Verbesserung des Holdingstandortes Schweiz, in: Steuerrevue, Heft 9, 1983, S. 391 - 405

Böckli, Peter [ASA 1985/86]:
Pauschal vereitelte Steueranrechnung: Das Beispiel der ausländischen Beteiligungserträge, in: Archiv für Schweizerisches Abgaberecht, Heft 8, 1986, S. 417 - 431

Böckli, Peter [StR 1990]:
Unternehmens - Umstrukturierungen in der Schweiz Zwölf steuerliche Hemmschuhe, in: Steuerrevue, Heft 5, 1990, S. 215 - 232

Böckli, Peter [ASA 1992/93]:
Unternehmens - Umstrukturierungen, in: Archiv für Schweizerisches Abgaberecht, Heft 5/6, 1992, S. 373 - 386

Bödefeld, Axel / Krebs, Hans-Joachim [FR 1996]:
Dauer des Gewinnabführungsvertrags bei körperschaftlicher Organschaft, in: Finanzrundschau, Heft 5, 1996, S. 157 - 160

Bogenschütz, Eugen / Kraft, Gerhard [IStR 1994]:
Konzeptionelle Änderungen der erweiterten Hinzurechnungsbesteuerung und Verschärfungen im Bereich der Konzernfinanzierungseinkünfte durch das StMBG, in: Internationales Steuerrecht; Heft 4, 1994, S. 153 - 159

Bonnefous, Philippe [StR 1994]:
La société holding suisse face au Marché commun, in: Steuerrevue, Heft 8, 1994, S. 403 - 408

Brosig, Manfred [Basisgesellschaften]:
Zur steuerlichen Behandlung von Basisgesellschaften Unzulänglichkeiten im deutschen Außensteuerrecht, Dissertation Frankfurt a.M. 1993

Cagianut, Francis / Höhn, Ernst [Unternehmungssteuerrecht]:
Unternehmungssteuerrecht, 3. Auflage,
Bern; Wien; Stuttgart: Haupt, 1993

Camenzind, Alois [ASA 1992/93]:
Die Besteuerung der Holdinggesellschaften und Gesellschaften mit Beteiligungen in der EG im Vergleich mit der Schweiz,
in: Archiv für Schweizerisches Abgaberecht, Heft 4, 1992, S. 161 - 245

Camenzind, Alois / Honauer, Niklaus [Mehrwertsteuer]:
Handbuch zur neuen Mehrwertsteuer (MWSt): eine Wegleitung für Unternehmer und Steuerberater,
Bern; Stuttgart; Wien: Haupt, 1995

Camenzind, Alois [ASA 1996/97]:
The Taxation of Holding Companies in the EU ans Switzerland,
in: Archiv für Schweizerisches Abgaberecht, Heft 2/3, 1996, S. 107 - 125

Cattelaens, Heiner [Wpg 1993]:
Änderungen des Körperschaftsteuergesetzes durch das Gesetz zur Umsetzung des Föderalen Konsolidierungsprogramms und das Standortsicherungsgesetz,
in: Die Wirtschaftsprüfung, Heft 18, 1993, S. 557 - 574

Cavadini, Adriano [NZZ v. 31.5./1.6.1997]:
Verbesserte Schweizer Unternehmensbesteuerung,
in: Neue Zürcher Zeitung, Internationale Ausgabe, Nr. 123 vom 31.5./1.6.1997, S. 12

Charmillot, Claude R.G. [ST 1996]:
La Suisse: quel avenir pour les sociétés de participations internationales,
in: Der Schweizer Treuhänder, Heft 5, 1995, S. 351 - 353

Clopath, Gion [ST 1996]:
La Suisse, paradis ou enfer des quartiers généraux d'entreprises internationales?
in: Der Schweizer Treuhänder, Heft 5, 1996, S. 371 - 381

Constantin, Charles [ST 1996]:
Quel système fiscal pour les entreprises transnationales suisses?
in: Der Schweizer Treuhänder, Heft 5, 1996, S. 365 - 369

Crezelius, Georg [Organschaft]:
Organschaft und Ausland,
in: Festschrift für Karl Beusch zum 68. Geburtstag am 31 Oktober 1993, hrsg. von Heinrich Beisse,
Berlin; New York: de Gruyter, 1993, S. 153 - 166

David, Eugen [ST 1996]:
Holdingbesteuerung - zurück zur internationalen Wettbewerbsfähigkeit, in: Der Schweizer Treuhänder, Heft 5, 1996, S. 355 - 359

Dötsch, Ewald [Umwandlungssteuerrecht]:
Das neue Umwandlungssteuerrecht ab 1995: Umstrukturierung von Unternehmen - Verschmelzung - Spaltung - Formwechsel - Einbringung, 2., überarbeitete Auflage,
Stuttgart: Schäffer-Poeschel, 1996

Domeniconi, Reto F [ST 1996]:
Wiederherstellung der steuerlichen Wettbewerbsfähigkeit des Holdingstandortes Schweiz,
in: Der Schweizer Treuhänder, Heft 5, 1996, S. 346 - 350

Dreissig, Hildegard [StbJB 1994/95]:
Steuerliche Zweifelsfragen bei der Verschmelzung einer Muttergesellschaft auf ihre Tochtrgesellschaft („down-stream merger"),
in: Steuerberater-Jahrbuch 1994/95, S. 209 - 223

Dreissig, Hildegard [StbJB 1993/94]:
Verlustverwertungsstrategien bei Kapitalgesellschaften,
in: Steuerberater-Jahrbuch 1993/94, S. 255 - 266

Duss, Marco [StR 1995]:
Der Beteiligungsabzug bei den Gewinnsteuern von Bund und Kantonen (DBG und StHG),
in: Steuerrevue, Heft 10, 1995, S. 457 - 476

Duss, Marco [ST 1989]:
Übertragung von Beteiligungen: Problembereiche „Transponierung" und „indirekte Teilliquidation",
in: Der Schweizer Treuhänder, Heft 6, 1989, S. 247 - 255

Duss, Marco [Umstrukturierungen Teil 2]:
Unternehmensumstrkuturierungen im Steuerrecht,
Teil 1: Unternehmensumstrukturierungen im internen Steuerrecht von Bund und Kantonen von Markus Reich,
Teil 2: Interkantonale und internationale Aspekte der Unternehmensumstrukturierungen von Marco Duss,
Basel; Frankfurt am Main: Helbing und Lichtenhahn, 1996

Ebner, Fritz [ST 1996]:
Anforderungen an den Steuerstandort Schweiz,
in: Der Schweizer Treuhänder, Heft 5, 1996, S. 325 - 330

Egger, Wolfgang [Holdinggesellschaft]:
Die Besteuerung der Holdinggesellschaft unter besonderer Berücksichtigung des Steuerechts des Kantons Zürich und des Bundes,
Dissertation Zürich 1976

Eidgenössische Steuerverwaltung [Mehrwertsteuer]:
Einführung in die schweizerische Mehrwertsteuer,
Bern: Eidgenössische Steuerverwaltung, 1994

Eidgenössische Steuerverwaltung [Steuerbelastung]:
Steuerbelastung in der Schweiz, Kantonshauptorte, Kantonsziffern,
Statistik der Schweiz, herausgegeben vom Bundesamt für Statistik,
Fachbereich 18 Öffentliche Finanzen,
Bern: Bundesamt für Statistik / Eidgenössische Steuerverwaltung, 1995

Eidgenössische Steuerverwaltung [Doppelbesteuerungsabkommen]:
Steuerentlastungen auf Grund von Doppelbesteuerungsabkommen
für Dividenden, Zinsen, Lizenzgebühren und private Pensionen und
Renten - Staatsvertragliche Begrenzungen der ausländischen Steuern,
Bern: Eidgenössische Steuerverwaltung, Abteilung für internationales
Steuerrecht und Doppelbesteuerungssachen, Stand: 1.1.1997

Eidgenössische Steuerverwaltung [ST 1997]:
Reform der Unternehmensbesteuerung 1997,
in: Der Schweizer Treuhänder, Heft 11, 1997, S. 1069 - 1070

Eilers, Stephan / Nowack, Regine [IStR 1994]:
Ausgabenabzug und Teilwertabschreibung bei Schachtelbeteiligungen -
Zum (Un-) Verhältnis von § 3c EstG und §8b KStG nach
Verabschiedung des Standortsicherungsgesetzes,
in: Internationales Steuerrecht, Heft 5, 1994, S. 218 - 225

Endres, Dieter [Direktinvestitionen]:
Direktinvestitionen in Entwicklungsländern: Besteuerung und Gestaltung
der Auslandstätigkeit,
hrsg. von Price-Waterhouse-GmbH, Wirtschaftsprüfungsges., Frankfurt,
Frankfurt; München: C.H. Beck, 1986

Faist, Theodor [ST 1984]:
Beteiligungs-, Holding- und Domizilgesellschaften,
in: Der Schweizer Treuhänder, Heft 6, 1984, S. 228 - 231

Faist, Theodor [StR 1989]:
EG - Steuerharmonisierung, insbesondere im Verhältnis EG - Schweiz,
in: Steuerrevue, Heft 4, 1989, S. 147 - 160

Farnschläder, Marion [Steueroasenländer]:
Einkommens- und Vermögensverlagerungen in Steueroasenländer,
in: Massbaum, Michael (Hrsg.), Die deutsche
Unternehmensbesteuerung im europäischen Binnenmarkt:
Besteuerungsgrundlagen und grenzüberschreitende Steuerplanung in
Deutschland,
Neuwied; Kriftel; Berlin: Luchterhand, 1994, S. 137 - 170

Flick, Hans / Wassermeyer, Franz / Becker, Hans [Aussensteuerrecht]:
Kommentar zum Aussensteuerrecht,
Loseblatt-Ausgabe in 3 Bänden, Stand: Dezember 1996, 38. Lieferung zur 5. Auflage 1990,
Köln: O.Schmidt, 1990/96

Flick, Hans / Wassermeyer, Franz / Wingert, Karl-Dieter / Kempermann, Michael [DBA D-CH]:
Doppelbesteuerungsabkommen Deutschland - Schweiz, Kommentar,
Loseblatt-Ausgabe in 2 Bänden, Stand: Oktober 1994, 17. Lieferung,
Köln: O.Schmidt, 1981/94

Flick, Hans [DStR 1989]:
Unternehmensplanung für den europäischen Binnenmarkt - Steuerliche Aspekte,
in: Deutsches Steuerrecht, Heft 18, 1989, S. 557 - 561

Flubacher, Marcus / Filli, Alexander [StR 1990]:
Stammhaus- oder Holdingstruktur? Versuch einer Analyse unter besonderer Berücksichtigung der fiskalischen Aspekte,
in: Steuerrevue, Heft 12, 1990, S. 571 - 587

Flubacher, Marcus [ST 1989]:
Steuerliche Aspekte zu Stammhaus- und Holdingstruktur,
in: Der Schweizer Treuhänder, Heft 6, 1989, S. 215 - 221

Förster, Guido [DB 1994]:
Steuerfreie Veräußerung von Auslandsbeteiligungen nach § 8b KStG,
in: Der Betrieb, Heft 8, 1994, S. 385 - 392

Förster, Jutta [DStR 1994]:
Betriebsausgabenabzug bei Schachteldividenden,
in: Deutsches Steuerrecht, Heft 18, 1994, S. 643 - 645

Gehriger, P.-Olivier / Bettoja, Luca [IStR 1996]:
Schweiz: Entwicklung im Ertragssteuerrecht,
in: Internationales Steuerrecht, Heft 12, 1996, Beihefter S. 4

Gerlach, Karl Heinz [BB 1996]:
Gemeiner Wert, Verfügungsbeschränkungen, Stimmrechte und Holdinggesellschaften bei der steuerlichen Anteilsbewertung, Teil I u. II,
in: Der Betriebs-Berater, Heft 16, 1996, S. 821 - 832 und 874 - 879

Goertzen, Reiner [ST 1995]:
Steuerliche Abzugsfähigkeit von Ausgaben an ausländische Domizilgesellschaften in Deutschland,
in: Der Schweizer Treuhänder, Heft 9, 1995, S. 775 - 784

Gonnella, Robert / Starke, Peter [DB 1996]:
Körperschaftsteuerliche Besonderheiten bei verunglückter Organschaft,
in: Der Betrieb, heft 5, 1996, S. 248 - 250

Gonnella, Robert [DB 1993]:
Mindetbesitzzeiten des Schachtelprivilegs nach Umsetzung der Mutter- / Tochterrechtlinie ins deutsche Recht,
in: Der Betrieb, Heft 34, 1993, S. 1693 - 1694

Greter, Marco [ST 1996]:
Erfeuliche Fortschritte im Umstrukturierungsrecht,
in: Der Schweizer Treuhänder, Heft 7-8, 1996, S. 633 - 642

Greter, Marco [StR 1995]:
Harmonisierungstrend im Unternehmenssteuerrecht,
in: Steuerrevue, Heft 5, 1995, S. 205 - 218

Groh, Manfred [StuW 1992]:
Rechtsprechung zum Bilanzsteuerrecht,
in: Steuer und Wirtschaft, Heft 2, 1992, S. 178 - 185

Grotherr, Siegfried [DB 1993]:
Begünstigende und steuerverschärfende Änderungen im UmwStG durch das Standortsicherungsgesetz,
in: Der Betrieb, Heft 16, 1993, S. 807 - 809

Grotherr, Siegfried [BB 1995]:
Besteuerungsfragen und -probleme bei der Einschaltung inländischer Holdinggesellschaften im grenzüberschreitenden Konzern, Teil I und II,
in: Der Betriebsberater, Heft 30, 1995, S. 1510 - 1517, 1561 - 1569

Grotherr, Siegfried [StuW 1995]:
Kritische Bestandsaufnahme der steuersystematischen und betriebswirtschaftlichen Unzulänglichkeiten des gegenwärtigen Organschaftskonzepts,
in: Steuer und Wirtschaft, Heft 2, 1995, S. 124 - 150

Grotherr, Siegfried [BB 1993]:
Zur gegenwärtigen Bedeutung der Organschaft in der Konzernsteuerplanung,
in: Der Betriebsberater, Heft 28, 1993, S. 1986 - 2001

Gurtner, Peter [ASA 1988/89]:
Systemwechselfälle bei Beteiligungsübertragung,
in: Archiv für Schweizerisches Abgaberecht, Heft 1/2, 1988/89, S. 23-51

Haarmann, Wilhelm [Besteuerungsfragen]:
Besteuerungsfragen beim Einsatz von Holdinggesellschaften im Rahmen des Aufbaus internationaler deutscher Konzerne
in: Fischer, Lutz (Hrsg.): Internationaler Unternehmenskauf und -zusammenschluß im Steuerrecht,
Köln: O.Schmidt, 1992, S. 83 - 112

Hangarter, Dieter [Schweizer Holding]:
Lohnt sich eine Schweizer Holding?
Zürich: Handelskammer Deutschland-Schweiz 1987

Henkel, Udo [Holdingstandort]:
Die Bundesrepublik Deutschland als Holdingstandort nach Verabschiedung des Standortsicherungsgesetzes,
in: Fischer, Lutz (Hrsg.): Wirtschaftsstandort Deutschland im Internationalen Steuerrecht,
Köln: O.Schmidt, 1994, S. 28 - 58

Henkel, Udo [DB 1993]:
Die deutsche Zwischenholding nach dem Standortsicherungsgesetz,
in: Der Betrieb, Heft 18, 1993, S. 893 - 898

Herzig, Norbert / Momen, Leila [DB 1994]:
Die Spaltung von Kapitalgesellschaften im neuen Umwandlungsrecht, Teil I und II,
in: Der Betrieb, Heft 43 und 44, 1994, S. 2157 - 2162 und 2210 - 2214

Herzig, Norbert / Förster, Guido [DB 1995]:
Problembereiche bei der Auf- und Abspaltung von Kapitalgesellschaften nach neuem Umwandlungsrecht,
in: Der Betrieb, Heft 7, 1995, S. 338 - 349

Herzig, Norbert / Förster, Guido [DB 1992]:
Steueränderungsgesetz 1992: Die Umsetzung der Fusionsrichtlinie in deutsches Steuerrecht, Teil I und II,
in: Der Betrieb, Heft 18 und 19, 1992, S. 911 - 916, 959 - 963

Herzig, Norbert [DB 1993]:
Steuergestaltung im Binnenmarkt,
in: Der Betrieb, Heft 1, 1993, S. 1 - 7

Hess, Peter [Holding-Standort]:
Der Holding-Standort „Schweiz", ein steuerlicher Vergleich mit dem Ausland,
Basel: Schweizerische Bankiervereinigung, 1987

Höhn, Ernst [Internationales Steuerrecht]:
Begriff, Aufgaben und Rechtsquellen des Internationalen Steuerrechts,
in: Höhn, Ernst (Hrsg.): Handbuch des internationalen Steuerrechts der Schweiz, 2. Auflage,
Bern; Stuttgart; Wien: Paul Haupt, 1993, S. 47 - 89.

Höhn, Ernst [Schweizer Steuerrecht]:
Ein Grundriss des schweizerischen Steuerrechts für Unterrecht und Selbststudium, 7 Auflage,
Bern; Stuttgart: Wien: Haupt, 1993

Höhn, Ernst [Internationales Steuerrecht]:
Funktionsweise und Methoden der Doppelbesteuerungsabkommen,
in: Höhn, Ernst (Hrsg.): Handbuch des internationalen Steuerrechts der Schweiz, 2. Auflage,
Bern; Stuttgart; Wien: Paul Haupt, 1993, S. 103 - 123

Höhn, Ernst [Bundesrecht]:
Holding- und Domizilgesellschaften gemäß StHG,
in: Höhn, Ernst / Athanas, Peter (Hrsg.): Das neue Bundesrecht über die direkten Steuern: direkte Bundessteuer und Steuerharmonisierung,
Bern; Stuttgart; Wien: Haupt, 1993, S. 247 - 284

Höhn, Ernst [Steuerplanung]:
Internationale Steuerplanung eine Einführung in die Steuerplanung für internationale Unternehmen mit Bezug zur Schweiz,
Bern; Stuttgart; Wien: Haupt, 1996

Höhn, Ernst / Waldburger, Robert [Internationales Steuerrecht]:
Überblick über die Besteuerung von Vermögen, Vermögensertrag und Vermögensgewinn,
in: Höhn, Ernst (Hrsg.): Handbuch des internationalen Steuerrechts der Schweiz, 2. Auflage,
Bern; Stuttgart; Wien: Paul Haupt, 1993, S. 315 - 356

Höhn, Ernst [Internationales Steuerrecht]:
Verbundene Unternehmen im Internationalen Steuerrecht,
in: Höhn, Ernst (Hrsg.): Handbuch des internationalen Steuerrechts der Schweiz, 2. Auflage,
Bern; Stuttgart; Wien: Paul Haupt, 1993, S. 289 - 312

Hörger, Helmut [FR 1994]:
Spaltung von Kapitalgesellschaften,
in: Finanz Rundschau, Heft 23, 1994, S. 765 - 770

Holleufer, Harald T [ST 1993]:
L'impact de l'harmonisation sur les entreprises,
in: Der Schweizer Treuhänder, Heft 5, 1993, S. 289 - 296

Huber, Pius M. / Schefer, Ursula [Mehrwertsteuer]:
Mehrwertsteuer - Handbuch für Praxis und Studium,
Zihlschlacht: Dr. Schefer, 1996

Hundt, Florenz [DB 1993]:
Standortsicherungsgesetz: Außensteuerliche Änderungen, Teil I und II,
in: Der Betrieb, Heft 41 und 42, 1993, S. 2048 - 2053, 2098 - 2104

Jacobs, Otto H. [Unternehmensbesteuerung]:
Internationale Unternehmensbesteuerung: Handbuch zur Besteuerung deutscher Unternehmen mit Auslandsbeziehungen, 3. Auflage,
München: Beck, 1995

Jahrbuch der Fachanwälte für Steuerrecht 1992 / 93 [JbFSt 1992/93]:
Aktuelle steuerrechtliche Beiträge, Referate und Diskussionen der 43. Steuerrechtlichen Jahresarbeitstagung, Wiesbaden vom 25. - 27.5.92, hrsg. vom Deutschen Anwaltsinstitut e.V.,
Herne; Berlin: Verlag Neue-Wirtschafts-Briefe, 1883

Jakob, Walter [StR 1990]:
Strukturveränderungen im Konzern - Gestaltungsformen und Steuerfolge,
in: Steuerrevue, Heft 4, 1990, S. 161 - 180

Jakob, Walter [ST 1989]:
Unternehmensteilung - eine Standortbestimmung,
in: Der Schweizer Treuhänder, Heft 6, 1989, S. 222 - 225

Jendly, Urs [Internationales Steuerrecht]:
Die Pauschale Steueranrechnung (PStA),
in: Höhn, Ernst (Hrsg.): Handbuch des internationalen Steuerrechts der Schweiz, 2. Auflage,
Bern; Stuttgart; Wien: Paul Haupt, 1993, S. 357 - 380

Jonas, Bernd [RIW 1991]:
Steuerliche Aspekte bei ausländischen Konzerngesellschaften,
in: Recht der Internationalen Wirtschaft, Heft 1, 1991, S. 41 - 48

Keller, Thomas [Unternehmensführung]:
Unternehmensführung mit Holdingkonzepten, 2., überarbeitete Auflage,
Köln: Wirtschaftsverlag Bachem, 1993,
Zugl.. Dissertation Köln 1990

Kergall, Yann [Intertax 1991]:
Which country for holding companies?
in: Intertax, Nr. 11, 1991, S. 496

Kessler, Wolfgang [IStR 1994]:
DBA-Schachtelprivileg und § 3c EStG - Steuerwirkungen der unterschiedlichen Lösungsalternativen,
in: Internationales Steuerrecht, Heft 6, 1994, S. 299 - 304

Kessler, Wolfgang [Euro-Holding]:
Die Euro-Holding: Steuerplanung, Standortwahl, Länderprofile,
München: Beck, 1996,
Zugl. Habilitation Köln 1995/96

Knobbe-Keuk, Brigitte [Unternehmenssteuerrecht]:
Bilanz- und Unternehmenssteuerrecht, 9. Auflage,
Köln: O.Schmidt, 1993

Korn, Rudolf / Debatin, Helmut [Schweiz]:
Doppelbesteuerung, Kommentar, Sammlung der zwischen der Bundesrepublik Deutschland und dem Ausland bestehenden Abkommen über die Vermeidung der Doppelbesteuerung,
Loseblatt-Ausgabe in 5 Bänden, 9. Auflage, 8. Ergänzungslieferung, Stand: Mai 1996,
München: C.H. Beck, 1996

Kraft, Ernst-Thomas [Rechtsformen]:
Rechtsformen und Entstehung der Holding,
in: Lutter, Marcus (Hrsg.):Holding-Handbuch: Recht, Management, Steuern,
Köln: O. Schmidt, 1995, S. 31 - 93.

Kramer, Andreas [FR 1994]:
Gewerbesteuerliche Anerkennung der abführungsbedingten Teilwertabschreibung im Organkreis,
in: Finanz Rundschau, Heft 1, 1994, S. 1 - 4

Kramer, Max [ASA 1988/89]:
Fusionen und fusionsähnliche Zusammenschlüsse im Bereich der Emissionsabgabe,
in: Archiv für Schweizerisches Abgaberecht, Heft 1/2, 1988/89, S. 7 - 22

Krebühl, Hans-Herbert [DB 1994]:
Beteiligung an ausländischen Gesellschaften - Möglichkeiten und Grenzen des § 8b KStG,
in: Der Betrieb, Heft 10, 1994, S. 496 - 502

Krebühl, Hans-Herbert [DB 1995]:
Reform der körperschaftsteuerlichen und gewerbesteuerlichen Organschaft,
in: Der Betrieb, Heft 15, 1995, S. 743 - 748

Krüger, Dirk [Standortauswahl]:
Standortauswahl unter europäischen Staaten Dänemark - Österreich - Schweiz
in: Generalthema Steuergestaltung bei verbundenen Unternahmen in Europa: Bericht über die Steuerfachtagung 1993 des Instituts der Wirtschaftsprüfer in Deutschland e.V., 14./15. September in Neuss.-Düsseldorf: IDW - Verlag, 1993, S. 89 - 105

Kuhn, Stephan / Robinson, Philip [ST 1996]:
Die Mehrwertsteuer als Instrument schweizerischer Standortpolitik,
in: Der Schweizer Treuhänder, Heft 6, 1996, S. 503 - 512

Landolf, Urs [ST 1992]:
Steuerliche Fragen zur Holdingstruktur in der Schweiz,
in: Der Schweizer Treuhänder, Heft 5, 1992, S. 273 - 279

Landolf, Urs [ST 1997]:
Zur Reform der Unternehmensbesteuerung - eine Zwischenbilanz,
in: Der Schweizer Treuhänder, Heft 3, 1997, S. 141 - 144

Lang, Michael [IStR 1996]:
Entwichlungstendenzen in der Abkommenspolitik Deutschlands, der Schweiz und Österreichs.
in: Internationales Steuerrecht, Heft 5, 1996, S. 201 - 208

Loosli, Pierre-Alain [StR 1995]:
Les sociétés holding et de domicile dans la perspective de l'harmonisation fiscale,
in: Steuerrevue, Heft 7, 1995, S. 312 - 326

Lüthi, Daniel [Doppelbesteuerungsabkommen]:
Die Behandlung der Holding-, Finanz- und Domizilgesellschaften durch die schweizerischen Doppelbesteuerungsabkommen,
in: Die Besteuerung der Holdinggesellschaften in der Schweiz,
Basel: Schweizerische Bankiervereinigung 1984, S. 34 - 40.

Lüthi, Daniel [Internationales Steuerrecht]:
Die Vorschriften gegen den Mißbrauch von Doppelbesteuerungsabkommen des Bundes,
in: Höhn, Ernst (Hrsg.): Handbuch des internationalen Steuerrechts der Schweiz, 2. Auflage,
Bern; Stuttgart; Wien: Paul Haupt, 1993, S. 381 - 400

Lutter, Marcus [Holding]:
Die Holding - Erscheinungsformen und der für dieses Buch maßgebende Rechtsbegriff der Holding,
in: Lutter, Marcus (Hrsg.):Holding-Handbuch: Recht, Management, Steuern,
Köln: O. Schmidt, 1995, S. 1 - 30.

Masshardt, Heinz [Direkte Bundessteuer]:
Kommentar zur direkten Bundessteuer, 2. Auflage,
Zürich: Schulthess Polygraphischer Verlag, 1985

Mayer, Dieter [DB 1995]:
Erste Zweifelsfragen bei der Unternehmensspaltung;
in: Der Betrieb, Heft 17, 1995, S. 861 - 866

Mersch, Eugen [Hinzurechnungsbesteuerung]:
Die Hinzurechnungsbesteuerung nach den §§ 7 ff AStG,
Dissertation München 1984/85

Metzger, Dieter [ST 1992]:
Behindern die Steuern den Strukturwandel?,
in: Der Schweizer Treuhänder, Heft 5, 1992, S. 280 - 284

Metzger, Dieter [ASA 1991/92]:
Das Steuerrecht der EG und die Schweiz,
in: Archiv für Schweizerisches Abgaberecht, Heft 8, 1991/92, S. 385-404

Metzger, Dieter [ST 1996]:
Weniger Steuern für Holdinggesellschaften,
in: Der Schweizer Treuhänder, Heft 5, 1996, S. 335 - 338

Morf, Peter [FuW v. 20.1.1996]:
Kapitalgewinne für Holdings bald steuerfrei?,
in: Finanz und Wirtschaft vom 20.1.1996, S. 21

Müller, Heinz-Peter [Grenzüberschreitende Joint Ventures]:
Steuergünstige Gestaltung grenzüberschreitender Joint Ventures,
in: Generalthema Steuergestaltung bei verbundenen Unternahmen in Europa: Bericht über die Steuerfachtagung 1993 des Instituts der Wirtschaftsprüfer in Deutschland e.V., 14./15. September in Neuss.- Düsseldorf: IDW - Verlag, 1993, S. 235 - 247

Müller, Yolanda [ST 1996]:
Fusionen im Konzern, Teil I und II,
in: Der Schweizer Treuhänder, Heft 4 u. 5, 1996, S. 235-240 u. 391-397

Müller-Dott, Johannes Peter [Handelsblatt v. 15.5.1990]:
Das deutsche Steuerrecht braucht ein Holdingprivileg,
in: Handelsblatt, Nr. 93 vom 15.5.1990, S. 10

Müller-Gatermann, Gert [FR 1993]:
Die internationalen steuerlichen Auswirkungen des Standortsicherungsgesetzes,
in: Finanz Rundschau, Heft 12, 1993, S. 381 - 388

Muster, Adrian [ST 1995]:
Steuerliche Aspekte der Unternehmensteilung,
in: Der Schweizer Treuhänder, Heft 4, 1995, S. 234 - 238

Naneix, Georg [ST 1996]:
TVA et responsabilité civile de l'organe de révision,
in: Der Schweizer Treuhänder, Heft 6, 1996, S. 521 - 524

Neuhaus, Hans-Jürg [ASA 1993/94]:
Ausgewählte Fragen zum Beteiligungsabzug nach den Artikeln 69 und 70 DBG,
in: Archiv für Schweizerisches Abgaberecht, Heft 1/2, 1993/94, S. 65 - 82

Neuhaus, Markus R. [ST 1996]:
Die unternehmenssteuerlichen Rahmenbedingungen der Schweiz,
in: Der Schweizer Treuhänder, Heft 5, 1996, S. 301 - 316

Oechslin-Saupper, Eveline [Kapitalgesellschaften]:
Besteuerung ausländisch beherrschter Kapitalgesellschaften mit Ansässigkeit in der Schweiz,
Dissertation St. Gallen 1994

Oechslin-Saupper, Eveline [ASA 1996/97]:
Cross border reorganisation of corporations,
in: Archiv für Schweizerisches Abgaberecht, Heft 2/3, 1996/97, S. 255 - 273

Oesch, Richard [Holdingbesteuerung]:
Die Holdingbesteuerung in der Schweiz,
Dissertation Zürich 1976

Ossadnik, Wolfgang / Maus, Stefan [DB 1995]:
Die Verschmelzung im neuen Umwandlungsrecht aus betriebswirtschaftlicher Sicht,
in: Der Betrieb, Heft 3, 1995, S. 105 - 109

o.V [NZZ v. 11.4.1997]:
Abnehmender Schweizer Handel mit Deutschland,
in: Neue Zürcher Zeitung, Internationale Ausgabe, Nr. 83 vom 11.4.1997, S. 10

o.V [HB v. 12.1.1995]:
Ausländische Firmen ziehen ihr Kapital aus dem Alpenstaat ab,
in: Handelsblatt, Nr. 9 vom 12.1.1995, S. 8

o.V [NZZ v. 7 12.1995]:
Der Holdingstandort Schweiz unter Druck,
in: Neue Zürcher Zeitung vom 7 12.1995, S. 27

o.V [NZZ v. 7.2.1997]:
Ein Teil-Holdingprivileg auf Bundesebene, Präzisierte steuerliches Sofortprogramm,
in: Neue Zürcher Zeitung, Internationale Ausgabe, Nr. 31 vom 7.2.1997, S. 10

o.V [DStR 1996]:
Teilrevision des DBA-Schweiz; Absenkung der Kapitalertragsteuer im Mutter-Tochter-Verhältnis,
in: Deutsches Steuerrecht, Heft 27, 1996, S. 1037

o.V [NZZ v. 1.10.1997]:
Ständerat bereinigt Unternehmenssteuerreform,
in: Neue Zürcher Zeitung, Internationale Ausgabe, Nr. 227 vom 1.10.1997, S. 25

Pach-Hanssenheimb, Ferdinand [IStR 1993]:
Kann die deutsche Holding eines internationalen Spartenkonzerns Organträger sein?,
in: Internationales Steuerrecht, Heft 1, 1993, S. 1 - 4

Pfeifer, Michael [ST 1993]:
Domizilgesellschaften ein legitimes Instrument der internationalen Steuerplanung,
in: Der Schweizer Treuhänder, Heft 9, 1993, S. 617 - 620

Pfenninger, Stephan [ST 1996]:
Die Besteuerung von Grundstückgewinnen im Konzern,
in: Der Schweizer Treuhänder, Heft 5, 1996, S. 399 - 403

Prinz, Ulrich [FR 1993]:
Aktuelle Entwicklung und Beratungsfragen im steuerlichen Organschaftsrecht,
in: Finanz Rundschau, Heft 21, 1993, S. 725 - 735

Probst, Rudolf G. [DBG]:
DBG - das Gesetz über die direkt Bundessteuer,
Basel; Frankfurt am Main: Helbling und Lichtenhahn, 1995

Raggenbass, Hansueli [ST 1996]:
Der politische Handlungsbedarf,
in: Der Schweizer Treuhänder, Heft 5, 1996, S. 405 - 406

Raupach, Arndt [IStR 1993]:
Der international tätige Spartenkonzern; Organisation - Recht - Steuern,
in: Internationales Steuerrecht, Heft 5, 1993, S. 194 - 200

Reich, Markus [StR 1982]:
Die Besteuerung der Holding-, Beteiligungs- und Verwaltungs-Gesellschaften im Kanton Zürich,
in: Steuerrevue, Heft 12, 1982, S. 541 - 562

Reich, Markus [ASA 1979/80]:
Ein Besteuerungskonzept für Holding- und Domizilgesellschaften,
in: Archiv für Schweizerisches Abgaberecht, Heft 6/7, 1979/80, S. 289 - 316

Reich, Markus [ST 1993]:
Realisation stiller Reserven und Unternehmensumstrukturierungen,
in: Der Schweizer Treuhänder, Heft 9, 1993, S. 579 - 585

Reich, Markus [Unternehmensumstrukturierungen]:
Unternehmensumstrukturierungen im schweizerischen Steuerrecht,
in: Widmann, Siegfried / Mayer, Robert: Kommentar zum Umwandlungsrecht, Loseblattausgabe in 3 Bänden, Stand: März 1992, 20. Lieferung zur 2. Auflage 1981,
Bonn: Stollfußverlag, 1981/92

Reich, Markus [Umstrukturierungen Teil 1]:
Unternehmensumstrkuturierungen im Steuerrecht,
Teil 1: Unternehmensumstrukturierungen im internen Steuerrecht von Bund und Kantonen von Markus Reich,
Teil 2: Interkantonale und internationale Aspekte der Unternehmensumstrukturierungen von Marco Duss,
Basel; Frankfurt am Main: Helbing und Lichtenhahn, 1996

Reimann, Maximilian / Meng, Franz J. [ST 1996]:
Der steuerpolitische Handlungsbedarf aus Anleger- und Investorensicht,
in: Der Schweizer Treuhänder, Heft 5, 1996, S. 407 - 412

Ritter, Wolfgang [BB 1994]:
Steuerfreiheit ausländischer Schachteldividenden,
in: Der Betriebsberater, Heft 7, 1994, S. 509 - 516

Rödder, Thomas [IStR 1994]:
Gestaltungsalternativen des steuerneutralen grenzüberschreitenden Anteilstausch,
in: Internationales Steuerrecht, Heft 6, 1994, S. 257 - 262

Rosenbach, Georg [Standortwahl]:
Steuerliche Parameter für die internationale Standortwahl und ausländische Holdingstandorte,
in: Lutter, Marcus (Hrsg.):Holding-Handbuch: Recht, Management, Steuern,
Köln: O. Schmidt, 1995, S. 679 - 737

Ryser, Walter [ASA 1992/93]:
La réduction pour participations, les sociétés holding et de „domicile",
in: Archiv für Schweizerisches Abgaberecht, Heft 5/6, 1992/93, S. 387 - 403

Safarik, Frantisek / Wingert, Karl-Dieter [ST 1988]:
Schweizerische Basisgesellschaften nach deutschem Steuerrecht,
in: Der Schweizer Treuhänder, Heft 4, 1988, S. 134 - 138

Salvi, Irene [Doppelbesteuerungsabkommen]:
Das Doppelbesteuerungsabkommen zwischen der Schweiz und der Bundesrepublik Deutschland auf dem Gebiet der Steuern vom Einkommen und vom Vermögen unter besonderer Berücksichtigung des deutschen Aussensteuergesetzes,
Dissertation Zürich 1986

Schafroth, Gerhard [ST 1996]:
Administrative Hemnisse in der Mehrwertsteuer,
in: Der Schweizer Treuhänder, Heft 6, 1996, S. 513 - 516

Schaumburg, Harald / Jesse, Lenhard [Internationale Holding]:
Die internationale Holding aus steuerrechtlicher Sicht,
in: Lutter, Marcus (Hrsg.):Holding-Handbuch: Recht, Management, Steuern,
Köln: O. Schmidt, 1995, S. 606 - 678

Schaumburg, Harald / Jesse, Lenhard [Nationale Holding]:
Die nationale Holding aus steuerrechtlicher Sicht,
in: Lutter, Marcus (Hrsg.):Holding-Handbuch: Recht, Management, Steuern,
Köln: O. Schmidt, 1995, S. 464 - 605

Schaumburg, Harald / Rödder, Thomas [Umwandlungsgesetz]:
UmwG, UmwStG: strukturierte Textausgabe des Umwandlungsgesetzes und Umwandlungssteuergesetzes mit Materialien und ergänzenden Hinweisen,
Köln: O. Schmidt, 1995

Schleuder, Heinz-Peter [Hinzurechnungsbesteuerung]:
Die Hinzurechnungsbesteuerung im internationalen Konzern mit besonderer Berücksichtigung der Holdinggesellschaften,
Dissertation München 1985

Schmid, Werner [ST 1996]:
Die internationalen steuerlichen Rahmenbedingungen,
in: Der Schweizer Treuhänder, Heft 5, 1996, S. 317 - 323

Schmidt, Ludwig (Hrsg.) [Einkommenssteuergesetz]:
Einkommenssteuergesetz: [Kommentar] / hrsg. von Ludwig Schmidt - 14. Auflage,
München: Beck, 1995

Schwartzkopff, Wolfgang [Holdingstrukturen]:
Holdingstrukturen im Bankbereich: Umweltentwicklungen, Führungsstrategien und Implementierungsmöglichkeiten,
Dissertation St. Gallen 1993

Schwarzinger, Walter / Trentini, Simon [Holding]:
Holding in Österreich,
in: Littich, Wolfram u.a.. Holding,
Wien: Linde, 1993

Spori, Peter [Bundesrecht]:
Die Umstrukturierung von Unternehmen nach neuem Bundessteuerrecht,
in: Höhn, Ernst / Athanas, Peter (Hrsg.): Das neue Bundesrecht über die direkten Steuern: direkte Bundessteuer und Steuerharmonisierung,
Bern; Stuttgart; Wien: Haupt, 1993, S. 285 - 316

Spori, Peter [ST 1992]:
Holdingstandorte im Vergleich,
in: Der Schweizer Treuhänder, Heft 5, 1992, S. 285 - 291

Spori, Peter [ASA 1988/89]:
Zur steuersystematischen Realisation,
in: Archiv für Schweizerisches Abgaberecht, Heft 1/2, 1988/89, S. 65-93

Steiner, Martin [ST 1989]:
Grundstückgewinnsteuerliche Aspekte bei Unternehmens-umstrukturierungen,
in: Der Schweizer Treuhänder, Heft 6, 1989, S. 227 - 231

STG-Coopers & Lybrand [Steuern]:
Steuern in der Schweiz, 7 Auflage,
Basel: STG-Coopers & Lybrand, 1996

Stocker, Kurt [IStR 1995]:
Schweiz: Reduktion der Emissionsabgabe,
in: Internationales Steuerrecht, Heft 9, Beihefter, IStR-Länderbericht, S.4

Streck, Michael [KStG]:
Körperschaftssteuergesetz: mit Nebengeschäften, 4. Auflage,
München: Beck, 1995

Studer, Max [ASA 1986/87]:
Beteiligungsabzug (Art.59 BdBSt) und pauschale Steueranrechnung (pStA): Zwei spezifische, aber nicht kumulierbare Steuerentlastungsmethoden,
in: Archiv für Schweizerisches Abgaberecht, Heft 4, 1986/87, S. 179-185

Theisen, Manuel René [Konzern]:
Der Konzern: betriebswirtschaftliche und rechtliche Grundlagen der Konzernunternehmung,
Stuttgart: Poeschel, 1991

Theisen, Manuel René [Finanzwirtschaft]:
Die Finanzwirtschaft der Holding,
in: Lutter, Marcus (Hrsg.):Holding-Handbuch: Recht, Management, Steuern,
Köln: O. Schmidt, 1995, S. 361 - 404

Thiel, Jochen [Einbringung und Anteilstausch]:
Einbringung und Anteilstausch,
in: Generalthema Steuergestaltung bei verbundenen Unternahmen in Europa: Bericht über die Steuerfachtagung 1993 des Instituts der Wirtschaftsprüfer in Deutschland e.V., 14./15. September in Neuss.-Düsseldorf: IDW - Verlag, 1993, S. 159 - 186

Tipke, Klaus / Lang, Joachim [Steuerrecht]:
Steuerrecht, 14. Auflage,
Köln: O.Schmidt, 1994

Ueberwasser, Bernhard [ST 1996]:
Taxe occulte in der MWST,
in: Der Schweizer Treuhänder, Heft 6, 1996, S. 525 - 528

Vogel, Klaus [DBA]:
Doppelbesteuerungsabkommen der Bundesrepublik Deutschland auf dem Gebiet der Steuern vom Einkommen und Vermögen: Kommentar auf der Grundlage der Musterabkommen,
3., völlig neubearb. Aufl.,
München: Beck, 1996

Waibel, Tony / Ginesta, Enrique [ST 1996]:
Der Steuerstandort Schweiz aus Sicht eines internationalen Industriekonzerns,
in: Der Schweizer Treuhänder, Heft 5, 1996, S. 339 - 345

Waldburger, Robert [ASA 1995/96]:
Die Bedeutung der Doppelbesteuerungsabkommen für den Wirtschaftsstandort Schweiz
in: Archiv für Schweizerisches Abgaberecht, Heft 1/2, 1995, S. 27 - 48

Wassermeyer, Franz [Ausländischer Unternehmenserwerb]:
Besteuerung des ausländischen Unternehmenserwerbs durch Anteilstausch (unechte Fusion) und Einbringung von Unternehmensanteilen,
in: Fischer, Lutz (Hrsg.): Internationaler Unternehmenskauf und -zusammenschluß im Steuerrecht,
Köln: O.Schmidt, 1992, S. 113 - 131

Wassermeyer, Franz [Hinzurechnungsbesteuerung]:
Hinzurechnungsbesteuerung - eine gesetzliche Mißbrauchsregelung?
in: Haarmann, Wilhelm (Hrsg.): Grenzen der Gestaltung im internationalen Steuerrecht,
Köln: O.Schmidt, 1994, S. 55 - 70

Wassermeyer, Franz [DB 1990]:
Tausch und Einlage von Anteilen an Kapitalgesellschaften über die Grenze,
in: Der Betrieb, Heft 17, 1990, S. 855 - 859

Wassermeyer, Franz [StbJB 1992/93]:
Teilwertabschreibung bei Organschaft - Systembedingte Folge oder Denkfehler,
in: Steuerberater - Jahrbuch 1992/93, S. 219 - 236

Weiss, Karl A. [Aktiengesellschaft]:
Die schweizerische Aktiengesellschaft,
Ebmatingen/Zürich: Fortuna Finanz-Verlag, 1993

Werdich, Hans [Organisation]:
Organisation und Besteuerung im Konzern,
Dissertation Augsburg 1993

Wertheimer, Ludwig [Holdinggesellschaften]:
Holding- und Kapitalverwaltungsgesellschaften - zugleich ein Beitrag zu Reform des deutschen Aktienrechts,
Frankfurt a.M.. Vittorio Klostermann Verlag, 1932

Widmer, Max [StR 1983]:
Die pauschale Steueranrechnung, Teil I und II,
in: Steuerrevue, Heft 2/3, 1983, S. 55 - 79, 107 - 119

Wingert, Karl-Dieter / Krause, Michael [Handkommentar]:
Handkommentar der wichtigsten DBA,
Herne; Berlin: Verlag Neue Wirtschafts-Briefe, 1993

Wochinger, Peter / Dötsch, Ewald [DB 1994]:
Das neue Umwandlungssteuergesetz und seine Folgeänderungen bzw. Auswirkungen bei der Einkommen-, Körperschaft- und Gewerbesteuer,
in: Der Betrieb, Beilage Nr. 14 zu Heft 51/52, 1994

Wolff, Ulrich [IStR 1993]:
Die außensteuerlich bedeutsamen Regelungen des Standortsicherungsgesetzes, Teil I und II,
in: Internationales Steuerrecht, Heft 9 und 10, 1993, S. 401 - 406, 449 - 454

Yersin, Danielle [ASA 1995/96]:
Steuerharmonisierung und kantonales Recht,
in: Archiv für Schweizerisches Abgaberecht, Heft 3, 1995/96, S. 97 - 121

Zeitler, Franz-Christoph/Krebs, Hans-Joachim [DB 1993]:
„Europataugliches" Anrechnungsverfahren im Standortsicherungsgesetz,
in: Der Betrieb, Heft 21, 1993, S. 1051 - 1054

Zeitler, Franz-Christoph [Doppelbesteuerungsabkommen]:
Aktuelle steuerpolitische Fragen der Doppelbesteuerungsabkommen,
in: Festschrift für Karl Beusch zum 68. Geburtstag am 31. Oktober 1993,
Berlin; New York: de Gruyter, 1993 S. 949 - 962

Zimmermann, Silvia [ST 1995]:
Internationales Fusionen: Neue Praxis in der Schweiz,
in: Der Schweizer Treuhänder, Heft 3, 1995, S. 159 - 160

Zimmermann, Silvia [StR 1993]:
Kritische Würdigung des schweizerischen Mißbrauchsbeschlusses,
in: Steuerrevue, Heft 8, 1993, S. 363 - 377

Zuppinger, Ferdinand / Böckli, Peter / Locher, Peter / Reich, Markus [Steuerharmonisierung]:
Steuerharmonisierung,
Bern: Stämpfli & Cie, 1984

Zuppinger, Ferdinand [Steuerrecht]:
Steuerrecht II, Vorlesungsskriptum, Grundsteuern, Erbschafts- und Schenkungssteuern, Einführung in das interkantonale und internationale Steuerrecht,
Zürich: Schulthess Polygraphischer Verlag, 1984

Zwahlen, Bernhard [ASA 1993/94]:
Die praktische Arbeit der Komission „Steuerharmonisierung" am Beispiel der Fragen zur indirekten Teilliquidation und zur Transponierung,
in: Archiv für Schweizerisches Abgaberecht, Heft 3, 1993/94, S. 187 - 194

Zwahlen, Bernhard [ST 1996]:
Was bringt die Steuerharmonisierung dem Wirtschaftsstandort Schweiz?
in: Der Schweizer Treuhänder, Heft 5, 1^996, S. 413 - 417

Zweifel, Martin [Holdinggesellschaft]:
Holdinggesellschaft und Konzern,
Dissertation Zürich 1973

Rechtsquellenverzeichnis

1 Deutschland

Grundgesetz (GG) vom 23.5.1949 (BGBl. S. 1) mit allen Änderungen bis zum 27 10.1994 (BGBl. I S. 3146)

Aktiengesetz (AktG) vom 6.9.1965 (BGBl. I S. 1089) mit allen Änderungen bis zum 28.10.1994 (BGBl. I S. 3210)

Gesetz betreffend die Gesellschaften mit beschränkter Haftung (GmbHG) vom 20.4.1892 (RGBl. S. 477) in der Fassung der Bekanntmachung vom 20.5.1898 (RGBl. S. 846) mit allen Änderungen bis zum 28.10.1994 (BGBl. I S. 3210; ber. 1995 I S. 428)

Handelsgesetzbuch (HGB) vom 10.5.1897 (RGBl. S. 219) mit allen Änderungen bis zum 28.10.1994 (BGBl. I S. 3210)

Umwandlungsgesetz (UmwG) vom 28.10 1994 (BGBl. I S. 3210; ber. 1995 I S. 428)

Einkommenssteuergesetz (EStG) 1990 in der Fassung der Bekanntmachung vom 7.9.1990 (BGBl. I S. 1898, ber. 1991 I S. 808) mit allen Änderungen bis zum 20.12.1996 (BGBl. I S. 2049)

Gesetz über die Besteuerung bei Auslandsbeziehungen (Außensteuergesetz AStG) vom 8.8.1972 (BGBl. I S. 1713) mit allen Änderungen bis zum 20.12.1996 (BGBl. I S. 2049)

Gesetz zur Neuregelung der Zinsbesteuerung vom 9.11.1992 (BGBl. I S. 1853)

Gewerbesteuergesetz (GewStG)1991 in der Fassung der Bekanntmachung vom 21.3.1991 (BGBl. I S. 814) mit allen Änderungen bis zum 20.12.1996 (BGBl. I S. 2049)

Körperschaftsteuergesetz (KStG) 1996 in der Fassung der Bekanntmachung vom 22.2.1996 (BGBl. I S. 340) mit allen Änderungen bis zum 20.12.1996 (BGBl. I S. 2049)
Standortsicherungsgesetz (StandOG) vom 13.9.1993 (BGBl. I S. 1569)

Steueränderungsgesetz (StÄndG) vom 25.2.1992 (BGBl. I S. 297)

Umwandlungssteuergesetz (UmwStG) vom 28.10.1994 (BGBl. I S. 3267) mit allen Änderungen bis zum 20.12.1996 (BGBl. I S. 2049)

Abgabenordnung (AO 1977) vom 16.3.1976 (BGBl. I S. 613; ber. 1977 I S. 269) mit allen Änderungen bis zum 20.12.1996 (BGBl. I S. 2049)

Allgemeine Verwaltungsvorschrift zur Körperschaftsteuer (Köperschaftsteuer-Richtlinie 1995 -KStR 1995- vom 15.12.1995 (BStBl. 1996 I Sondernummer 1 vom 6.1.1996)

Abkommen zwischen der Bundesrepublik Deutschland und der Schweizerischen Eidgenossenschaft zur Vermeidung der Doppelbesteuerng auf dem Gebiete der Steuern vom Einkommen und vom Vermögen (DBA-CH) vom 11.8.1971 (BGBl. 1972 II S. 1022) mit allen Änderungen bis zum 21.12.1992 (BGBl. 1993 II S. 1888)

2. Schweiz

Bundesverfassung der Schweizerischen Eidgenossenschaft (BV) vom 29.5.1874, Stand am 1 4.1996

Obligationenrecht (OR) vom 30.3.1911 / 18.12.1936 (SR 220)

Bundesgesetz über die direkte Bundessteuer (DBG) vom 14.12.1990 (SR 642.11)

Bundesgesetz über die Harmonisierung der direkten Steuern der Kantone und Gemeinden (StHG) vom 14.12.1990 (SR 642.14)

Bundesgesetz über die Stempelangaben (StG) vom 27 Juni 1973 (SR 641 10)

Bundesgesetz über die Verrechnungssteuer (VStG) vom 13.10.1965 / 15.12.1978 (SR 642.21)

Bundesratsbeschluß betreffend Maßnahmen gegen die ungerechtfertigte Inanspruchnahme von Doppelbesteuerungsabkommen des Bundes (BRB 62) vom 14.12.1962 (SR 672.202)

Verordnung über die Mehrwertsteuer (MWSTV) vom 22.6.1994 (SR 641.201)

Verordnung über die pauschale Steueranrechnung (VOPStA) vom 22.8.1967 (SR 672.201)

Abkommen zwischen der Schweizerischen Eidgenossenschaft und der Bundesrepublik Deutschland zur Vermeidung der Doppelbesteuerung auf dem Gebiet der Steuern vom Einkommen und Vermögen (DBA-CH) vom 11.8.1971 (AS 1972 II S. 3075)

Kreisschreiben der Eidgenössischen Steuerverwaltung vom 31.12.1962 betreffend Maßnahmen gegen die ungerechtfertigte Inanspruchnahme von Doppelbesteuerungsabkommen des Bundes

Entscheidungsregister

1. Deutschland

Entscheidungen des Bundesfinanzhofes:

16.12.1958	I D 1/57 S	BStBl III 1958, S. 30
2.11.1965	I 169/63 U	BStBl III 1966, S. 127 - 128
17 12.1969	I 252/64	BStBl II 1970, S. 257 - 262
21.1.1970	I R 90/67	BStBl II 1970, S. 348 - 349
15.4.1970	I R 122/66	BStBl II 1970, S. 554 - 556
8.12.1971	I R 3/69	BStBl II 1972, S. 289 - 291
31 1 1973	I R 166/71	BStBl II 1973, S. 420 - 421
13.9.1989	I R 110/88	BStBl II 1990, S. 24 - 28
29.5.1996	I R 15/94	BStBl II 1997, S. 57 - 60
29.5.1996	I R 167/94	BStBl II 1997, S. 60 - 63
29.5.1996	I R 21/95	BStBl II 1997, S. 63 - 68

Schreiben des Bundesministerium für Finanzen:

11.7 1974	IV C 1 - S 1340 - 32/74	BStBl I 1974, S. 442
2.12.1994	IV C 7 - S 1340 - 20/94	BStBl I 1995, Sondernummer I
15.2.1995	IV B 2 - S 1909 - 6/95	DB 1995, S. 403; DStR 1995, S. 295

Verfügungen von Oberfinanzdirektionen:

OFD Frankfurt v. 6.8.1990 -	S 1978 CA - 25 - St II 20 = IWB 1990, Fach 1, S. 377
OFD Frankfurt v. 21.3.1996 -	S 1978 CA - 25 - St II 20 = DB 1996, S. 1012

2. Schweiz

Entscheidungen des Schweizerischen Bundesgerichtes vom:

22.11.1968	94. Band, I	S. 669 - 680
14.5.1976	102, Band Ib	S. 140 - 151

Marit Anette Möller

Der Holdingstandort Schweize

Ermittlung der steuerlichen Attraktivität im Vergleich zu Deutschland

ISBN 978-3-8244-6718-1
9 783824 467181